中国农产品加工业重点行业研究报告
（2017）

农业部农产品加工局
农业部规划设计研究院　编著

中国农业出版社

图书在版编目（CIP）数据

中国农产品加工业重点行业研究报告 . 2017 / 农业
部农产品加工局，农业部规划设计研究院编著 . —北京：
中国农业出版社，2017.12
　ISBN 978 - 7 - 109 - 23733 - 9

　Ⅰ.①中…　Ⅱ.①农…②农…　Ⅲ.①农产品加工－
加工工业－研究报告－中国－2017　Ⅳ.①F326.5

中国版本图书馆 CIP 数据核字（2017）第 322829 号

中国农业出版社出版
（北京市朝阳区麦子店街 18 号楼）
（邮政编码 100125）
责任编辑　贾　彬
文字编辑　耿增强

中国农业出版社印刷厂印刷　新华书店北京发行所发行
2017 年 12 月第 1 版　2017 年 12 月北京第 1 次印刷

开本：787mm×1092mm 1/16　印张：12.5
字数：320 千字
定价：68.00 元
（凡本版图书出现印刷、装订错误，请向出版社发行部调换）

主　　编：蔡　力　程勤阳　冯　伟

副 主 编：李春艳　李　健　石汝娟　耿晴晴

参编人员（按姓氏拼音排序）：

才新义　霍　颖　刘　勇　刘春和　聂宇燕

王军莉　夏　虹　赵　威　赵　毅

前　言

　　2016 年是全面建成小康社会决战决胜阶段的第一年，也是供给侧结构性改革的攻坚之年和"十三五"开局之年。国家高度重视农产品加工业发展，《国务院办公厅关于进一步促进农产品加工业发展的意见》《国务院办公厅关于支持返乡下乡人员创业创新促进农村一二三产业融合发展的意见》《全国农产品加工业与农村一二三产业融合发展规划（2016—2020 年）》等对行业发展具有重大影响的政策性文件和规划先后出台，引起社会高度关注，为促进农产品加工业积极健康发展注入新动能。本书在《国民经济行业分类》（GB/T 4754—2011）标准基础上，对农产品加工业涵盖的行业分类进行了重新界定，以翔实的数据对农产品加工业及其重点行业 2016 年经济运行情况进行了全面和深入的分析；为全面、准确、及时掌握农产品加工业发展趋势及特点，了解重点行业发展动向，反映行业热点、难点问题，制定和完善农产品加工业政策规划提供了依据和重要支撑。

　　本书主要分为 3 篇共 17 章。第一篇对 2016 年农产品加工业整体发展情况进行了介绍，主要包括农产品加工业经济运行情况、主要产品贸易和价格情况、面临的主要问题和本年出台的主要政策。

　　第二篇包含 10 章，分别对粮食加工、饲料加工、植物油加工、肉类加工、乳品加工、蛋品加工、果蔬加工、精制茶加工、水产品加工和制糖业 10 个重点农产品加工行业进行了系统性的分析。根据 10 个重点农产品加工行业的不同特点，各章的分析框架略有不同，每章均包括原料或产品产量、行业经济运行情况、主要产品贸易情况分析、主要产品价格趋势分析四个部分。其中，行业经济运行情况通过企业数量、主营业务收入和利润总额等主要指标阐述了各重点行业的规模及其增长变化情况；主要产品贸易情况从子行业涉及的主要商品的贸易方式、进出口目的地和来源地、进出口地区等方面对其进出口情况进行分析；主要产品价格趋势分析阐述了各重点行业的价格趋势及特征。以上四部分数据均来源于国家统计局、农业部、海关等官方统计数据。除乳品加工、蛋品加工和制糖业以外，其他7个重点产业新增了农产品加工业企业年度调查情况内容，此部分内容的数据是依托全国农产品加工统计调查，并通过全国农产品加工业监测分析系统采集的10 978家规模以上农产品加工企业数据，具有一定的代表性。

第三篇是地区篇，本篇分为6个章节，分别对河北、江苏、浙江、江西、山东和陕西6个省份农产品加工业年度调查数据进行了分析。此篇从产业发展效益、产业融合发展情况、质量安全与品牌建设和科技进步等四个方面对各地区的企业规模、重点行业、产业融合发展等情况进行阐述。

《中国农产品加工重点产业研究报告》聚焦中国农产品加工业的产业发展，对中国农产品加工业经济运行情况进行了系统性的梳理和总结，也是农业部规划设计研究院农产品加工工程研究所开展农产品加工业统计与监测分析工作成果的集中体现。报告对于了解和掌握中国农产品加工业发展现状与趋势，制定和完善农产品加工业发展措施及政策，促进和加强各级政府对农产品加工业发展的宏观指导都具有十分重要的参考和借鉴意义。

目 录

第三篇 地 区 篇

图目录

第一篇　经济运行

第1章 / 总 论

2016 年，我国农产品加工业按照供给侧结构性改革要求，坚持强基础、补短板，加快发展方式转变和结构优化，总体运行继续保持平稳增长态势，实现了"十三五"时期的良好开局。从数据上看，我国规模以上（主营业务收入 2 000 万元以上）农产品加工业增加值同比增长 5.8%，较 2015 年回落 0.7 个百分点，总体稳中有进，结构持续优化，出口呈现恢复性增长。

一、行业经济运行情况

（一）总体发展稳中有升，利润总额小幅增长

2016 年，全国规模以上农产品加工业企业数量为 80 523 家（图 1-1），比 2015 年增加 2 096 家，比 2014 年增加 4 830 家。其中食用类农产品加工企业 43 453 家，占农产品加工企业数量的 54.0%。粮食加工与制造企业 11 754 家，占食用类农产品加工企业数量的 27.0%；饲料加工企业 4 232 家，占 9.7%；粮食原料酒制造企业 2 287 家，占 5.3%；植物油加工企业 2 144 家，占 4.9%；果蔬加工企业 5 600 家，占 12.9%；精制茶加工企业 1 945 家，占 4.5%；肉类加工企业 4 147 家，占 9.5%；蛋品加工企业 200 家，占 0.5%；乳品加工企业 627 家，占 1.4%；水产品加工企业 2 242 家，占 5.2%；制糖业企业 295 家，占 0.7%；烟草制造企业 129 家，占 0.3%；中药制造企业 2 777 家，占 6.4%；其他食用类农产品加工企业 5 074 家，占 11.7%。非食用类农产品加工企业 37 070 家，占农产品加工企业数量的 46.0%。其中，棉麻加工企业 9 193 家，占非食用类农产品加工企业数量的 24.8%；皮毛羽丝加工企业 5 991 家，占 16.2%；木竹藤棕草加工企业 18 925 家，占 51.1%；橡胶制品制造企业 2 961 家，占 8.0%。

全年累计完成主营业务收入 20.3 万亿元，同比增长 5.3%（图 1-2），比全国规模以上工业主营业务收入增速高 0.4 个百分点，比 2015 年增速高 0.3 个百分点。其中，规模以上食用类农产品加工业实现主营业务收入 12.6 万亿元，同比增长 5.6%，占农产品加工业的比例达到 62.1%，比 2015 年提高 0.6 个百分点。

全年累计实现利润总额 1.3 万亿元，同比增长 4.1%（图 1-3），比 2015 年放缓 1.2 个百分点。其中，粮食加工与制造、饲料加工等行业的利润总额增速分别为 5.1% 和 5.3%，较 2015 年增速分别放缓 3.1 和 1.3 个百分点；植物油加工、肉类加工和粮食原料酒制造等行业的利润总额增长情况较好，分别达到 9.9%、8.8% 和 8.7%。农产品加工业

主营业务收入利润率为 6.6%，比 2015 年下降 0.1 个百分点，且近 5 年来基本保持在 6%～7%。从行业情况看，主营业务收入利润率较高的行业有烟草制造业、粮食原料酒制造业、中药制造业，主营业务收入利润率分别为 11.9%、11.2% 和 10.1%，此外果蔬加工、精制茶加工、乳品加工、制糖业以及其他食用类农产品加工行业主营业务收入利润率高于农产品加工业总体水平；除上述 8 个子行业外，其余行业的主营业务收入利润率均低于农产品加工业总体水平，主营业务收入利润率较低的行业有植物油加工、饲料加工和肉类加工，主营业务收入利润率分别为 3.8%、4.9%、5.0%。

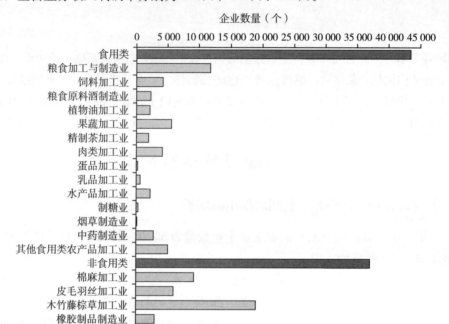

图 1-1　2016 年农产品加工业分行业企业数量

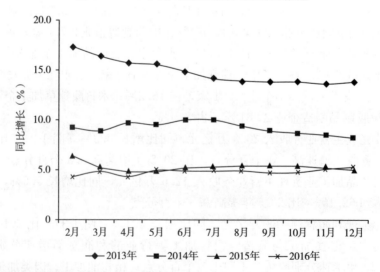

图 1-2　2013—2016 年农产品加工业主营业务收入累计同比增速

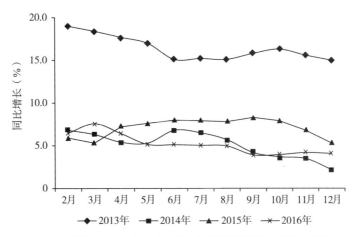

图 1-3 2013—2016 年农产品加工业利润总额累计同比增速

（二）行业结构稳步调整

2016 年，规模以上农产品加工业增加值增速为 5.8%。精制茶加工业全年增加值增速为 11.4%，领跑农产品加工业。果蔬加工、中药加工等经济作物加工业增加值增速分别为 6.0% 和 8.2%。粮食加工与制造业、饲料加工和粮食原料酒等加工行业发展情况良好，增加值增速分别为 7.9%、8.1% 和 8.9%。乳品加工、水产品加工等行业发展平稳，增加值增速分别为 5.5% 和 5.7%。植物油加工业和肉类加工业增加值增速明显低于平均水平，分别为 4.0% 和 4.2%。烟草制造业与制糖业发展呈萎缩趋势，2016 年增加值较 2015 年分别下降 8.3% 和 3.9%。

（三）区域结构持续优化

分区域看，东部地区拥有企业 39 913 家，占全国规模以上农产品加工业企业的 49.6%；中部地区拥有企业 21 147 家，占 26.3%；西部地区拥有企业 13 494 家，占 16.8%；东北地区拥有企业 5 969 家，占 7.4%（图 1-4）。其中中西部地区企业数量占比分别上升 1.1% 和 0.9%，东部和东北地区企业数量占比分别下降 0.8% 和 1.1%。

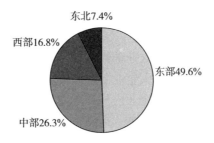

图 1-4 2016 年规模以上农产品加工企业数量区域结构

分区域看，东部地区企业完成主营业务收入 10.2 万亿元，占全国规模以上农产品加工业主营业务收入的 50.5%，同比增长 4.5%；中部地区企业完成主营业务收入 5.3 万亿元，占全国规模以上农产品加工业主营业务收入的 26.3%，同比增长 9.3%；西部地区企业完成主营业务收入 3.3 万亿元，占全国规模以上农产品加工业主营业务收入的 16.3%，同比增长 8.6%；东北地区企业完成主营业务收入 1.4 万亿元，占全国规模以上农产品加工业主营业务收入的 7.0%，同比下降 14.0%。中部和西部地区主营业务收入占比分别较 2015 年上升 1.1 个百分点和 0.6 个百分点。2016 年，中西部地区规模以上农产品加工企业主营业务收入同比增速较 2015 年有所提高，增速分别比上年提高 1.3 个百分点和 0.6 个百分点；东北地区自 2014 年下半年增速开始呈现负增长，截至 2016 年年末增速较 2015 年回落 6.2%，较 2014 年回落 12.9%。主营业务收入排名前十的省份中，中西部地区有河南、湖北、四川和湖南，2016 年规模以上农产品加工业完成主营业务收入分别为 18 470.8 亿元、11 747.8 亿元、9 814.9 亿元和 8 408.1 亿元，同比增速分别为 11.9%、6.0%、7.4% 和 9.0%。

（四）发展特点

第一，产业政策指导强化。2016 年，《国务院办公厅关于支持返乡下乡人员创业创新促进农村一二三产业融合发展的意见》《国务院办公厅关于进一步促进农产品加工业发展的意见》《全国农产品加工业与农村一二三产业融合发展规划（2016—2020 年）》等对行业发展具有重大影响的政策性文件和规划先后出台，引起社会高度关注，形成良好氛围，为促进农产品加工业积极健康发展注入新动能。

第二，产地初加工补助项目成效显著。据不完全统计，截至 2016 年年底，补助项目共扶持 632 个县、近 5 万个农户、8 300 多个合作社新建马铃薯贮藏窖、果蔬贮藏库和烘干房等初加工设施 10 万余座，新增马铃薯贮藏能力 170 万吨、果蔬贮藏能力 240 万吨、果蔬烘干能力 240 万吨。补助政策有效提高了农业经营主体对产地初加工的重视程度，在政策带动下，全国农产品产地初加工水平快速提升，农产品产后损失明显减少，贮藏期、加工期大幅延长，抗风险能力显著提升。

第三，粮食加工转化去库存速度加快。2016 年以来，国家高度重视玉米等粮食加工转化去库存工作，有关单位在进行大量调研的基础上出台了一系列扶持政策。下半年，在玉米原料价格下降和扶持政策的双重推动下，加工企业开工率提高，去库存速度加快。据行业协会调查显示，2016 年第四季度，全国玉米淀粉行业月度平均开工率达到 70.1%，玉米酒精行业开工率达到 67.8%，预计 2016/2017 年度玉米消费量将超过 2 100 亿千克，较上年增长 7.7%。

第四，质量品牌建设得到加强。农业部组织开展了农产品加工业质量品牌提升行动，加快农产品加工标准的组织整理，加大企业品牌和公用品牌宣传推介力度。中国国家认证认可监督管理委员会指导的出口食品企业内外销"同线同标同质"公共信息服务平台正式上线，国务院部署开展消费品工业增品种、提品质、创品牌"三品"专项行动，进一步推动了农产品加工的质量品牌建设。

第五，信息化融合程度提高。据调查，农产品加工企业应用电子商务已较为普遍，一些企业开始利用电商平台数据指导产品研发和线下营销；生产装备自动化程度提升，大多数农产品加工企业在加工环节实现自动化，部分大中型企业在拣选、包装、码垛、仓储、配送等环节也广泛应用机器人等设备，同时引入质量安全追溯信息的实时采集系统。还有部分领军企业正在积极探索建立智能化管理体系，推动企业向智能制造方向迈进。

第六，行业交流平台逐步完善。2016 年 7 月，全国主食加工产业科技创新联盟成立，以促进传统主食的工业化生产为主旨，着力开展技术研发、装备创制、标准修订、品牌建设、知识普及等工作，提升了行业凝聚力。2016 年 12 月，全国农产品加工产业发展联盟成立，有助于合理配置资源、优化产业结构、规范产业秩序，维护行业权益，引导产业健康发展。

二、主要产品贸易情况

2016 年，规模以上农产品加工业完成出口交货值 11 167 亿元，增速为 2.2%，实现了转负为正、恢复增长。从海关数据看，2016 年，全国农副食品、食品、酒、饮料及茶叶等主要农产品加工商品累计进出口总额为 940 亿美元，同比增长 4.4%，增速较上年提高 6.4 个百分点。出口额及进口额增长率均转负为正，其中，主要食品行业商品累计出口总额 482 亿美元，同比增长 2.3%，扭转了 2015 年下降 2.5% 的状况；累计进口金额 458 亿美元，同比增长 6.7%，增速较上年提高 8.1 个百分点。食用类农产品加工业出口好于整体水平，全年出口交货值增长 2.8%，其中，出口占比较大的果蔬加工业、水产品加工业分别增长 2.7%、3.1%，具有中国特色的精制茶加工业和中药制造业出口额分别增长 9.0% 和 3.9%。

（一）农副食品出口增速由负转正，进口持续增加

2016 年，全国农副食品出口金额 356.5 亿美元，同比增长 2.9%，增速较上年同期提高 6.6 个百分点（图 1-5）。其中，水产品是主要出口商品，出口量 275.3 万吨，同比增长 4.7%，出口额 121.8 亿美元，占农副食品出口额的 34.2%，同比增长 2.1%；果蔬产品和肉类产品的出口量也较大，两类产品出口额分别为 61.9 亿美元和 5.5 亿美元，果蔬产品出口额同比增长 6.9%，肉类产品出口额继续下降，同比下降 21.1%，以上三类商品出口额占农副食品出口额的 53.1%，与上年占比持平。2016 年，全国农副食品进口金额 337.3 亿美元，同比增长 8.9%，增速较上年上升 6.1 个百分点（图 1-5）。其中，肉类产品、植物油、水产品进口较多，进口额占农副食品进口额的 63.2%；三类产品进口金额分别为 100.5 亿美元、62.3 亿美元和 50.3 亿美元。肉类产品进口金额大幅提高，同比增长 49.8%；植物油进口金额继续下降，同比下降 11.8%；水产品进口额保持稳定，同比增长 5.5%。

按贸易方式看，农副食品进出口主要的贸易方式是一般贸易。2016 年，采用一般贸易方式出口的农副食品数量为 989.3 万吨，同比增长 10.9%，增速较上年提高 13.8 个百分点，占全部出口数量的 81.7%，出口金额 281.6 亿美元，同比增长 3.8%，增速较上年提高 8.0 个百分点，占全部出口金额的 79.0%（图 1-6）；采用一般贸易方式进口的农副食品数量为 2 511.5 万吨，同比下降 2.0%，增速较上年下降 9.3 个百分点，占全部进口数量的 83.4%，进口金额 253.7 亿美元，同比增长 10.7%，增速较上年提高 7.7 个百分

点，占全部进口金额的 75.2%。

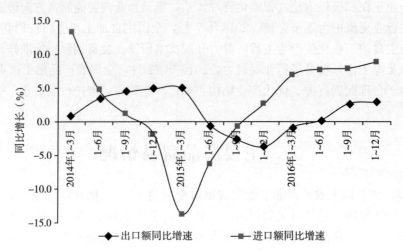

图 1-5　2014—2016 年农副食品进出口额累计同比增速

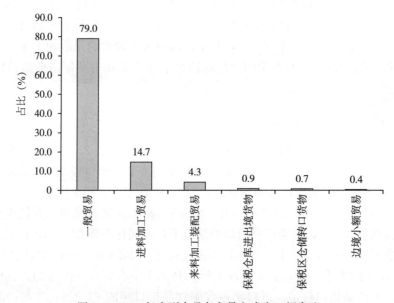

图 1-6　2016 年农副食品各贸易方式出口额占比

境外进出口情况。农副食品按出口数量统计前五大出口目的地为日本、韩国、美国、菲律宾和中国香港地区。日本和韩国仍是我国农副食品前两大出口目的地；出口菲律宾的数量明显增加，跃升至出口目的地第四位。2016 年向以上 5 个地区分别出口农副食品181.8 万吨、152.7 万吨、102.9 万吨、70.0 万吨和 60.4 万吨；按出口额统计前五大出口目的地为日本、美国、中国香港地区、韩国和泰国，2016 年出口额分别为 66.1 亿美元、43.2 亿美元、36.1 亿美元、25.6 亿美元和 18.1 亿美元，同比分别增长 -1.5%、-0.4%、9.6%、13.7% 和 -5.3%。农副食品按进口量统计前五大进口来源地为泰国、印度尼西亚、马来西亚、越南和加拿大。2016 年，以上国家进口量分别为 809.8 万吨、

375.9 万吨、205.4 万吨、204.4 万吨和 195.2 万吨；按进口额统计前五大进口来源地为美国、印度尼西亚、巴西、泰国和加拿大，2016 年进口额分别为 31.1 亿美元、30.0 亿美元、23.1 亿美元、21.8 亿美元和 17.7 亿美元，除印度尼西亚和泰国同比分别下降 10.4% 和 21.1% 外，美国、巴西和加拿大进口额增速均大幅提高，同比分别增长 38.0%、88.7%、21.4%。

境内进出口情况。农副食品前五大出口地区为山东、福建、广东、辽宁和浙江，2016 年出口额分别为 97.2 亿美元、65.5 亿美元、34.5 亿美元、34.3 亿美元和 23.0 亿美元，除辽宁和浙江同比分别下降 2.1% 和 2.1% 以外，其他三省同比分别增长 6.5%、5.3% 和 3.3%；出口额合计占全国出口额的 71.4%，比上年同期提高 0.5 个百分点。农副食品前五大进口地区为广东、山东、上海、天津和江苏，2016 年进口额分别为 67.9 亿美元、45.9 亿美元、44.8 亿美元、44.2 亿美元和 40.8 亿美元，广东、上海和天津同比分别增长 16.4%、29.4% 和 22.4%，山东和江苏同比分别下降 1.0% 和 11.5%；进口金额合计占全国进口金额的 72.2%，比上年同期上升了 0.7 个百分点。

（二）食品出口继续下降，进口降幅有所收窄

2016 年，全国食品出口额 88.3 亿美元，同比下降 2.2%（图 1-7）。其中，调味品和发酵品为主要出口商品，出口额 29.6 亿美元，占食品出口额的 33.6%，同比下降 1.7%；罐头出口继续下滑，从上年的食品出口额第一位降至第二位，出口额 28.3 亿美元，同比下降 7.1%，增速较上年同期下降 0.6 个百分点，占食品出口额的 32.7%，占比较上年同期下降 1.1 个百分点；糖果蜜饯和方便食品也是出口较多的产品，产品出口额分别为 10.9 亿美元、8.3 亿美元，同比分别增长 1.7% 和 1.8%，以上四类商品占食品出口额的 87.5%。2016 年，全国食品进口金额 68.9 亿美元，同比下降 5.3%，增速比上年同期提高 20.8 个百分点（图 1-7）。其中，乳制品仍是进口最多的产品，进口量为 195.6 万吨，同比增长 21.4%，进口额 33.7 亿美元，同比增长 6.0%，增速较上年同期提高 56.4 个百

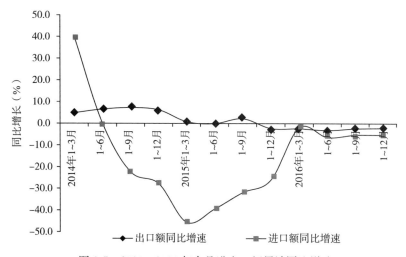

图 1-7　2014—2016 年食品进出口额累计同比增速

分点，由上年的负增长变为正增长。糖和焙烘糕饼及谷物膨化、烘炒食品进口也较多，进口额分别为 11.7 亿美元、9.0 亿美元，糖进口额大幅下降，同比下降 34.0%，增速较上年同期下降 52.7 个百分点，焙烘糕饼及谷物膨化、烘炒食品的进口额同比增长 14.2%。

按贸易方式看，食品进出口主要方式以一般贸易为主。2016 年，以一般贸易方式出口的食品为 518.4 万吨，同比增长 17.3%，增速比上年同期提高 12.0 个百分点，占食品全部出口量的 85.4%，出口金额 73.3 亿美元，同比下降 3.5%，降幅有所收窄，占食品全部出口金额的 83.0%（图 1-8）；以一般贸易方式进口的食品为 430.5 万吨，同比下降 1.8%，增速比上年同期下降 2.5 个百分点，占食品全部进口数量的 76.8%，进口金额 54.1 亿美元，同比增长 1.9%，增速比上年同期提高 27.1 个百分点，占食品全部进口金额的 78.4%。

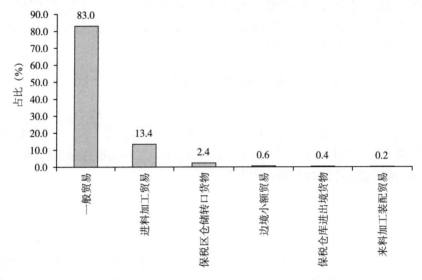

图 1-8　2016 年食品各贸易方式出口额占比

境外进出口情况。2016 年，食品按出口额统计前五大出口目的地为日本、美国、中国香港地区、韩国和菲律宾，出口额分别为 9.9 亿美元、9.3 亿美元、8.1 亿美元、5.2 亿美元和 4.3 亿美元，除出口到日本和美国同比分别下降 3.7% 和 0.2% 外，出口到其他 3 个目的地同比分别增长 3.2%、5.0% 和 14.5%。食品按进口额统计前五大进口来源地为新西兰、巴西、美国、澳大利亚和韩国，进口额分别为 18.5 亿美元、7.1 亿美元、4.0 亿美元、4.0 亿美元和 3.4 亿美元，其中从新西兰和韩国进口有所增加，同比分别增长 8.0% 和 16.6%，从其他 3 个来源地进口同比分别下降 25.3%、5.9% 和 4.7%。

境内进出口情况。2016 年食品前五大出口地区为山东、广东、福建、浙江和江苏，出口额分别为 21.3 亿美元、19.9 亿美元、9.3 亿美元、5.5 亿美元和 5.3 亿美元，其中除广东和浙江同比分别增长 5.6% 和 5.5% 外，山东、福建和江苏同比分别下降 2.1%、3.4% 和 3.1%，5 个省出口金额合计占全国食品出口金额的 69.3%，比上年同期上升了 1.9 个百分点。2016 年，食品前五大进口地区为广东、上海、北京、山东和天津，进口额分别为 17.4 亿美元、16.0 亿美元、6.0 亿美元、5.7 亿美元和 5.0 亿美元，除上海和北京进口额同比分别增长 3.2% 和 6.2% 外，其他 3 个省份进口同比分别下降 0.6%、28.5% 和 23.7%；前五大进口地区进口金额合计占全国食品进口金额的 72.7%，比上年同期下降 0.4 个百分点。

（三）饮料、酒类及茶叶进出口平稳增长，增速有所回落

2016 年，全国饮料、酒类及茶叶进出口贸易呈现快速增长态势，特别是进口大幅增加。全国饮料、酒类及茶叶出口额 37.6 亿美元，同比增长 7.7%，较上年下降 3.0 个百分点（图 1-9）。其中饮料出口额为 9.1 亿美元，同比下降 2.1%；酒精及酒出口额 13.4 亿美元，同比增长 14.4%；冷冻饮品出口额 3 234.2 万美元，同比增长 108.0%；茶叶出口 14.8 亿美元，同比增长 7.5%；冷冻饮品出口增速上升，较上年上升 94.8 个百分点。全国饮料、酒类及茶叶进口额 51.8 亿美元，同比增长 11.1%，较上年下降 19.8 个百分点（图 1-9）。其中饮料进口金额 6.5 亿美元，同比增长 3.2%；酒精及酒进口金额为 43.5 亿美元，同比增长 12.9%；冷冻饮品进口金额为 6 068.6 万美元，同比下降 6.2%；茶叶进口 1.1 亿美元，同比增长 5.1%，进口额增速均较上年有所下降。

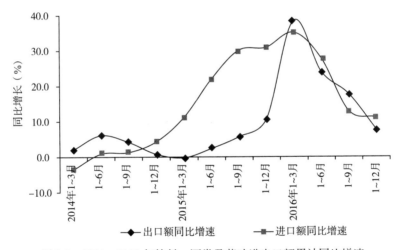

图 1-9　2014—2016 年饮料、酒类及茶叶进出口额累计同比增速

按贸易方式看，2016 年饮料、酒类及茶叶进出口主要方式以一般贸易为主。以一般贸易方式出口的饮料、酒类及茶叶为 162.6 万吨，同比增长 15.2%，增速较上年同期提高 12.1 个百分点，占饮料、酒类及茶叶全部出口量的 86.9%，出口额 29.2 亿美元，同比增长 7.4%，增速较上年同期提高 1.8 个百分点，占饮料、酒类及茶叶全部出口额的 77.6%（图 1-10）；以一般贸易方式进口的饮料、酒类及茶叶为 228.1 万吨，同比增长 18.2%，占饮料、酒类及茶叶全部进口量的 81.5%，进口额 270.9 亿美元，同比增长 11.5%，占饮料、酒类及茶叶全部进口额的 52.3%。

境外进出口情况。2016 年饮料、酒类及茶叶按出口额统计前五大出口目的地为中国香港地区、美国、摩洛哥、日本和越南，其中越南取代澳大利亚成为我国第五大出口目的地。前五大出口目的地出口额分别为 10.9 亿美元、4.7 亿美元、2.3 亿美元、1.6 亿美元

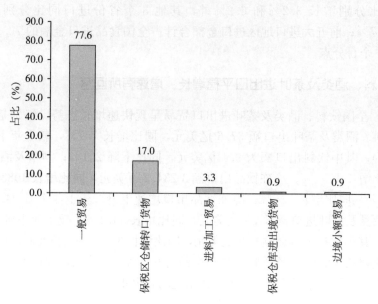

图 1-10　2016 年饮料、酒类及茶叶各贸易方式出口额占比

和 1.2 亿美元，其中出口到中国香港地区、摩洛哥和越南的出口额同比分别增长 20.1%、0.2% 和 57.3%，出口到美国和日本的出口额同比分别下降 0.8% 和 14.2%。2016 年饮料、酒类及茶叶按进口额统计前五大进口来源地为法国、澳大利亚、美国、德国和智利，前五大进口来源地的进口额分别为 17.5 亿美元、5.9 亿美元、5.2 亿美元、2.7 亿美元和2.7 亿美元，进口额同比分别增长 8.2%、25.9%、75.3%、16.8% 和 14.3%，依然保持强劲增长态势。

境内进出口情况。2016 年饮料、酒类及茶叶前五大出口地区为广东、浙江、贵州、山东和福建，其中福建取代安徽成为出口最多的第五大地区。五大出口地区出口额分别为7.7 亿美元、5.3 亿美元、3.4 亿美元、3.2 亿美元和 2.7 亿美元，其中浙江和山东出口额同比分别下降 9.7% 和 3.3%，广东、贵州和福建出口额同比分别增长 19.6%、28.4% 和32.9%；5 个省出口金额合计占全国饮料、酒类及茶叶出口额的 59.3%，比上年下降 0.3个百分点。2016 年，饮料、酒类及茶叶按进口额统计前五大进口地区为广东、上海、福建、北京和江苏，其中江苏取代山东位居第五位。前五大进口地区进口额分别为 15.7 亿美元、13.8 亿美元、4.5 亿美元、3.6 亿美元和 3.0 亿美元，5 个地区进口额均有所增长，进口额同比分别增长 1.8%、8.7%、17.7%、16.5% 和 59.6%；其中五大进口地区进口金额合计占全国饮料、酒类及茶叶进口额的 79.4%，比上年下降 0.4 个百分点。

三、主要产品价格指数分析

（一）工业生产者出厂价格分类指数

1. 食品类工业生产者出厂价格指数。2016 年 1～12 月，食品类工业生产者出厂价格指数同比（上年同月＝100）分别为 100.2、100.4、100.7、100.7、100.6、100.6、100.2、100.1、100.3、100.6、100.9、101.3，其中 4～8 月价格同比有所下降，而 1～3 月价格同比有所上升，8～12 月价格同比快速上升；环比（上月＝100）分别为 100.2、100.2、100.2、100.1、100.0、100.0、99.8、99.9、100.1、100.0、100.3、100.4，逐月价格同比波动较小，1～7 月价格环比呈下降趋势，8～12 月价格环比呈上升趋势。从 2014—2016 年的变化情况看，2016 年食品类工业生产者出厂价格指数同比总体上较 2014 年和 2015 年有所上升，且 2016 年下半年价格呈现快速上涨态势；环比价格也有所上升（图 1-11）。

　　2. 衣着类工业生产者出厂价格指数。2016 年 1～12 月，衣着类工业生产者出厂价格指数同比（上年同月＝100）分别为 100.7、100.7、100.8、100.7、100.7、101.0、101.1、100.8、100.7、100.9、101.1、101.3，价格总体上呈上升趋势；环比（上月＝100）分别为 100.3、100.0、100.0、99.8、99.9、100.2、100.1、99.8、100.2、100.4、100.2、100.3，逐月价格同比波动较小。从 2014—2016 年的变化情况看，衣着类工业生产者出厂价格指数同比继续保持在 100 以上，呈现上升趋势，且 2016 年上升的幅度大于 2015 年和 2014 年，其中 2016 年 9～12 月价格快速提高；环比价格较为平稳（图 1-11）。

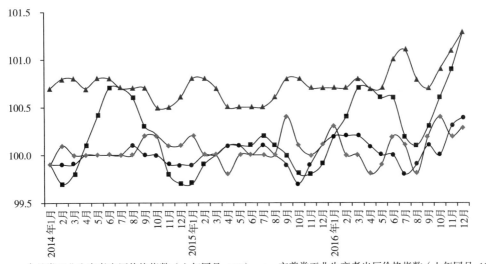

图 1-11　2014—2016 年食品类和衣着类工业生产者出厂价格指数

（二）分行业工业生产者出厂价格指数

　　从国民经济行业分类看，2016 年 1～12 月，农副食品加工业工业生产者出厂价格指数同比（上年同月＝100）分别为 99.0、99.3、99.7、99.7、99.7、100.2、100.1、100.0、100.4、100.8、101.6、102.4；食品制造业生产者出厂价格指数同比（上年同月＝100）分别为 99.8、99.7、99.8、99.6、99.5、99.6、99.7、99.7、99.9、100.1、100.2、100.6；酒、饮料和精制茶制造业生产者出厂价格指数同比（上年同月＝100）分别为 99.5、99.5、99.4、99.3、99.3、99.2、98.8、98.6、98.7、98.9、99.0、99.3。除酒、饮料和精制茶制造业工业生产者出厂价格同比呈现下降趋势，其他两大食品行业工业生产者出厂价格同比均呈现上升趋势，其中农副食品加工业同比价格上涨幅度较大（图1-12）。

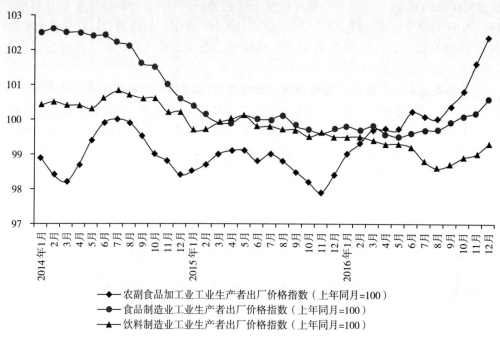

图 1-12　2014—2016 年三大食品行业工业生产者出厂价格指数

四、面临的主要问题

一是企业用工存在较大缺口。调查显示，约有 36.7% 的农产品加工企业存在用工缺口。其中，中部地区用工缺口大于其他地区。从子行业看，果蔬茶加工企业存在用工缺口的企业占比最高，为 42.2%；粮食加工企业的用工缺口比例最小，约为 31.5%。

二是融资困难和投资不足。据调查，2016 年，农产品加工企业流动资金不足的情况依然严重，约 78.4% 的企业存在资金缺口。融资成本上涨的企业占 42.7%，其中大幅上涨、小幅上涨分别为 7.9% 和 34.8%。尽管农产品加工业的固定资产投资增速仍高于制造业，但仍然处于增速放缓、投资不足的状态。

三是成本走高导致利润率低。2016 年，规模以上农产品加工业每百元主营业务收入中的成本为 83.3 元，主营业务利润率为 6.6%，比 2015 年略降 0.1 个百分点。据调查，有 35.8% 的食用类农产品加工企业生产成本增加。果蔬茶加工、水产品加工两个行业用工成本上升较快，2016 年用工成本上升的企业占比均在 60% 左右，高于粮食加工、肉类加工等行业 10 个百分点以上。

四是进口食品挤占国内市场。随着自由贸易政策和电子商务发展，海外食品购买变得

"便宜＋容易"，尤其是保存期长、自动化生产程度高的农产品进口增长较快，对国内生产厂商造成冲击。2016 年乳品进口量同比增长 21.4%，而国内乳粉全年产量同比下降 0.3%；酒类进口金额同比增长 12.9%，而国内啤酒、葡萄酒产量分别下降 0.1% 和 2.0%，受进口影响较小的白酒产量则上升 3.2%。

五、对策建议

第一，推动政策落实，营造良好环境。深入贯彻国务院办公厅《关于进一步促进农产品加工业发展的意见》《关于支持返乡下乡人员创业创新促进农村一二三产业融合发展的实施意见》的精神，积极推动财政支持、税收优惠、金融服务、贸易条件、用地用电、创业培训、社会保障、信息技术、园区建设等政策措施落地，充分发挥政策引导作用，为促进农产品加工业发展创造良好外部环境。

第二，加快供给侧结构性改革，促进消费升级。高度重视国内快速增长的中高端农产品、食品消费需求，继续大力推动供给侧结构性改革。鼓励加工企业提品质、增品种、创品牌，顺应消费市场变化，加大天然、营养、健康食品的创新开发和规模生产。做好宣传引导和舆论营造，使国内消费者充分了解、认可国内优质农加工产品。

第三，引导企业转型升级，提高质量效率。引导、鼓励企业加快生产设备改造和升级速度，大力促进装备制造、研发单位与农产品加工企业对接，提高加工自动化水平。鼓励企业开展质量管理、食品安全控制、追溯等体系认证，促进企业加强事中事后监管，打造一批安全优质的农产品加工品牌。

第四，促进信息化融合，推广典型模式。鼓励农产品加工企业积极利用互联网、物联网和大数据等技术，优化采购分销体系、生产制造流程及质量安全管理；帮助质量、品牌有保障的重点加工企业集中与电商平台对接。鼓励农产品加工企业积极开发电商大数据资源，提升精准营销能力，适时发展"以销定产"和"个性化定制生产"。及时总结农产品加工企业开展信息化建设的典型案例，加强宣传和推广。

第五，引导社会资本投入，完善基础设施。针对农产品加工业固定资产投资增长乏力的困难，鼓励发展特色农产品加工业，促进农村一二三产业融合发展。调动各类社会资本的积极性，在农产品产地初加工、冷链物流等基础设施建设方面，采取政府和社会资本合作（PPP）等方式引导社会资本投入，探索建立财政资金和社会资本协同机制。

六、热点事件[①]

（一）国务院办公厅印发《关于进一步促进农产品加工业发展的意见》

2016 年 12 月 28 日，国务院办公厅公布了《关于进一步促进农产品加工业发展的意见》（以下简称《发展意见》），指出农产品加工业是农业现代化的重要支撑和国民经济的

---

① 本报告"热点事件"内容由互联网资料整理所得。

重要产业，加快发展农产品加工业，对于促进农业提质增效、农民就业增收和农村一二三产业融合发展，对于推动供给侧结构性改革，促进经济持续稳定发展，改善和保障民生都具有十分重要的意义。《发展意见》指出，农产品加工业已成为农业现代化的支撑力量和国民经济的重要产业。进一步促进农产品加工业发展对促进农业提质增效、农民就业增收和农村一二三产业融合发展，对提高人民群众生活质量和健康水平、保持经济平稳较快增长有着十分重要的作用。

《发展意见》强调，要坚持"以农为本、转化增值，市场主导、政府支持，科技支撑、综合利用，集聚发展、融合互动"的原则，在确保国家粮食安全和农产品质量安全的基础上，以转变发展方式、调整优化结构为主线，以市场需求为导向，以增加农民收入、提高农业综合效益和竞争力为核心，推动农产品加工业从数量增长向质量提升、要素驱动向创新驱动、分散布局向集群发展转变，促进农产品加工业持续稳定健康发展。

《发展意见》提出，到 2020 年，农产品加工转化率达到 68%，加工业主营业务收入年均增长 6% 以上，农产品加工业与农业总产值比达到 2.4：1。到 2025 年，农产品加工转化率达到 75%，农产品加工业与农业总产值比进一步提高，基本接近发达国家农产品加工业发展水平。

《发展意见》从 4 个方面部署推进农产品加工业发展。一是优化结构布局。推进农产品加工业向优势产区集中布局，明确大宗农产品主产区、特色农产品优势区、大中城市郊区及都市农业区和贫困地区的发展重点。统筹农产品初加工、精深加工及主食加工等协调发展。二是推进多种业态发展。支持农民合作社、种养大户、家庭农场发展加工流通。鼓励企业打造全产业链，让农民分享加工流通增值收益。创新模式和业态，利用信息技术培育现代加工新模式。推进加工业园区建设，创建产业集群和融合发展先导区，建设农产品加工特色小镇。三是加快产业转型升级。提升科技创新能力，强化协同创新机制，建设一批农产品加工技术集成基地。加速科技成果转化推广，鼓励建设科技成果转化交易中心，支持科技人员以科技成果入股加工企业。提高企业管理水平，引导企业依标生产，提升质量水平，培育知名品牌。加强人才队伍培养，培育一批经营管理队伍、科技领军人才、创新团队、生产能手和技能人才。四是完善相关政策措施。加强财政支持，支持符合条件的加工企业申请有关支农资金和项目。完善税收政策，扩大农产品增值税进项税额核定扣除试点行业范围，落实农产品初加工企业所得税优惠政策。强化金融服务，加大信贷支持力度，扩大担保业务规模，创新"信贷＋保险"、产业链金融等服务模式。改善投资贸易条件，支持社会资本从事农产品加工、流通。落实用地用电政策，执行农产品初加工用地政策。

（二）农业部印发《全国农产品加工业与农村一二三产业融合发展规划（2016—2020 年）》

2016 年 11 月，农业部印发《全国农产品加工业与农村一二三产业融合发展规划（2016—2020 年）》（以下简称《三产融合规划》），对"十三五"期间全国农产品加工业和农村一二三产业融合发展的思路目标、主要任务、重点布局、重大工程、保障措施等作出全面部署安排。

《三产融合规划》指出，必须牢固树立创新、协调、绿色、开放、共享的发展理念，主动适应经济发展新常态，以坚持农民主体地位，增进农民福祉为出发点和落脚点，按照"基在农业、利在农民、惠在农村"的要求，以市场需求为导向，以促进农业提质增效、农民就业增收和激活农村发展活力为目标，以新型农业经营主体为支撑，以完善利益联结机制和保障农民分享二三产业增值收益为核心，以制度、技术和商业模式创新为动力，强化农产品加工业等供给侧结构性改革，着力推进全产业链和全价值链建设，开发农业多种功能，推动要素集聚优化，大力推进农产品加工业与农村一二三产业交叉融合发展。

《三产融合规划》提出，到 2020 年，农村一二三产业融合发展总体水平明显提升，产业链条完整、功能多样、业态丰富、利益联结更加稳定的新格局基本形成，农业生产结构更加优化，农产品加工业引领带动作用显著增强，新业态新模式加快发展，产业融合机制进一步完善，主要经济指标比较协调、企业效益有所上升、产业逐步迈向中高端水平，带动农业竞争力明显提高，促进农民增收和精准扶贫、精准脱贫作用持续增强。

《三产融合规划》确定了四方面重点任务。一是做优农村第一产业，发展绿色循环农业、推进优质农产品生产、优化农业发展设施条件，夯实产业融合发展基础。二是做强农产品加工业，大力支持发展农产品产地初加工、全面提升农产品精深加工整体水平、努力推动农产品及加工副产物综合利用，提升产业融合发展带动能力。三是做活农村第三产业，大力发展各类专业流通服务、积极发展电子商务等新业态新模式、加快发展休闲农业和乡村旅游，拓宽产业融合发展途径。四是创新融合机制，培育多元化产业融合主体、发展多类型产业融合方式、建立多形式利益联结机制，激发产业融合发展内生动力。

《三产融合规划》结合主要任务，依托自然和区位优势、重点产业、优势产业集群，对融合发展区域功能定位、重点产业结构、农产品加工园区和产业融合先导区建设进行了合理布局。围绕关键领域和薄弱环节，提出了专用原料基地建设、农产品加工业转型升级、休闲农业和乡村旅游提升、产业融合试点示范四项重大工程。

（三）鼓励和支持返乡下乡人员创业创新为农业农村经济发展增添新的动能和活力

2016 年 11 月，国务院办公厅印发了《关于支持返乡下乡人员创业创新促进农村一二三产业融合发展的意见》（以下简称《双创意见》）。《双创意见》明确了支持农民工、中高等院校的毕业生、退役士兵以及科技人员等返乡下乡人员创业创新的重点领域、主要方式、扶持政策和保证措施。近年来，随着工业化、信息化、城镇化、农业现代化同步发展，在大量农村劳动力向城镇转移就业的同时，也有一大批返乡下乡人员到农村去创新创业，投入现代农业和新农村建设之中，呈现出人数越来越多、领域越来越广、起点越来越高的良好态势。初步统计，近年来从农村流向城镇的各类人员返乡创业的人数累计达到570 多万，其中农民工返乡创业累计达到了 450 万人，还有居住在城镇的科技人员、中高等院校毕业生等约 130 多万人下乡创业创新。他们为活跃农村经济发挥了重要独特作用，成为农业发展的生力军。

《双创意见》一共 14 条，主要有 4 个特点：一是扶持范围进一步扩大。过去主要支持农民工、大学生、退役士兵等人员返乡创业，这一次扩大到了支持有意愿、有能力的城镇科技人员、中高等院校毕业生等下乡创新创业。这样更有利于建立城乡要素平等交换的关系，进一步拓展资金、技术、人才流向农村的渠道。二是支持重点领域和方向更加明确。围绕现代农业、农民增收和新农村建设，明确了重点支持返乡下乡人员发展规模种养、农产品加工、休闲农业和乡村旅游、电商以及各类生产性、生活性服务业等新业态和新模式，支持通过领办创办新型的经营主体、组建团队、产业联盟和各种股份制、股份合作制以及网上创业等方式创新创业，来推动一二三产业的融合发展。三是政策措施更加系统，包括市场准入、金融服务、财政支持、用水用地用电、社会保障、入住园区等方方面面，有很多措施有突破、有创新。四是落实要求更加明确。不仅对部门提出了要求，而且对地方政府提出了要求，要求建立落实政策的督查制。

《双创意见》的印发，对于营造良好的政策环境、形成支持的工作合力，促进"大众创业、万众创新"在农村深入开展，为农业农村经济发展增添新的动能和活力，具有重要意义。

（四）农业部部署开展农产品加工业质量品牌提升行动

为深入贯彻落实党中央国务院关于推动供给侧结构性改革、开展质量品牌提升行动的要求，积极推动我国农产品加工业转型升级发展，农业部印发了《关于开展农产品加工业质量品牌提升行动的通知》（以下简称《通知》），决定从2016年起，在全国范围内开展农产品加工业质量品牌提升行动。《通知》指出，"十二五"以来，我国农产品加工业取得了长足发展，但行业依然大而不强，质量效益与世界先进水平仍存在较大差距，知名品牌少，尤其是具有国际影响力和竞争力的中国品牌和民族品牌较为缺乏，亟须通过开展农产品加工业质量品牌提升行动，引导企业推行标准化生产，提高质量管理水平，加快培育一批国际知名企业、一批国内知名企业和一批区域知名企业，打造一批具有广泛影响力和持久生命力的国际知名品牌、国内知名品牌和区域知名品牌，生产出更多营养安全、美味健康、方便实惠的食品和质优、价廉、物美、实用的农产品加工产品，为实现农产品加工业转型升级和持续健康发展，树立中国制造、中国智造和中国品牌形象注入不竭内生动力和外在牵引力。

《通知》提出，"十三五"期间，农产品加工业质量品牌提升行动主要任务是大力提升"四大能力"。一是大力提升标准化生产能力。引导企业严格执行强制性标准，积极采用先进标准，大力推行标准化生产。二是大力提升全程化质量控制能力。鼓励企业开展先进的质量管理、食品安全控制等体系认证，逐步建立全员、全过程、全方位的质量管理制度，实现全程质量管理和控制。三是大力提升技术装备创新能力。提高企业原始创新能力和引进吸收再创新能力。四是大力提升品牌培育创建能力。加快培育一批能够展示"中国制造"和"中国服务"优质形象的品牌与企业。

《通知》强调，开展质量品牌提升行动是实施农产品加工业质量为先战略的有效举措，是促进农产品加工业转型升级的必然要求，是推动农产品加工业供给侧结构性改革的迫切需要。农业部要求各级农产品加工业管理部门把质量品牌提升行动作为一项长期而又紧迫任务摆上重要议事日程。要通过推动政策落实创设、促进科技创新转化、培养质量品牌专业人才、发挥典型带动作用、搭建公共服务平台、加强宣传引导等具体措施，切实加强组织领导，将提升行动组织好实施好，努力实现我国农产品加工业更高质量、更有效率、更可持续的发展。

（五）农业部加强品牌体系建设大力推进休闲农业和乡村旅游发展

近年来，农业部把品牌培育和示范创建作为推动休闲农业和乡村旅游发展的重要手段，在全国树立了一批标杆，培育了一批品牌，成为引领产业发展的典范。通过示范拉动和典型带动作用，休闲农业和乡村旅游产业布局不断优化、发展质量不断提升、功能领域不断拓展。据不完全统计，2015年全国休闲农业和乡村旅游接待游客超过22亿人次，营业收入超过4 400亿元，从业人员790万，其中农民从业人员630万，带动550万户农民受益。"十二五"时期游客接待数和营业收入年均增速均超10％。

农业部坚持以品牌引领休闲农业和乡村旅游发展，在前期工作的基础上，按照面点线结合的思路，通过优化整合，重点打造"3＋1＋X"的休闲农业和乡村旅游品牌体系。"3"即在面点线上开展品牌创建和推介。在面上，继续开展全国休闲农业和乡村旅游示范县（市、区）创建，着力培育一批生态环境优、产业优势大、发展势头好、示范带动能力强的休闲农业与乡村旅游集聚区。在点上，将全国休闲农业和乡村旅游示范点创建、中国最美休闲乡村推介、中国美丽乡村试点创建三项工作整合为中国美丽休闲乡村推介活动，在全国打造一批天蓝、地绿、水净，安居、乐业、增收的美丽休闲乡村（镇）。在线上，重点开展休闲农业和乡村旅游精品景点线路推介，吸引城乡居民到乡村休闲消费。"1"即着力培育好重要农业文化遗产，继续加大中国重要农业文化遗产发掘保护传承工作，推动遗产地经济社会可持续发展。"X"即培育各具特色的地方品牌，鼓励各地因地制宜开展形式多样的创建推介活动。一是做好全国休闲农业和乡村旅游示范县（市、区）创建。示范创建以规范提升休闲农业和乡村旅游发展为重点，理清发展思路，明确发展目标，创新体制机制，优化发展环境，培育一批生态环境优、产业优势大、发展势头好、示范带动能力强的全国休闲农业和乡村旅游示范县（市、区），增强农村经济发展新业态新动能，促进农民就业增收、满足居民休闲消费需求、建设美丽宜居乡村。二是做好中国美丽休闲乡村（镇）推介。农业部按照"政府指导、农民主体、多方参与、共建共享"的工作思路，自2014年至今已推介两批共220个中国最美休闲乡村。2016年，农业部以村为主体单位开展中国美丽休闲乡村推介活动，具体包括历史古村、特色民居村、现代新村、特色民俗村等类型，以及集中连片发展较好的休闲农业和乡村旅游特色乡镇。推介工作在充分总结各地建设美丽宜居乡村经验模式的基础上，从优筛选控制、带动农民创建、实行动态管理，加大政府投入和扶持力度，确保树立一批典型，打造一批品牌，富裕一方农民。通过推介，培育消费新增长点，增强经济发展新动能，推动农业供给侧结构性改革，促进新型城镇化和城乡一体化发展，推进社会主义新农村和美丽中国建设。三是开展全国休闲农业和乡村旅游精品景点线路推介。为进一步拉动休闲消费市场、带动农民就业增收，农业部根据季节特点和小长假时点分布，围绕"春节到农家过大年""早春到乡村去踏青""初夏到农村品美食""仲秋到田间去采摘"4个主题，有步骤、有重点、分时段向社会推出休闲农业和乡村旅游精品景点线路。据不完全统计，2016年春季踏青时节，全国各地以踏春观光、赏花休闲为主题的休闲农业观光活动达800多处，累计接待游客量达1.5亿人次左右，同时带动特色农产品销量明显增加。农业部依托网络、报纸、广播等媒体，通过建立专门网站和微信公众号、加强与主流媒体合作等形式，形成报纸有文章、网络有专题、广播有声音的立体宣传推介格局，构建线上线下推介长效机制。四是做好中国重要农业文化遗产发掘保护传承。为扭转传统农业生产系统面临被遗忘、被破坏的窘境，农业部开展中国重要农业文化遗产认定工作，每两年认定一批，目前分三批共认定了 62 个中国重要农业文化遗产，其中 11 项遗产被联合国粮农组织认定为全球重要农业文化遗产。按照《重要农业文化遗产管理办法》要求，中国重要农业文化遗产应在活态性、适应性、复合性、战略性、多功能性和濒危性方面有显著特征，历史渊源悠久、农业产品独特、生物资源丰富、知识技术体系完善，具有较高的美学和文化价值，以及较强的示范带动能力。五是鼓励培育地方品牌。在农业部的总体要求和部署安排下，各地充分发挥积极性和创造力，在认真创建全国性品牌的同时，结合当地实际开展了大量形式多样、卓有成效的省级品牌培育和示范创建活动，并不断完善有关标准和办法，产生了良好的社会影响力。农业部积极鼓励支持各地因地制宜、探索创新促进休闲农业和乡村旅游发展的新形式新载体，举办特色鲜明、影响力大、公益性强的农事节庆活动，如农业嘉年华、农业主题公园、星级农家乐（农庄）、创意农业精品等，同时将深入调查研究、及时总结经验、加强指导服务，同各地农业管理部门共同努力，凝聚共识，形成上下联动、规范有序、创新协调、充满活力的品牌体系建设工作新局面。

第二篇　重点行业

第2章／粮食加工

2016 年，在国际形势复杂多变、国内经济缓中趋稳的大背景下，我国粮食加工业运行整体呈现稳中向好的发展态势，主营业务收入与利润总额较上年均有所提升。在农业供给侧结构性改革、一二三产业融合发展等政策引导下，粮食加工业集约化、规模化程度不断提升，产品结构持续优化，企业品牌创建意识明显增强，供给侧结构性改革取得初步成效。2016 年，全国规模以上粮食加工企业 11 745 家；累计完成主营业务收入 2.7 万亿元，同比增长 6.8%，比 2015 年同期增速提高 1.3 个百分点。

一、原料及产品产量情况

2016 年粮食作物产量较上年同期稍有下降，总产量达到 61 625.1 万吨，比 2015 年减少 518.9 万吨，同比下降 0.8%。其中，稻谷总产量达到 56 538.1 万吨，比 2015 年下降 689.9 万吨，同比下降 1.2%；小麦总产量 12 884.5 万吨，比 2015 年下降 134.0 万吨，同比下降 1.0%。

从产品产量看，2016 年，规模以上粮食加工企业小麦粉产量 15 265.3 万吨，同比增长 4.7%，增速较上年提高 2.9 个百分点；大米产量 13 887.6 万吨，同比增长 1.4%，增速较上年下降 3.0 个百分点；速冻米面食品产量 566.1 万吨，同比增长 7.0%，增速较上年提高 6.6 个百分点；方便面产量 1 103.9 万吨，同比增长 4.3%，增速较上年提高 5.0 个百分点；酱油产量 991.4 万吨，同比增长 4.0%，增速较上年下降 2.4 个百分点。其中，小麦粉产量排名前五位的省份分别是河南、山东、安徽、江苏和河北，以上 5 省总产量占全国总产量的 81.7%。大米产量排名前五位的省份分别是湖北、安徽、黑龙江、湖南、江苏，以上 5 省总产量占全国总产量的 64.1%。速冻米面食品产量排名前五位的省份分别是河南、河北、江苏、吉林和浙江，以上 5 省产量占全国总产量的 87.4%。方便面产量排名前五位的省份分别为河南、河北、湖南、广东和安徽，以上 5 省产量占全国总产量的 70.0%，仅河南和河北两省产量就占全国总产量的 51.3%。

二、行业经济运行情况

(一) 行业总体情况

2016 年，全国规模以上粮食加工业企业数量 11 754 家，比上年同期增加 686 家。累计完成主营业务收入 26 586.0 亿元，同比增长 6.8%，比 2015 年同期增速提高 1.3 个百分点。其中，速冻食品制造业、糕点/面包制造、米面制品制造、豆制品制造业主营业务收入同比增长较快，分别同比增长 15.2%、13.3%、12.8% 和 12.8%。累计实现利润总额 1 540.6 亿元，同比增长 5.1%，比 2015 年同期增速下降 1.7 个百分点。粮食加工业主营业务收入利润率为 5.8%，比上年下降 0.1 个百分点，近三年来基本保持在 6% 左右（图 2-1）。

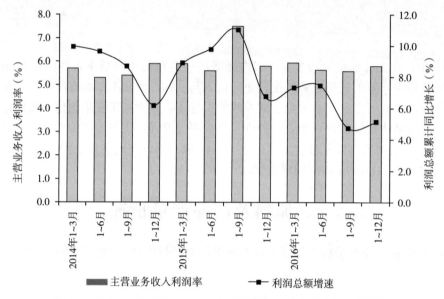

图 2-1　2014—2016 年粮食加工业利润增速与主营业务收入利润率

从行业情况看，主营业务收入利润率最高的为酱油、食醋及类似制品制造和糕点、面包制造，分别达到 12.5% 和 11.8%，此外饼干及其他焙烤食品制造、味精制造、速冻食品制造、方便面及其他方便食品制造主营业务收入利润率高于粮食加工业总体水平。

（二）谷物磨制行业盈利状况下降

2016 年，全国规模以上谷物磨制企业 6 650 家，比上年同期增加 256 家，占规模以上粮食加工业企业数量的 56.6%。完成主营业务收入 14 329.7 亿元，同比增长 5.4%，增速较上年同期下降 2.0 个百分点，占规模以上粮食加工业主营业务收入的 53.9%。累计实现利润总额 684.2 亿元，同比增长 1.9%，增速较上年下降 2.2 个百分点。谷物磨制加工业主营业务收入利润率为 4.8%。

（三）淀粉及淀粉制品制造行业有所回暖

2016 年，全国规模以上淀粉及淀粉制品制造企业 864 家，比上年增加 8 家，占规模以上粮食加工业企业数量的 7.4%。完成主营业务收入 2 793.0 亿元，占全部规模以上粮食加工业主营业务收入的 10.5%，同比增长 5.5%，增速较上年同期提高 13.5 个百分点。累计实现利润总额 116.2 亿元，占全部规模以上粮食加工业利润总额的 7.5%，同比下降

1.2%，降幅缩减 11.3 个百分点。淀粉及淀粉制品制造行业主营业务收入利润率为 4.2%。

（四）饼干及其他焙烤食品制造业保持平稳

2016 年，全国规模以上饼干及其他焙烤食品制造企业 744 家，比上年同期增加 37 家。完成主营业务收入 1 979.0 亿元，占全部规模以上粮食加工业主营业务收入的 7.4%，同比增长 9.5%，增速较上年同期提高 1.2 个百分点。累计实现利润总额 140.2 亿元，占全部规模以上粮食加工业利润总额的 9.1%，同比增长 6.2%，增速较上年同期下降 0.9 个百分点。饼干及其他焙烤食品制造业主营业务收入利润率为 7.1%。

（五）方便面及其他方便食品制造业盈利有所下降

2016 年，全国规模以上方便面及其他方便食品制造企业 427 家，比上年同期增加 20 家。完成主营业务收入 1 802.21 亿元，占全部规模以上粮食加工业主营业务收入的 6.8%，同比增长 4.8%，增速较上年同期提高 5.9 个百分点。累计实现利润总额 111.2 亿元，占全部规模以上粮食加工业利润总额的 7.2%，同比下降 4.6%，增速较上年同期下降 8.9 个百分点。方便面及其他方便食品制造业主营业务收入利润率为 6.2%。

三、企业调查情况

本次调查，全国共有 2 737 家粮食加工与制造企业填报统计报表，其中有效样本中规模以上企业 2 213 家。2016 年，全部受调查企业的主营业务收入同比增长 6.3%，利润总额同比增长 9.6%，企业盈利状况好转；就业人数同比下降 3.3%；产业集中度进一步提高加强，产能利用率较上年同期提高 0.7 个百分点，表明行业产能过剩情况总体有所改善；生产基地已成为重要原料渠道，至少建有一类生产基地的企业占比达 70.7%。电子商务发展进一步提升，32.9% 的企业开展了电子商务，其中平均每家企业电子商务收入同比增长 1.4%。在质量安全与品牌建设方面，企业质量安全体系建设基本健全，76.1% 的企业建有企业产品质量管理体系。在科技进步与创新方面，35.2% 的企业建立了研发机构，研发投入经费同比增长 0.4%，但研发投入强度小幅下降。行业通过不同方式带动农户数量有所变化，通过"合同联结"带动农户数同比增长 6.7%。其中通过"股份合作"的方式，平均每户所得的利润同比增长 21.3%。

（一）以小型企业和三大主粮加工企业为主

企业规模以小型为主。2016 年，参与本次调查的规模以上粮食加工与制造企业中大型企业 53 家，占 2.4%；中型企业 210 家，占 9.5%；小型企业 1 791 家，占 80.9%；微型企业 159 家，占 7.2%。

注册登记类型以"有限责任公司"为主。填报年报调查表的有限责任公司 1 443 家，占 65.2%；私营企业 453 家，占 20.5%；股份有限公司 135 家，占 6.1%；国有企业 84 家，占 3.8%；股份合作制企业 27 家，占 1.2%；港澳台商投资企业等其他类型企业 71 家，占 3.2%。所调查的企业中，包含 32 家混合所有制企业，占 1.4%。

以三大主粮为原料的加工企业 1 601 家，占 72.3%。其中，以小麦为主要原料的企业 518 家，占 32.4%；以稻谷为主要原料的企业 937 家，占 58.5%；以玉米为主要原料的企业 146 家，占 9.1%。

园区集中度较好。处于工业园区内企业 872 家，占调查企业的 39.4%，表明约四成粮食加工与制造企业在园区内经营，集中情况较好。

（二）行业整体发展平稳，产能利用小幅上升，电子商务增速较快

经营状况整体向好。2016 年，参与本次调查的规模以上粮食加工与制造企业完成主营业务收入 5 860 亿元，同比增长 6.3%，略低于 2016 年全国规模以上粮食加工与制造企业主营业务收入增速；被调查企业实现利润总额 200 亿元，同比增长 9.6%，高于全国规模以上粮食加工与制造企业利润增速 4.5 个百分点。

从业人员呈现略降的态势。2016 年被调查企业的从业人员总数 40.5 万人，同比下降 3.3%。其中，生产人员人数为 27.4 万人，同比下降 3.7%，但研发人员总数接近 1.8 万人，占从业人员总数的 4.4%，同比增长 4.2%。

产能利用率提高，产能过剩情况小幅改善。2016 年，参与本次调查的粮食加工与制造企业产能利用率的平均值为 38.2%（产能利用率的中位数为 32.3%），较上年提高 0.7 个百分点。分区域看，东、中部地区小幅上升，西部地区基本持平，东北地区小幅下降。东部地区粮食加工与制造行业的产能利用率为 39.3%，较上年提高 0.9 个百分点；中部地区产能利用率为 39.3%，较上年提高 1.0 个百分点；西部地区产能利用率为 36.8%，较上年提高 0.1 个百分点；东北地区产能利用率为 32.2%，较上年下降 0.2 个百分点，产能利用率小幅下降。

行业多数企业拥有粮食生产基地。2016 年，参与调查的企业中，拥有自建生产基地或建有订单生产基地的粮食加工与制造企业达到 70.7%。其中，359 家有自建生产基地，占 16.2%；263 家有订单生产基地，占 11.9%；943 家两类兼有，占 42.6%。

电子商务主营业务收入上升较快，电子商务发展略低于农产品加工业整体水平。被调查企业中，729 家粮食加工与制造企业开展了电子商务交易，占 32.9%。分区域看，东、中、西部地区及东北地区开展电子商务的企业占比分别为 35.3%、27.2%、34.4% 和 44.0%，东北地区参与度最高，中部地区最低。分规模看，大型企业参与度高，微型企业参与度低。2016 年，大、中、小、微型企业开展电子商务的占比分别为 67.9%、54.8%、30.3% 和 22.0%。电商销售收入占主营业务收入比例进一步上升。2016 年平均每家企业的电商销售收入从上年的 865.8 万元上升到 1 142.7 万元，占主营业务收入的比例上升到 5.2%，较上年提高 1.4 个百分点。园区内开展电子商务的企业比例显著高于非园区内企业。373 家园区内企业开展了电子商务，占园区内企业总数的 42.8%；356 家非园区企业开展了电子商务，占非园区内企业总数的 26.5%。

（三）质量管理体系较为完善，"三品一标"认证率过半

质检管理体系建设情况较好。被调查企业中，1 685 家建有企业产品质量管理制度，占 76.1%；1 442 家企业建有专门质检机构，占 65.2%；692 家企业建有通过计量认证的

质检机构，占 31.3％。其中，通过 ISO 9000 系列认证的企业占 52.0％；通过 ISO 14000 系列认证的占 13.3％；通过 ISO 22000 系列认证的占 20.2％；通过 HACCP、GMP 认证的分别占 21.1％、9.2％。

粮食加工企业较为重视公共品牌建设，获得"三品一标"认证的企业超过半数。2016 年，参与本次调查的规模以上粮食加工与制造企业中"三品一标"安全优质农产品公共品牌建设情况较好。获得"三品"认证的企业超过 54.5％。其中，通过无公害农产品认证的企业占 12.5％；通过绿色食品认证的企业占 28.6％；通过有机食品认证的企业占 13.5％。此外，粮食加工与制造企业中，9.4％的企业获得"中国地理标志认证产品"。品牌建设方面，264 家企业获得"中国名牌产品证书"，占调查企业数量的 11.9％；348 家企业获得"中国驰名商标"，占调查企业数量的 15.7％；898 家企业获得"省级名牌产品或驰名商标等品牌认证"，占调查企业数量的 40.6％。

（四）研发投入和人员小幅增加，研发投入强度基本保持不变

大型和中型粮食加工制造业企业更注重研发机构建设。被调查企业中，780 家建立了专门研发机构，占 35.2％，其中，省级以上研发中心 116 家，占建有专门研发机构企业的 14.9％。不同地区和不同规模企业之间研发机构建设情况差异显著。东、中、西、东北地区粮食加工与制造企业建有研发机构的占比分别为 40.9％、32.0％、31.0％ 和 27.7％。大、中、小、微型企业建有研发机构的占比分别为 86.8％、70.5％、31.7％ 和 11.3％。规模越大的企业研发机构设置越完善。

粮食加工企业研发人员规模小幅增加，大型企业研发人员占比提高。2016 年，粮食加工与制造企业每千名员工中有研发人员 46 人，比上年增加 3 人。分规模看，大、中、小、微型企业研发人员占比分别为 4.1％、4.7％、5.0％ 和 5.5％，较上年分别上升 0.6、0.1、0.2 和 0.2 个百分点。

粮食加工行业研发经费投入小幅增加，研发投入强度基本维持不变。2016 年，参与本次调查的规模以上粮食加工与制造企业平均每家投入研发经费 267.1 万元，同比增长 1.7 个百分点。分区域看，东北地区研发经费投入强度小幅上升。东部地区研发经费投入强度为 0.9％，较上年下降 0.2 个百分点，中、西部地区均维持在 0.5％ 不变，东北地区为 0.5％，较上年提高 0.1 个百分点。

（五）行业与农户利益联结机制

粮食加工业行业带动农户数量稳步增长。本次调查共有 602 家企业上报了"合同联结带动农户数"指标，其中大、中、小、微型企业分别为 29 家、85 家、475 家和 13 家。2016 年这 602 家企业通过"合同联结"带动农户总数为 1 565.5 万户，同比增长 6.7％。分企业类型看，各类企业通过"合同联结"带动农户数量均有所增加，特别是小型企业增幅最为显著。2016 年大型企业平均"合同联结带动农户"9.8 万户，同比增长 9.8％；中型企业平均带动 4.4 万户，同比增长 2.4％；小型企业平均带动 1.2 万户，同比增长 12.6％；微型企业平均带动 0.4 万户，同比增长 7.5％。行业还通过"合作联结""股份合作联结"及"其他方式"等多种形式带动农户，2016 年共带动 884.0 万户，同比增

长1.6%。

粮食加工业带动农户数量较大幅度增长，但带动户均增收贡献作用减弱。本次调查中，517家企业上报了"按合同价收购农产品比按市场价多向农户支付的金额"指标。2016年共向1 067.8万个"合同联结"农户多支付了64亿元，平均每户多支付598.0元，同比下降8.4%。虽然平均支付金额同比有所下降，但是可以看到，通过"合同联结"方式带动农户总数增加了75.8万户，同比增长7.7%。另外通过"合作联结"方式返还利润，也是企业和农户合作的重要方式。2016年，345家企业通过"合作联结"方式带动385.3万农户，同比增长3.8%；返还总利润32亿元，平均每户返还利润820.2元，同比下降15.3%。虽然平均支付金额同比有所下降，但是带动农户总数增加。

四、主要产品贸易情况分析

2016年，全国粮食加工行业主要商品累计实现进出口总额36.8亿美元，同比增长0.3%，增速较上年同期下降9.5个百分点。其中，累计出口总额17.4亿美元，同比下降4.9%；累计进口金额19.3亿美元，同比增长5.5%。

从主要原料进出口情况看，2016年我国稻米进出口实现双增长，小麦产品进口增加出口减少。其中，我国累计进口稻米356.3万吨，同比增长5.5%，进口额16.1亿美元，同比增长7.7%，进口稻米主要来自越南、泰国和巴基斯坦，分别占进口总量的45.4%、26.9%和19.8%；出口稻米39.5万吨，同比增长37.6%，出口额3.5亿美元，同比增长31.0%，出口目的地主要是韩国、朝鲜和日本，分别占出口总量的44.4%、10.6%和9.6%。2016年，我国累计进口小麦产品341.2万吨，同比增长13.5%，进口额8.2亿美元，同比下降9.5%，进口主要来自澳大利亚、美国、加拿大、哈萨克斯坦，分别占进口总量的40.8%、22.8%、30.2%、3.7%；出口11.3万吨，同比下降7.4%，出口额0.6亿美元，同比下降15.1%，出口主要目的地是中国香港地区、朝鲜、中国澳门地区和埃塞俄比亚，分别占出口总量的83.5%、5.5%、5.4%和2.3%。

从粮食加工产品进出口情况看，出口额下降，进口额增速放缓。出口方面，方便食品、焙烘糕饼及谷物膨化、烘炒食品、酱油、醋及醋代用品出口额平稳增长，淀粉出口增长显著。其中，方便食品出口额较大，2016年出口52.2万吨，同比增长4.1%，出口额8.3亿美元，同比增长1.8%；焙烘糕饼及谷物膨化、烘炒食品出口17.7万吨，同比增长4.9%，出口额5.5亿美元，同比增长2.2%；酱油、醋及醋代用品出口额1.4亿美元，同比增长6.1%；淀粉出口17.9万吨，同比增长54.6%，出口额9 806.1万美元，同比增长21.8%。味精及谷物细粉、粗粉、团粒出口下降显著，其中，味精出口6.8万吨，同比下降58.2%，出口额6 782.7万美元，同比下降65.5%；谷物细粉、粗粉、团粒出口10.4万吨，同比下降12.6%，出口额6 000.8万美元，同比下降18.1%。进口方面，除淀粉进口额下降外，其他商品进口均有增长，味精和方便食品进口迅猛增长。其中，焙烘糕饼及谷物膨化、烘炒食品进口额最大，2016年进口19.7万吨，同比增长22.6%，进口额9.0亿美元，同比增长14.2%。淀粉进口量最大，进口214.7万吨，同比增长12.9%，进口额7.8亿美元，同比下降6.8%。方便食品进口7.7万吨，同比增长

36.9%，进口额 1.7 亿美元，同比增长 33.4%；谷物细粉、粗粉、团粒进口 6.7 万吨，同比增长 7.2%，进口额 4 414.7 万美元，同比增长 0.4%；酱油、醋及醋代用品进口额 3 101.8万美元，同比增长 8.6%；味精进口 1 882.1 吨，同比增长 70.9%，进口额 468.2 万美元，同比增长 40.9%。

(一) 谷物细粉、粗粉、团粒出口下降

2016 年，全国进出口谷物细粉、粗粉、团粒总量 17.1 万吨，进出口额 1.0 亿美元。其中：出口总量 10.4 万吨，同比下降 12.6%，出口总额 6 000.8 万美元，同比下降 18.1%；进口总量 6.7 万吨，同比增长 7.2%，进口总额 4 414.7 万美元，同比增长 0.4%（图 2-2）。

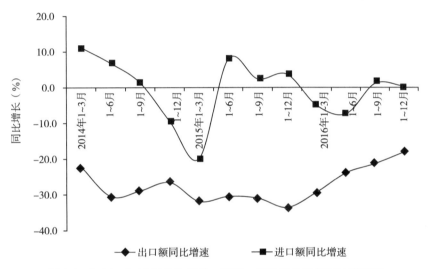

图 2-2　2014—2016 年谷物细粉、粗粉、团粒进出口额同比增长率

按贸易方式看，谷物细粉、粗粉、团粒出口主要属于一般贸易。采用一般贸易方式出口的数量为 4.6 万吨，同比下降 18.0%，占全部谷物细粉、粗粉、团粒出口数量的 44.8%；出口金额为 3 016.5 万美元，同比下降 23.4%，占谷物细粉、粗粉、团粒出口金额的 50.3%。谷物细粉、粗粉、团粒进口的主要贸易方式也是一般贸易方式，采用一般贸易方式进口的数量为 4.5 万吨，同比增长 36.4%，占全部谷物细粉、粗粉、团粒进口数量的 67.0%，进口金额为 3 463.3 万美元，同比增长 11.0%，占谷物细粉、粗粉、团粒进口金额的 78.4%。

境外进出口情况。谷物细粉、粗粉、团粒按出口数量统计前五大出口目的地为中国香港地区、朝鲜、中国澳门地区、泰国和缅甸，2016 年分别出口了 8.5 万吨、7 024.1 吨、5 963.3吨、1 796.9 吨和 810.0 吨，占全部谷物细粉、粗粉、团粒出口数量的 97.5%；按出口金额统计前五大出口目的地为中国香港地区、中国澳门地区、朝鲜、泰国和美国，出口金额分别为 5 033.2 万美元、351.8 万美元、256.6 万美元、82.2 万美元和 61.2 万美元，占谷物细粉、粗粉、团粒出口金额的 96.4%。谷物细粉、粗粉、团粒前五大进口来

源地按进口数量统计为泰国、俄罗斯、哈萨克斯坦、澳大利亚和土耳其，2016 年分别进口了 2.9 万吨、1.2 万吨、1.1 万吨、5 760.0 吨和 2 689.5 吨，进口数量合计占全部谷物细粉、粗粉、团粒进口数量的 90.4%；前五大进口来源地按进口金额统计为泰国、俄罗斯、哈萨克斯坦、澳大利亚和韩国，2016 年进口金额分别为 2 896.1 万美元、439.6 万美元、282.4 万美元、263.2 万美元和 149.7 万美元，进口金额合计占全部谷物细粉、粗粉、团粒进口金额的 91.3%。

境内进出口情况。谷物细粉、粗粉、团粒按出口数量统计前五大出口省份为广东、辽宁、山东、内蒙古和河南，2016 年出口数量分别为 9.2 万吨、5 298.5 吨、3 193.7 吨、755.0 吨和 720.0 吨，占全部谷物细粉、粗粉、团粒出口数量的 98.2%；出口金额分别为 5 427.6 万美元、194.5 万美元、160.4 万美元、76.0 万美元和 37.4 万美元，占谷物细粉、粗粉、团粒出口金额的 98.3%。谷物细粉、粗粉、团粒按进口数量统计前五大进口地区为广东、福建、黑龙江、陕西和山东，2016 年进口数量分别为 1.9 万吨、8 932.4 吨、7 597.8 吨、5 767.4 吨和 4 926.8 吨，进口数量合计占全部谷物细粉、粗粉、团粒进口数量的 69.2%；按进口金额统计前五大进口地区为广东、福建、山东、上海和黑龙江，进口金额分别为 1 728.7 万美元、864.8 万美元、334.0 万美元、308.4 万美元和 272.6 万美元，进口金额合计占全部谷物细粉、粗粉、团粒进口金额的 79.5%。

（二）淀粉出口快速增长，进口额下降

2016 年，全国进出口淀粉总量 232.6 万吨，进出口额 8.8 亿美元。其中：出口总量 17.9 万吨，同比增长 54.6%，出口总额 9 806.1 万美元，同比增长 21.8%；进口总量 214.7 万吨，同比增长 12.9%，进口总额 7.8 亿美元，同比下降 6.8%（图 2-3）。

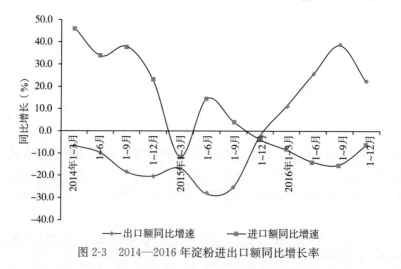

图 2-3 2014—2016 年淀粉进出口额同比增长率

按贸易方式看，淀粉出口主要属于一般贸易。采用一般贸易方式出口的数量为 14.9 万吨，同比增长 42.5%，占全部淀粉出口数量的 83.0%；出口金额为 8 468.2 万美元，同比增长 14.4%，占淀粉出口金额的 86.4%。淀粉进口的主要贸易方式也是一般贸易方式，采用一般贸易方式进口的数量为 192.8 万吨，同比增长 13.7%，占全部淀粉进口数

量的 89.8%，进口金额为 6.9 亿美元，同比下降 6.9%，占淀粉进口金额的 88.1%。

境外进出口情况。淀粉按出口数量统计前五大出口目的地为印度尼西亚、韩国、越南、中国台湾地区和马来西亚，2016 年分别出口了 7.5 万吨、3.3 万吨、1.4 万吨、1.1 万吨和 1.0 万吨，占全部淀粉出口数量的 79.5%；按出口金额统计前五大出口目的地为韩国、印度尼西亚、越南、泰国和中国香港地区，出口金额分别为 3 091.5 万美元、2 457.0 万美元、1 190.8 万美元、459.5 万美元和 458.7 万美元，占淀粉出口金额的 78.1%。前五大进口来源地为泰国、越南、柬埔寨、德国和荷兰，2016 年分别进口了 150.3 万吨、53.5 万吨、3.1 万吨、2.8 万吨和 2.0 万吨，占全部淀粉进口数量的 98.6%；按进口金额统计前五大进口来源地为泰国、越南、德国、荷兰和柬埔寨，进口金额分别为 5.4 亿美元、1.8 亿美元、1 828.3 万美元、1 540.6 万美元和 1 042.9 万美元，占淀粉进口金额的 97.6%。

境内进出口情况。淀粉按出口数量统计前五大出口省份为山东、河北、辽宁、吉林和江苏，2016 年分别出口了 7.4 万吨、3.6 万吨、2.4 万吨、1.8 万吨和 6 725.4 吨，占全部淀粉出口数量的 88.4%；按出口金额统计前五大出口省份为山东、河北、辽宁、江苏和云南，出口金额分别为 3 881.7 万美元、1 601.6 万美元、675.5 万美元、625.9 万美元和 588.6 万美元，占淀粉出口金额的 75.2%。淀粉按进口数量统计前五大进口省份为山东、浙江、广东、江苏和湖南，2016 年进口数量分别为 39.9 万吨、33.6 万吨、31.0 万吨、24.6 万吨和 20.7 万吨，进口数量合计占全部淀粉进口数量的 69.5%；进口金额分别为 1.5 亿美元、1.2 亿美元、1.2 亿美元、8 874.5 万美元和 6 700.7 万美元，进口金额合计占全部淀粉进口金额的 68.7%。

（三）焙烘糕饼及谷物膨化、烘炒食品出口平稳增长，进口增长较快

2016 年，全国进出口焙烘糕饼及谷物膨化、烘炒食品总量 37.4 万吨，进出口额 14.5 亿美元。其中：出口总量 17.7 万吨，同比增长 4.9%，出口总额 5.5 亿美元，同比增长 2.2%；进口总量 19.7 万吨，同比增长 22.6%，进口总额 9.0 亿美元，同比增长 14.2%（图 2-4）。

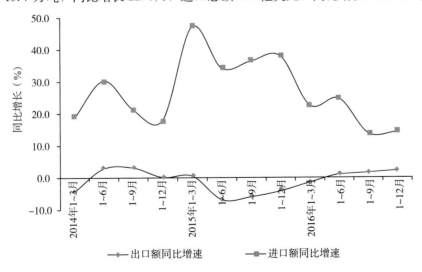

图 2-4　2014—2016 年烘焙类食品进出口额同比增长率

按贸易方式看，焙烘糕饼及谷物膨化、烘炒食品出口主要属于一般贸易。采用一般贸易方式出口的数量为14.7万吨，同比增长7.5%，占全部焙烘糕饼及谷物膨化、烘炒食品出口数量的82.8%；出口金额为4.2亿美元，同比增长6.4%，占焙烘糕饼及谷物膨化、烘炒食品出口金额的75.8%。焙烘糕饼及谷物膨化、烘炒食品进口的主要贸易方式也是一般贸易方式，采用一般贸易方式进口的数量为15.9万吨，同比增长26.5%，占全部焙烘糕饼及谷物膨化、烘炒食品进口数量的80.8%，进口金额为7.3亿美元，同比增长18.8%，占焙烘糕饼及谷物膨化、烘炒食品进口金额的81.5%。

境外进出口情况。焙烘糕饼及谷物膨化、烘炒食品按出口数量统计前五大出口目的地为日本、中国香港地区、韩国、美国和马来西亚，2016年分别出口了3.5万吨、3.4万吨、1.8万吨、1.2万吨和8 220.1吨，占全部焙烘糕饼及谷物膨化、烘炒食品出口数量的60.4%；按出口金额统计前五大出口目的地为中国香港地区、日本、美国、韩国和澳大利亚，出口金额分别为1.4亿美元、1.1亿美元、4 329.2万美元、4 169.1万美元和2 687.2万美元，占焙烘糕饼及谷物膨化、烘炒食品出口金额的64.6%。焙烘糕饼及谷物膨化、烘炒食品前五大进口来源地按进口数量统计为印度尼西亚、马来西亚、中国台湾地区、韩国和德国，2016年分别进口了5.4万吨、2.0万吨、1.8万吨、1.0万吨和8 951.6吨，进口数量合计占全部焙烘糕饼及谷物膨化、烘炒食品进口数量的56.7%；前五大进口来源地按进口金额统计为印度尼西亚、中国香港地区、马来西亚、中国台湾地区和丹麦，2016年进口金额分别为2.0亿美元、1.0亿美元、8 394.8万美元、6 951.2万美元和5 812.6万美元，进口金额合计占全部焙烘糕饼及谷物膨化、烘炒食品进口金额的57.6%。

境内进出口情况。焙烘糕饼及谷物膨化、烘炒食品按出口数量统计前五大出口省份为广东、山东、江苏、北京和上海，2016年出口数量分别为7.2万吨、3.3万吨、1.6万吨、1.5万吨和1.2万吨，占全部焙烘糕饼及谷物膨化、烘炒食品出口数量的83.5%；出口金额分别为2.8亿美元、8 926.6万美元、4 874.7万美元、3 487.9万美元和2 970.1万美元，占焙烘糕饼及谷物膨化、烘炒食品出口金额的87.4%。焙烘糕饼及谷物膨化、烘炒食品按进口数量统计前五大进口地区为广东、上海、福建、北京和天津，2016年进口数量分别为7.9万吨、5.5万吨、1.5万吨、1.5万吨和9 369.2吨，进口数量合计占全部焙烘糕饼及谷物膨化、烘炒食品进口数量的87.6%；按进口金额统计前五大进口地区为广东、上海、北京、福建和山东，进口金额分别为4.3亿美元、2.4亿美元、4 945.3万美元、4 653.8万美元和3 788.9万美元，进口金额合计占全部焙烘糕饼及谷物膨化、烘炒食品进口金额的89.5%。

（四）方便食品进口增长显著

2016年，全国进出口方便食品总量59.9万吨，进出口额10.1亿美元。其中：出口总量52.2万吨，同比增长4.1%，出口总额8.3亿美元，同比增长1.8%；进口总量7.7万吨，同比增长36.9%，进口总额1.7亿美元，同比增长33.4%（图2-5）。

按贸易方式看，方便食品出口主要属于一般贸易。采用一般贸易方式出口的数量为43.1万吨，同比增长2.5%，占全部方便食品出口数量的82.5%；出口金额为6.8亿美

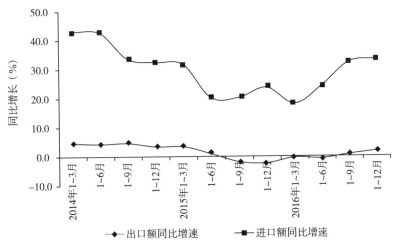

图 2-5　2014—2016 年方便食品进出口额同比增长率

元，同比增长 0.4%，占方便食品出口金额的 81.5%。方便食品进口的主要贸易方式也是一般贸易方式，采用一般贸易方式进口的数量为 6.8 万吨，同比增长 38.7%，占全部方便食品进口数量的 88.8%，进口金额为 1.6 亿美元，同比增长 359.3%，占方便食品进口金额的 90.3%。

境外进出口情况。方便食品按出口数量统计前五大出口目的地为中国香港地区、韩国、美国、日本和加拿大，2016 年分别出口了 11.0 万吨、7.4 万吨、7.0 万吨、2.9 万吨和 2.6 万吨，占全部方便食品出口数量的 59.1%；按出口金额统计前五大出口目的地为中国香港地区、美国、韩国、日本和英国，出口金额分别为 1.7 亿美元、1.2 亿美元、8 920.0 万美元、8 365.2 万美元和 3 904.2 万美元，占方便食品出口金额的 60.9%。方便食品前五大进口来源地按进口数量统计为意大利、韩国、中国台湾地区、中国香港地区和土耳其，2016 年分别进口了 2.3 万吨、2.0 万吨、8 721.4 吨、4 684.9 吨和 3 555.8 吨，进口数量合计占全部方便食品进口数量的 78.1%；前五大进口来源地按进口金额统计为韩国、中国台湾地区、意大利、中国香港地区和泰国，2016 年进口金额分别为 5 255.3 万美元、3 440.4 万美元、2 432.3 万美元、1 624.7 万美元和 923.6 万美元，进口金额合计占全部方便食品进口金额的 79.4%。

境内进出口情况。方便食品按出口数量统计前五大出口省份为山东、广东、福建、江苏和江西，2016 年出口数量分别为 16.2 万吨、12.6 万吨、6.6 万吨、2.9 万吨和 2.7 万吨，占全部方便食品出口数量的 78.5%；出口金额分别为 2.6 亿美元、2.0 亿美元、9 178.9 万美元、5 900.3 万美元和 2 905.2 万美元，占方便食品出口金额的 76.9%。方便食品按进口数量统计前五大进口地区为上海、广东、山东、北京和福建，2016 年进口数量分别为 2.7 万吨、1.5 万吨、1.4 万吨、9 683.2 吨和 4 233.4 吨，进口数量合计占全部方便食品进口数量的 90.6%；进口金额分别为 6 208.8 万美元、3 837.7 万美元、3 555.0 万美元、1 185.5 万美元和 637.5 万美元，进口金额合计占全部方便食品进口金额的 89.5%。

五、主要产品价格趋势分析

2016 年粮食价格涨幅较 2015 年继续下降，与 2010—2011 年两位数的涨幅相比，2012—2016 年粮食价格涨幅回落态势明显。在分类指数中，粮价涨幅相对滞后，粮食价格在 CPI 中的"稳定器"和"压舱石"作用日益增强。从 2016 年全国主要粮油批发市场主要粮食品种的年度个体价格指数看，除粳米和早籼米价格指数同比上涨外，其他粮食品种价格指数均有不同程度下跌。其中，黄玉米、大豆和白小麦位居跌幅前三甲，晚籼米价格微幅下跌。受玉米临时收储政策取消的影响，2016 年玉米价格跌幅巨大，创下同比两位数的跌幅；受国际市场大豆价格低位震荡、国内大豆产量增加的影响，国内大豆价格指数跌幅明显；小麦价格在前三季度持续走弱，四季度触底反弹，全年小麦价格指数跌幅相对有限；大米市场继续受进口低价大米冲击，"优质优价"格局愈发明显，粳米价涨，晚籼米和早籼米涨跌互现，消费者更加青睐优质粳米，相对于北方粳米，南方籼米市场受东南亚进口大米的冲击更加明显。

（一）面粉价格同比略有提高

根据国家统计局 50 个城市主要食品平均价格监测数据显示，2016 年富强粉价格总体维持在 5.03～6.12 元/千克，年度平均价格为 6.08 元/千克，同比增长 0.8%。标准粉价格总体维持在 4.82～4.95 元/千克，年度平均价格为 4.91 元/千克，同比增长 3.2%；年初标准粉价格达到年内最低，为 4.82 元/千克，年末价格升至年内最高的 4.95 元/千克，价格上涨 2.7%（图 2-6）。

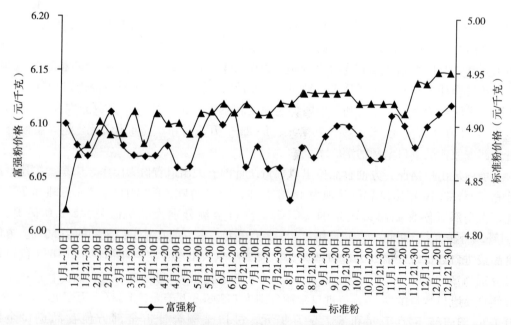

图 2-6　2016 年 1～12 月面粉价格波动情况

（二）稻米价格小幅上涨

2016 年，稻米价格保持相对平稳，根据国家统计局 50 个城市主要食品平均价格监测数据显示，2016 年大米价格总体维持在 6.25～6.31 元/千克，年度平均价格为 6.28 元/千克，同比增长 1.8％，月度之间价格呈现波动上升态势。其中，1～4 月中旬价格呈现下降趋势，降至年内最低价格，而后开始缓慢上升，年末达到年内最大值（图 2-7）。

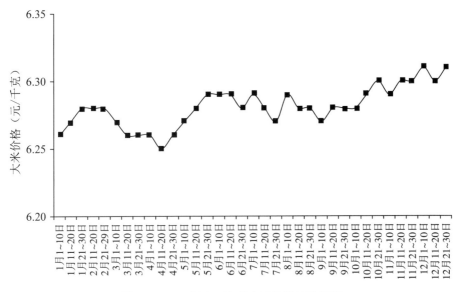

图 2-7　2016 年 1～12 月大米价格波动情况

六、行业新问题和新特征

一是不良天气导致部分主产区主要粮食产量与质量下降。2016 年 5 月，我国黄淮海及长江中下游小麦主产区出现持续降雨及大风天气，对夏收小麦产生不利影响。湖北、安徽、河南等地在夏粮收获季又遭遇持续降雨，致使当地小麦品质严重受损，芽麦、霉粒麦比例显著增加。多地雨后收获新麦因不完善粒超标无法达到入库标准，被迫降级为饲料麦，收购价格较往年平均价格低 30％，出现了卖粮难、农户收益下降等问题。持续降雨也使得安徽、江苏、河南等地小麦赤霉病高发，带来 DON 毒素超标的质量安全风险。此外，湖北、安徽等南方稻谷主产区，中熟稻在生长期间遭受洪涝灾害影响减产较多，大米品质亦受到影响，普遍存在出米率低、破碎率高、腹白偏重等问题，影响新稻及大米价格。

二是结构性过剩导致粮食"去库存"压力依然巨大。在国内外粮食价格倒挂、净进口及市场需求偏淡的情况下，国内粮食"去库存"压力依然巨大。2016 年我国粮食进口增速虽有所减缓，但三大主粮仍然呈现净进口态势。国内粮食供应相对宽松，供需形势由总量不足转为结构性矛盾。普通粮食品种明显过剩，烘焙业加工专用小麦品种、豆制品加工用大豆等优质原料供给不足。在上半年的国储粮拍卖中，由于拍卖粮源与市场需求不对接，价格与市场预期差距较大，导致流拍率较高、成交量少，加剧了年度"去库存"压力。

三是高物流费用进一步推高粮食加工企业成本。多年来国内粮食价格居高不下，加工企业利润微薄、举步维艰。同时，在国内粮食现代化物流水平偏低、跨区域流通压力大、价格偏高的形势下，2016年出台的铁路、公路运费涨价、限载等规定，尤其是9月交通运输部出台的《超限运输车辆行驶公路管理规定》，对我国原粮和商品粮物流影响较大。目前国内车辆运输单价已普遍上涨，粮食流通成本平均增长30%以上，进一步推高了原粮价格和加工企业采购成本。

四是龙头企业规模化集约化程度不断提升。2016年，在国内粮食加工与制造业产能过剩、企业普遍开工率不足的情况下，行业内龙头企业依然加紧新厂和新生产线建设。其中，某小麦粉加工龙头企业集团产能到2016年底已增至4.7万吨/天，较2015年增长17.5%，2017年计划再提升1万吨/天。某挂面生产龙头企业从2015年开始实施"产能倍增"计划，2016年挂面产能由2015年的60万吨/年增至80万吨/年。由于生产自动化、集约化水平高，物流成本的有效控制以及主副产品利润互补，此类企业盈利能力显著高于行业平均水平，国内加工企业出现"大者愈强、小者愈弱"的两极分化趋势。

五是企业更加重视品牌建设和产品结构调整。在国内市场竞争日益激烈的形势下，行业内企业对品牌建设更加重视。在提升产品内在品质的同时，企业对产品的名称、包装设计以及广告宣传等方面有更多的投入意愿和行动，并积极参加政府及行业协会组织的各类品牌推荐与评选活动，争取中高端市场和高附加值回报。为适应城乡居民粮食消费需求升级的变化，结构性升级逐渐成为国内粮食及其加工制品行业的共识，越来越多的加工企业开始规划走差异化、个性化乃至营养精准化的产品结构调整之路，并主动寻求与科研单位、高校合作实现技术装备升级与产品创新。

七、对策建议

第一，坚持推进粮食收储改革，加强政策监督与评估。玉米临储政策的取消以及"市场化收购"加"补贴"新机制的建立，有利于进一步理顺玉米上游和下游产业链的价格体系，帮助饲料、淀粉等玉米加工企业摆脱多年来的经营困境，走上良性循环的道路。建议政府还应督促各地落实新政，确保政策执行的连续性和稳定性，并做好政策跟踪、评估和改进工作。同时健全生产者补贴制度，鼓励多元市场主体入市收购，并采取综合措施推进储备粮轮换出库力度，减少中间操作环节和费用，减少拍卖价与出库价价差。通过促进过腹转化、加工转化，加快消化玉米等库存。

第二，加强粮食风险监测预警，提高风险应对能力。2016年我国夏粮受天气影响，局部地区真菌及真菌毒素污染、超标问题突出，带来一定的质量安全风险。未来粮食产业链各环节应充分做好应对灾害天气的准备，不断提高自身的抗风险能力。在生产环节，应加强粮食生产田间管理和农民科学种田培训，减少源头污染；在流通和储备环节，应加强产地初加工技术装备研发及配套设施建设，尤其在产地快速烘干、临时储存等环节加快先进适用技术装备的研发与推广；在加工环节，企业应加强原料把关，通过提高检测水平降低污染超标粮采购风险，通过加强清选、分级、去杂来减少质量安全隐患。对于处理后仍难达标的粮食，建议通过国家补贴转向非食用工业转化（如燃料乙醇）用途。

第三，加强企业科技创新能力建设，促进产业结构调整升级。针对目前国内粮食加工业面临的低端产能过剩与恶性竞争、高品质与高技术含量产品欠缺、有规模但无效益的现实问题，建议通过政策引导和市场驱动的"双动力"促使粮食加工企业在产业链延伸、中高端与高附加值产品开发、先进技术装备研制等方面加强科技创新能力建设。对照国家推进农村一二三产业融合发展的指导意见，以技术和商业模式创新为动力，推动粮食加工与制造行业结构调整和转型升级。在产业链前端要加强优质、专用粮的选育与生产；在产业链中端要加强传统粮食及其制品加工、粮食精深加工、综合利用等技术和装备创新；在产业链后端的仓储、物流及销售环节，要加强与现代互联网、信息科技、智能制造业的合作，推动农业生态旅游及营养健康服务产业发展。

第四，积极推动玉米加工业财税优惠政策制定和落实，加快库存消化。为落实国家"去库存"战略，尤其是拉动玉米的生产转化能力，建议给予玉米加工企业更多的税收优惠和减免政策。由于玉米淀粉属于简单物理加工，加工副产品绝大部分是为零税负的饲料和养殖业供给原料，建议将玉米淀粉列入初加工产品目录，使其享受与其他初加工和饲料加工企业相同的减、免、退税政策以及用电、用水优惠。在运输能力和运费调节上，建议出台淀粉及其副产品在铁路运输中享受农产品运输价格下浮的优惠政策。另外，结合玉米加工与淀粉制造行业特点，鼓励有条件的企业加快新产品与高端产品研发，并重点扶持进口替代类产品和具有出口竞争优势的产品。

八、热点事件

（一）全国农业种植业结构调整规划出台

2016年4月28日，农业部印发了《全国种植业结构调整规划（2016—2020年）》，对"十三五"期间我国种植业结构调整进行了安排部署。根据规划要求，我国种植业结构调整主要是"两保、三稳、两协调"。其中"两保"，即保口粮、保谷物。到2020年，粮食面积稳定在16.5亿亩[①]左右。其中稻谷、小麦面积稳定在8亿亩，谷物面积稳定在14亿亩；重点是调减玉米种植面积，预计到2020年，全国玉米面积将调减5 000万亩以上。

种植业结构调整是我国农业适应新形势、积极主动应对供给侧结构性改革的重大举措，是政府在对全球农产品供需形势、国内农产品供给安全以及资源环境承载能力进行充分研判之后做出的重要战略部署。随着国内社会经济发展，特别是城镇化推进，农产品商品性需求规模将急剧扩大，居民消费水平和结构将稳步升级。农业种植结构的调整和优化将进一步适应多样化的市场与消费需求，在促进我国粮食加工与制造业提质增效及可持续发展方面意义重大。

---

① 亩为非法定计量单位，1亩等于1/15公顷。

（二）玉米收储制度改革，由临储托市转为市场化收购加补贴

2016 年 3 月 28 日，国家发展和改革委员会宣布，自 2016 年起吉林省、辽宁省、黑龙江省和内蒙古自治区的玉米临时收储政策调整为"市场化收购"加"补贴"的新机制。我国从 2007 年开始在东北三省和内蒙古自治区实行玉米临时收储政策。这一政策曾对保护农民玉米生产积极性、促进农民增收、平抑价格波动发挥了巨大作用。然而，由于临储价格持续提升，致使国内玉米价格被严重扭曲，不仅造成玉米供求关系失衡，库存压力巨大，而且使得下游产业，尤其是加工业遭受极大冲击。

2016 年初玉米的"市场化收购"加"补贴"新机制启动后，一方面促进玉米价格回归市场，加强了市场对供求关系的调节作用；另一方面建立了玉米生产者补贴制度，尤其是在东北三省和内蒙古自治区建立的财政补贴制度，可保持优势产区玉米种植收益基本稳定。中央财政目前已拨付两批补贴资金，累计金额超过 390 亿元。同时，为了加速去库存、提振加工业，吉林、内蒙古、辽宁、黑龙江四省（自治区）政府先后出台了玉米深加工企业补贴政策，政策出台后上述地区淀粉生产企业开工率普遍提升。

（三）《粮油加工业"十三五"发展规划》发布，指导绿色优质粮油产品发展

2016 年 12 月 26 日，国家粮食局发布了《粮油加工业"十三五"发展规划》（以下简称《粮油规划》）。《粮油规划》称，"十三五"期间，我国将把增加绿色优质粮油产品供给放在突出位置，加快推进粮油加工行业供给侧结构性改革，推进产业转型升级。到 2020 年，形成 30 家以上主营业务收入过 100 亿元的骨干粮油企业。

《粮油规划》提出了"十三五"期间我国粮油加工业的发展目标、任务和措施。安排的主要工作内容包括：做好绿色优质粮食产品加工及主食产业化、节粮节能技术改造升级、粮食产后服务工程、副产物综合利用、产业集聚区、食品安全检测能力建设等。《粮油规划》还对提高副产物综合利用率，促进深加工转化，适度加工提升粮食制品品质，科技创新提升产品附加值以及企业通过多种所有制形式建立现代企业制度均做出了明确规定，产业指导作用较强。

（四）国家马铃薯产业科技创新联盟成立

2016 年 12 月 12 日，国家马铃薯产业科技创新联盟成立大会在北京召开。国家马铃薯产业科技创新联盟是在国家农业科技创新联盟框架下成立的专业联盟，由中国农业科学院蔬菜花卉研究所牵头，联合国家、省、地市三级农业科研院所、涉农高校、农业管理和推广部门以及相关企业共同组建。联盟有 14 家副理事长单位、36 家常务理事单位和 95 家理事单位。

联盟的主要任务是坚持以市场需求为导向，通过产业科技协同创新，解决产业共性科技问题，加快科技成果转化和应用，逐步实现马铃薯生产品种专用化、种植区域化、生产机械化、经营产业化、产品主食化。联盟以培育发展顶级品牌、创建互利共赢联合体为落脚点，致力于成为引领马铃薯产业科技发展方式转变的高地和样板，提升我国马铃薯产业水平，建设具有中国特色和国际竞争力的马铃薯产业。

（五）方便食品行业在创新与变革中求发展

为引导行业健康发展，鼓励和推动行业创新，中国食品科学技术学会在 2016 年 9 月 8 日举办的第十六届中国方便食品大会期间，发布了由权威专家评选出的 2015—2016 年度方便食品行业创新产品和本年度行业创新趋势，创新趋势的发布，将引领行业依靠科技为行业注入新的活力。

方便面：创新提速。

方便面行业在发展放缓的情况下艰难转型，力图通过创新积蓄能力、寻求突围。大企业间的竞争，已从对量的追求，转向对健康产品的价值提升。无论新老品牌都在配方、风味、包装、定位等不同维度上积极展开创新。其最大亮点是康师傅这一占市场 50% 的大企业创新日趋活跃；统一、今麦郎厚积薄发，靠创新持续上扬；日清则以炒面产品的创新，显示了其强大的实力。同时，杂粮面在市场逐渐形成稳定格局，依靠其质量与风味的提升，赢得了更多的消费者。此外，旺旺等大企业的高点进入，使多元化创新的结构与格局更加合理。

冷冻食品：与餐饮对接。

就整体而言，全行业正将突围的重点转向对业务市场的拓展及销售渠道的创新。与此同时，对中华美食的挖掘及中西饮食文化相互融合的产品创新，正日益丰富着我国多元化需求的冷冻食品市场。"百食争艳""营养美味"成为当前行业创新的关键。在原料、渠道、人力成本增加的情况下，冷冻食品企业在内部管理、新渠道上下功夫，开辟了新的通路。同时，依靠持续的科技创新，新品不但成为企业获取利润的增长点，更成为方便食品行业创新中最闪耀的部分。

挂面、米粉及粉丝类产品：提升健康内涵。

过去一年，挂面行业产能过剩的格局已经形成，价格竞争异常激烈。在这一背景下，各品牌企业都在改进工艺，细化管理，力求通过新装备的换代，提升装备水平，形成规模效益；力求通过提高品质，增加品种，使产品结构向多元化、精品化发展，通过加宽产品线提升价值；以营养、健康为目标，通过科技创新，在五谷杂粮产品上发力，并形成重要突破。而米粉粉丝行业，则以光友和白家为代表，在实现了马铃薯粉丝突围的同时，亦在"川味饮食"中深耕，为行业发展探索未来；而以克明、旺旺为代表的新生力量的进入，将激活这一潭清水。

咸味香精调味料类产品：回归厨房风味，味料同源特征更趋鲜明。

为了适应方便食品行业"回归厨房风味"的急切需求，"天然、营养、回归自然"的咸味香精调味料行业创新趋势在加速，味料同源的优势和特征更加鲜明。我国地域辽阔，形成具差异性、独特性的饮食风格及文化，各生产企业注重采风，从我国各地传统优质食品中汲取营养，以此为根据来研发产品，收到了很好的效果，研发出的产品天然和谐，工业化的色彩在淡化。同时，作为风味创新载体，咸味香精调味料也在积极向方便面、冷冻食品以外的其他产品扩展市场，而方便休闲食品是这其中增长最快的一个领域。未来，咸味香精调味料行业将以科技为先导，彰显中国传统饮食文化的博大精深，研发出更安全、更天然谐调、风味更浓郁纯正的产品。这一领域的成功也将成为方便食品大类中最强劲的增长点。

机械设备类产品：原始创新崭露头角，从 3.0 向 4.0 进军。

中国方便食品装备是国产化水平最高的行业，目前，自动化水平创新与提升成效日益明显，其中的优秀企业从工业 3.0 向 4.0 进军的节奏加速。方便食品行业以企业间产业链条为纽带的、自发的集成创新取得重大成果。对方便面、挂面的自动化全套生产线，以及油条、汤圆等加工专用装备进行了为时 15 年的深入研发并逐渐"聚点成线"。在装备自主创新、环保、节能减排的核心领域，方便食品行业是国家投入最小、企业自主创新成效最显著的行业。挂面装备的国产化率已达 100%，方便面达 96% 以上。国产装备的持续创新及大规模应用，使挂面全行业的耗能降低了 36%、劳动力减少了 60%；使方便面行业的耗能降低了 30%、劳动力减少了 50%。

第3章／饲料加工

2016 年，我国饲料工业积极适应"新常态"，创新发展方式，加大结构调整力度、加快产业融合，优化产业战略布局，强化产品质量管理，进一步提升了行业规范化和可持续健康发展能力，产业体系更趋成熟，产业发展更加效能，实现了我国饲料产业由量到质的转变。2016 年，我国饲料加工业保持平稳发展态势，全国规模以上饲料加工企业 4 232 家，比 2015 年增加 115 家；完成主营业务收入 1.2 万亿元，同比增长 3.5%，增速连续回落后呈现增长态势。

一、原料及主要产品产量情况

因为政府改革农业政策，促使农户减少玉米播种面积，2016 年我国粮食产量为61 623.9 万吨，比 2015 年减少 520.1 万吨，同比下降 0.8%。其中，全国玉米产量21 955.4 万吨，比 2015 年减少 502.6 万吨，同比下降 2.2%；大豆产量 1 293.8 万吨，比2015 年增长 115.2 万吨，同比增长 9.8%。

从产品产量看，饲料产量平稳增长。2016 年全国规模以上饲料加工企业饲料产量

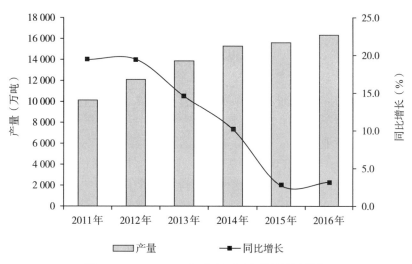

图 3-1　2011—2016 年配合饲料产量及同比增长

29 051.6万吨，同比增长3.8%，比2015年增速提高1.7%。其中配合饲料产量16 350.2万吨，占饲料总产量的56.3%，同比增长3.2%（图3-1），增速较上年同期提高0.5个百分点，结束增速连续3年下降的趋势；混合饲料产量6 397.3万吨，占饲料总产量的22.0%，同比增长0.3%（图3-2）。规模以上配合饲料生产企业产量较大的地区为华东、华中、华南地区，山东和广东两省产量居全国前两位。2016年，山东和广东两省产量分别为2 160.6万吨和1 928.7万吨，占全国配合饲料产量的25.0%，同比分别增长2.5%和10.3%。山东、河北、河南、湖南和广东位居全国规模以上混合饲料生产企业产量前5位，总产量占全国混合饲料总产量的40.3%。2016年，除山东、河北产量同比下降9.4%和1.5%外，河南、湖南和广东产量同比分别增长5.5%、8.5%和0.5%。

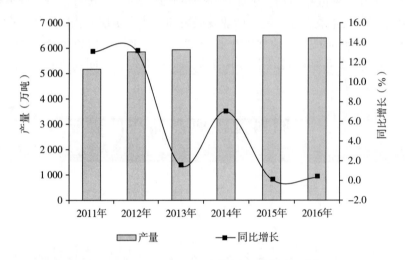

图3-2　2011—2016年混合饲料产量及同比增长

二、行业经济运行情况

2016年，饲料加工企业数量有所增加，主营业务收入增速呈现上升态势，利润增速有所下降。全国规模以上饲料加工企业数量4 232家，比2015年增加115家，比2014年增加390家；完成主营业务收入11 533.55亿元，同比增长3.5%，增速较上年同期上升1.8个百分点（图3-3）；累计实现利润总额560.3亿元，同比增长5.3%，比2015年同比增速下降1.3个百分点，比2014年同比增速下降4.8个百分点（图3-4）。饲料加工业主营业务收入利润率为4.9%，低于农产品加工业总体水平1.7个百分点。

三、企业调查情况

本次调查，全国共有689家饲料加工企业填报年度统计调查表，其中有效样本中规模

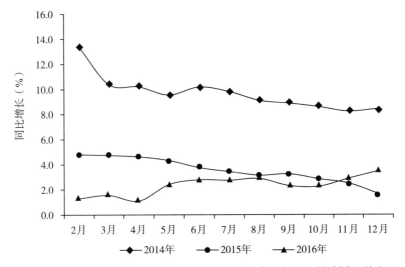

图 3-3　2014—2016 年规模以上饲料加工业主营业务收入累计同比增速

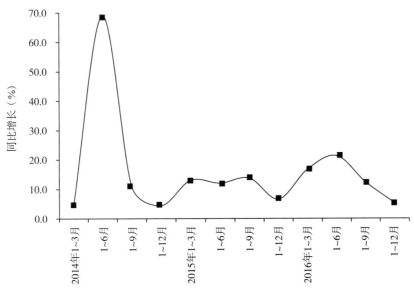

图 3-4　2014—2016 年饲料加工业利润总额累计增速

以上饲料加工企业 595 家。2016 年，全部受调查企业主营业务收入同比增长 3.3%，利润总额同比增长 28.3%，企业盈利状况好转；基地建设情况良好，至少建有一类生产基地的企业占比达 58%；电子商务普及率较低，有 19.7% 的企业开展了电子商务，其电子商务收入占主营业务收入的比例较上年增长 0.5 个百分点。在质量安全与品牌建设方面，企业质量安全体系建设基本健全，51.9% 的企业通过 ISO 系列或质量体系认证，35.1% 的企业获省级以上名牌产品或驰名商标等品牌认证。在科技进步与创新方面，46.9% 的企业建立了研发机构，企业研发人员总量和占比小幅提高，整体研发经费投入增加。通过"合同联结"带动户数同比增长 6.8%，平均每户返还利润同比增长 10.1%。其中通过"股份合作"的方式，平均每户所得的收益同比上升 18.1%，行业带动农户数量稳步增长。

（一）以小型企业和有限责任公司为主

企业规模以小型为主。本次调查中，有大型企业 22 家，占 3.7%；中型企业 45 家，占 7.6%；小型企业 509 家，占 85.5%；微型企业 19 家，占 3.2%。

注册登记类型以有限责任公司为主。填报年度调查表的有限责任公司 399 家，占 67.1%；私营企业 106 家，占 17.8%；股份有限公司 37 家，占 6.2%；外商投资企业 18 家，占 3.0%；港澳台商企业 11 家，占 1.8%；国有企业等其他类型企业 24 家，占 4.1%。

（二）主营业务收入小幅增长，产能利用率和产业集中度均较高

饲料加工行业主营业务收入小幅增长。参与本次调查的规模以上饲料加工企业完成主营业务收入 3 185.1 亿元，同比增长 3.3%，比全国规模以上饲料加工业主营业务收入增速低 0.2 个百分点。调查企业实现利润总额 127.9 亿元，同比增长 28.3%，高于全国规模以上饲料加工业利润增速 23.0 个百分点。

饲料加工行业从业人员总数小幅下降，生产人员和研发人员人数均有所上升。2016 年调查企业的从业人员总数 22.3 万人，同比下降 1.5%。其中，生产人员 10.8 万人，占从业人员总数的 48.5%，同比增长 2%；研发人员 1.3 万人，占从业人员总数的 5.8%，同比增长 7.9%。

饲料加工行业的产能利用率处于行业较高水平，产能利用率小幅提升。2016 年，饲料加工业产能利用率的平均值为 41.8%（产能利用率的中位数 37%），高于上年 0.3 个百分点。分区域看，东、中、西部地区上升，东北地区下降。东部地区饲料加工业的产能利用率为 40.8%，高于上年 0.2 个百分点；中部地区产能利用率为 45.4%，高于上年 1.3 个百分点；西部地区产能利用率为 41.8%，高于上年 0.7 个百分点；东北地区产能利用率为 32.2%，低于上年 6.3 个百分点。分规模看，大、中、小、微型企业的产能利用率上升幅度均较平稳，中型企业产能利用率最高，其次为大型企业和小型企业。

饲料加工业产业集中度处于行业较高水平，并在进一步增强。2016 年调查企业的主营业务收入基尼系数为 0.823，高于全国 0.69 的平均水平，上年同期主营业务收入的基尼系数为 0.806，饲料加工业整体集中度进一步增强。分区域看，西部地区产业集中度下降，东部地区、中部地区与东北地区进一步增强。东部地区 2016 年的基尼系数为 0.819，基本与上年持平；中部地区 2015 年的基尼系数为 0.848，2016 年的基尼系数为 0.884，产业集中度显著增强；东北地区 2015 年的基尼系数为 0.582，2016 年的基尼系数为 0.596，产业集中度增强；西部地区 2015 年的基尼系数为 0.594，2016 年的基尼系数为 0.584，产业集中度小幅下降。

饲料加工行业生产基地建设比例接近 60%。2016 年，参与调查企业中，拥有自建生产基地或建有订单生产基地的饲料加工企业达到 57.6%。其中，153 家企业有自建生产基地，占 25.7%；27 家企业有订单生产基地，占 4.5%；有 163 家企业兼有两类生产基地，

占 27.4％。

电子商务交易开展比率较低，电子商务发展有待进一步提升。2016 年，调查企业中，117 家企业开展了电子商务交易，占 19.7％。分区域看，东、中、西部地区及东北地区开展电子商务的企业占比分别为 22.2％、19.8％、13.0％和 21.1％，东部地区电商参与度最高，西部地区最低。分规模看，大型企业电商参与度高，微型企业参与度低。2016 年，大、中、小、微型企业开展电子商务的比例分别为 77.3％、31.1％、16.3％和 15.8％。电商销售收入占主营业务收入比例进一步上升。2016 年平均每家企业电商销售收入 1 124.8 万元，占平均每家企业主营业务收入的 5.6％，高于上年 0.5 个百分点。园区内企业开展电子商务的企业比例高于非园区内企业。园区内的 266 家企业中开展电子商务的企业有 74 家，占 27.8％；非园区内的 329 家企业中开展电子商务的企业 43 家，占 13.1％。

（三）质量安全管理水平提高，但"三品一标"认证率偏低

饲料加工业专门质检机构建设比重较高，但质量认证通过率偏低。2016 年，参与本次调查的规模以上饲料加工企业中，425 家建有企业产品质量管理制度，占 71.4％；402 家企业建有专门质检机构，占 67.6％；192 家企业建有通过计量认证的质检机构，占 32.3％。其中，通过 ISO 9000 系列认证的企业占 47.2％；通过 ISO 14000 系列认证的企业占 9.6％；通过 ISO 22000 系列认证的企业占 18.3％；通过 HACCP、GMP 认证的企业分别占 18.7％、10.9％。

"三品一标"认证率处于行业较低水平。2016 年，参与本次调查的规模以上饲料加工企业中，获得"三品"认证的企业只有 21.7％，其中，通过无公害农产品认证的占 2.5％，通过绿色食品认证的占 3.2％，通过有机食品认证的占 16.0％。此外，3.2％的饲料加工企业生产销售的是农产品地理标志认证产品。

（四）行业研发和科研能力较强，研发投入强度较大

饲料加工行业较为注重研发机构建设，近半数企业建有研发机构。2016 年，调查企业中 279 家建立了专门研发机构，占 46.9％，建有省级以上研发中心的占 23.7％。分区域看，东、中、西部地区及东北地区饲料加工企业建有研发机构的比例分别为 51.1％、51.0％、36.6％和 40.4％。分规模看，大、中、小、微型企业建有研发机构的比例分别为 100.0％、57.8％、44.0％和 36.8％。规模越大的企业研发机构设置越完善。

研发人数同比小幅增加。2016 年，参与本次调查的规模以上饲料加工企业每千名员工中有研发人员 61 人，较上年增加 5 人。分规模看，大、中、小型企业研发人员占比分别为 5.9％、5.7％、7.0％，较上年分别上升 0.6、0.9、0.3 个百分点，微型企业研发人员占比为 7.3％，较上年下降 0.3 个百分点。

研发经费投入小幅增加，研发投入强度较高。2016 年，参与本次调查的饲料加工企业平均每家投入研发经费 276.4 万元，同比增长 2.0％。分区域看，东部地区研发经费投入强度上升，中部地区基本维持不变，西部地区小幅下降，东北地区下降明显。东部地区

研发经费投入强度为 1.14％，高于上年 0.13 个百分点；中部地区维持在 1.13％不变；西部地区研发经费投入强度为 0.63％，低于上年 0.06 个百分点；东北地区研发经费投入强度为 0.68％，低于上年 0.48 个百分点。

（五）行业与农户利益联结机制

带动农户数量增幅较大，"合同联结"农户数同比增长 6.8％。本次调查共有 111 家企业报告了"合同联结带动农户数"指标，其中大、中、小、微型企业分别为 12 家、17 家、80 家和 2 家。2016 年这 111 家企业通过"合同联结"带动农户总数为 154.6 万户，同比增长 6.8％。分规模看，各类企业通过"合同联结"带动农户数量均有所增加，特别是大型企业增幅最为显著。2016 年大型企业平均"合同联结带动农户"7.4 万户，同比增长 10.3％；中型企业平均带动 0.5 万户，同比增长 0.2％；小型企业平均带动 0.7 万户，同比增长 2.6％；微型企业平均带动 30 户，同比增长 9.2％。行业还通过"合作联结""股份合作联结"及"其他方式"等多种形式带动农户，2016 年总共带动 315.3 万户，同比增长 1.9％。

饲料加工行业对农户增收起到了一定作用。在 111 家报告了"合同联结带动农户数"指标的企业中，有 91 家[1]报告了"按合同价收购农产品比按市场价多向农户支付的金额"指标。这 91 家企业，2015 年总共向 141.4 万"合同联结"农户多支付了 17 亿元，平均每户支付 1 220.3 元；2016 年总共向 146.6 万"合同联结"农户多支付了 16.8 亿元，平均每户支付 1 143.6 元。虽然平均支付金额同比有所下降，但是可以看到，通过"合同联结"方式带动农户总数增加了 5.2 万户，同比增长 3.7％。另外通过"合作联结"方式返还利润，也是企业与农户合作的重要方式。2016 年，68 家企业通过"合作联结"方式带动 223 万户，同比增长 1.0％；返还的利润 4.3 亿元，平均每户返还利润 215.7 元，同比增长 10.1％。少数企业通过"股份合作联结"带动农户，促进农户增收。2016 年，13 家企业通过"股份合作联结"带动农户 5.5 万户，总共支付股份分红和保底收益 1.5 亿元，平均每家农户 2 756.1 元，同比增长 18.1％。

四、主要产品贸易情况分析

从原料的进口情况来看，玉米进出口均减少，大豆进口量平稳增长。2016 年，我国玉米累计进口 316.63 万吨，进口额 6.34 亿美元，较上年分别下降 33.0％、42.5％；净进口 316.29 万吨，较上年下降 33.0％。2016 年玉米进口主要来自乌克兰、美国、老挝、缅甸和俄罗斯，占玉米进口总量比重分别为 84.0％、7.0％、4.4％、2.5％和 2.1％，乌克兰连续两年超过美国成为我国玉米最大的进口来源国。2016 年累计进口大豆 8 323.02 万吨，同比增长 1.8％，增速比上年下降 12.7 个百分点，进口额 340.18 亿美元，同比下降 2.6％，降幅有所缩小；进口大豆主要来源国是巴西、美国和阿根廷，占大豆进口总量比重分别为 45.7％、40.4％和 9.6％。2016 年我国豆粕进口数量为 1.8 万吨，同比下降

---

① 删除了支付金额和异常企业。

69.7%；进口总金额为1 349.4万美元，同比下降67.6%；产品进口均价为746.5美元/吨，进口均价同比增长6.9%。

从原料的出口情况来看，2016年，全国出口玉米总量3 457吨，出口额110.95万美元，较上年分别下降67.9%、68.4%；玉米主要出口到朝鲜、俄罗斯，占玉米出口总量比重分别为90.4%和9.1%。全国出口大豆12.83万吨，同比下降4.2%，出口额1.1亿美元，同比下降12.9%。2016年我国豆粕出口数量为187.6万吨，同比增长10.6%；出口总金额为79 616.2万美元，同比增长3.4%；产品出口均价为424.4美元/吨，出口均价同比下降6.5%。

（一）饲料用鱼粉出口大幅下降

2016年，全国进出口饲料用鱼粉总量104.0万吨，进出口额16.0亿美元；其中：出口总量284.2吨，同比下降92.0%，出口总额37.4万美元，同比下降93.1%；进口总量103.7万吨，同比增长1.1%，进口总额16.1亿美元，同比下降10.0%。

按贸易方式看，饲料用鱼粉出口主要属于一般贸易。采用一般贸易方式出口的数量为283.7吨，同比下降92.0%，占全部饲料用鱼粉出口数量的99.8%；出口金额为37.3万美元，同比下降93.1%，占饲料用鱼粉出口金额的99.7%。饲料用鱼粉加工进口的主要贸易方式也是一般贸易方式，采用一般贸易方式进口的数量为102.5万吨，同比增长0.2%，占全部饲料用鱼粉进口数量的98.9%，进口金额为16.0亿美元，同比下降10.7%，占饲料用鱼粉进口金额的99.0%。

境外进出口情况。饲料用鱼粉出口目的地为朝鲜、中国台湾地区和汤加，2016年分别出口了171.6吨、112.1吨、0.5吨，出口金额分别为27.1万美元、10.1万美元和1 219美元。饲料用鱼粉前五大进口来源地按进口数量统计为秘鲁、越南、美国、泰国和俄罗斯联邦，2016年分别进口了43.5万吨、12.7万吨、11.1万吨、7.3万吨和5.9万吨，进口数量合计占全部饲料用鱼粉进口数量的77.6%；前五大进口来源地按进口金额统计为秘鲁、美国、越南、俄罗斯联邦和智利，2016年进口金额分别为7.3亿美元、1.8亿美元、1.6亿美元、1.0亿美元和9 173.7万美元，进口金额合计占全部饲料用鱼粉进口金额的78.6%。

境内进出口情况。饲料用鱼粉出口省份仅有辽宁、山东和湖南，且以辽宁和山东出口居多，2016年出口数量分别为171.6吨、112.1吨、0.5吨，出口金额分别为27.1万美元、10.1万美元和1 219美元。饲料用鱼粉进口排名前五的地区为广东、福建、上海、辽宁和广西，2016年进口数量分别为42.4万吨、22.3万吨、13.1万吨、10.1万吨和4.2万吨，进口数量合计占全部饲料用鱼粉进口数量的88.8%，进口金额分别为6.5亿美元、3.5亿美元、2.0亿美元、1.7亿美元和6 186.8万美元，除上海和广西同比增长61.9%和152.1%外，其他省份同比分别下降10.1%、5.5%和5.1%，进口金额合计占全部饲料用鱼粉进口金额的88.7%。

（二）其他配制的动物饲料进口有所上升

2016年，全国进出口其他配制的动物饲料总量26.1万吨，同比增长8.9%，进出口额 2.3 亿美元；其中，出口总量 17.9 万吨，同比增长 3.8%，出口总额 1.3 亿美元，与上年基本持平；进口总量 8.2 万吨，同比增长 20.5%，进口总额 9 972.2 万美元，同比增长 18.1%。

按贸易方式看，其他配制的动物饲料出口的主要贸易方式是一般贸易。采用一般贸易方式出口的其他配制的动物饲料数量为 16.5 万吨，同比增长 7.7%，占全部其他配制的动物饲料出口数量的 92.2%，出口金额为 1.2 亿美元，同比增长 2.6%，占全部其他配制的动物饲料出口金额的 93.0%；其他配制的动物饲料进口的主要贸易方式也是一般贸易，采用一般贸易方式进口的数量为 8.0 万吨，同比增长 19.7%，占全部其他配制的动物饲料进口数量的 97.6%，进口金额为 9 640.7 万美元，同比增长 17.8%，占其他配制的动物饲料进口金额的 96.7%。

境外进出口情况。其他配制的动物饲料五大出口目的地按出口数量统计为韩国、美国、越南、日本和英国，2016 年分别出口了 6.0 万吨、3.6 万吨、2.2 万吨、1.9 万吨、6 612.1 吨，出口数量合计占全部其他配制的动物饲料出口数量的 81.1%；前五大出口目的地按出口金额统计为韩国、越南、美国、日本和柬埔寨，2016 年出口金额分别为 2 335.9 万美元、2 328.3 万美元、2 041.0 万美元、1 270.3 万美元、541.8 万美元，出口金额合计占全部其他配制的动物饲料出口金额的 77.9%。其他配制的动物饲料前五大进口来源地按进口数量统计为美国、荷兰、马来西亚、丹麦和新加坡，2016 年分别进口了 2.8 万吨、1.7 万吨、9 577.0 吨、8 071.2 吨和 3 170.0 吨，进口数量合计占全部其他配制的动物饲料进口数量的 80.5%；前五大进口来源地按进口金额统计为美国、荷兰、新加坡、日本和丹麦，2016 年进口金额分别为 2 522.7 万美元、1 686.0 万美元、1 091.1 万美元、963.0 万美元和 943.8 万美元，进口金额合计占全部其他配制的动物饲料进口金额的 72.3%。

境内进出口情况。其他配制的动物饲料按出口数量排名前五的地区为山东、江苏、辽宁、天津和福建，2016 年出口数量分别为 9.0 万吨、2.7 万吨、2.2 万吨、1.1 万吨和 5 762.7 吨，除山东和江苏同比分别增长 12.4% 和 7.1% 外，其他省份同比分别下降 26.5%、5.8% 和 7.8%，出口数量合计占全部其他配制的动物饲料出口数量的 87.5%；其他配制的动物饲料按出口金额排名前五的地区为山东、江苏、福建、浙江和天津，2016 年出口金额分别为 5 232.0 万美元、1 951.9 万美元、1 091.9 万美元、1 014.9 万美元和 1 003.9 万美元，其中山东和江苏同比分别增长 12.4% 和 7.1%，其他省份同比分别下降 7.8%、14.4% 和 5.8%，出口金额合计占全部其他配制的动物饲料出口金额的 80.5%。其他配制的动物饲料进口排名前五的地区为北京、上海、山东、天津和江苏，2016 年进口数量分别为 1.9 万吨、1.8 万吨、1.4 万吨、1.2 万吨和 7 901.3 吨，进口数量合计占全部其他配制的动物饲料进口数量的 86.8%，进口金额分别为 1 830.8 万美元、2 605.4 万美元、1 830.1 万美元、1 310.9 万美元和 915.3 万美元，除山东和天津同比分别下降 14.9% 和 6.0% 外，其他省份同比分别增长 22.8%、80.9% 和 37.9%，进口金额合计占全部其他配制的动物饲料进口金额的 85.2%。

五、主要产品价格趋势分析

（一）饲料原料价格较上年略有下降

根据农业部畜产品和饲料集贸市场监测数据显示，2016年玉米价格总体维持在2.0～2.5元/千克之间，年度平均价格为2.02元/千克，比上年年度平均价格下降14.8%。从月度价格波动情况看，玉米价格全年较为平稳，1～5月玉米价格稳中有减，价格从2.11元/千克降至1.96元/千克；5～7月玉米价格回升至年初水平，之后价格继续下降，10月第4周价格达到全年最低水平1.93元/千克，12月最后一周玉米价格为1.93元/千克，比年初下降8.5%（图3-5）。

豆粕市场价格年内呈现上升态势（图3-5）。2016年豆粕价格总体维持在3～4元/千克，年度平均价格为3.31元/千克，比上年年度平均价格下降2.1%。从月度价格波动情况看，1～2月价格保持平稳，之后价格出现短暂下降，4月第2周价格下降至2.96元/千克，达到全年最低水平；之后价格开始攀升，直至年末升至3.7元/千克，达到全年最高水平，与年初相比上涨20.1%，豆粕价格全年呈总体上升趋势。

进口鱼粉市场价格年内呈现波动上涨趋势（图3-6）。2016年进口鱼粉价格总体维持在12～12.6元/千克之间，年度平均价格为12.39元/千克，比上年年度平均价格下降1.4%。从月度价格波动情况看，进口鱼粉从1月第1周的12.25元/千克降至3月最后一周的12.07元/千克，达到全年最低水平，下降了1.5%；4月开始价格开始回升，至7月第3周升至12.62元/千克，达到年内最高价格，比最低价格上涨了4.6%；之后价格继续震荡下降直至年末的12.48元/千克，比年初上涨1.9%。

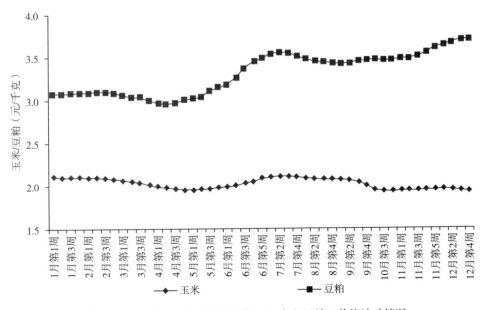

图3-5　2016年1～12月饲料原料（玉米和豆粕）价格波动情况

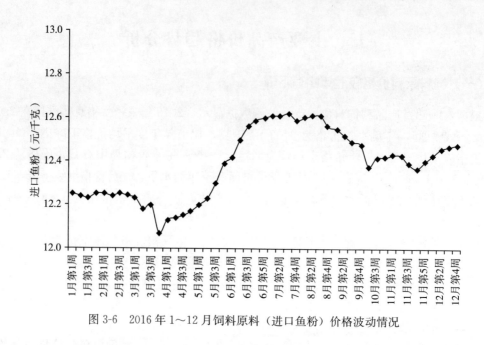

图3-6　2016年1～12月饲料原料（进口鱼粉）价格波动情况

（二）配合饲料价格呈现平缓的"w"走势（图3-7）

根据农业部畜产品和饲料集贸市场监测数据显示，2016年育肥猪配合饲料价格基本稳定在3.0～3.2元/千克，年度平均价格为3.06元/千克，比上年年度平均价格下降5.3%。从月度价格波动情况看，1～4月育肥猪配合饲料价格呈下降趋势，4月第3周价格达到年内最低水平，为2.99元/千克，此价格一直维持到5月第2周；随后价格开始上涨，至7月第2周，价格涨至3.12元/千克，达到全年最高水平，比最低价格上涨了4.3%，该价格维持了两周；8～10月价格开始回落，随后涨至年末的3.09元/千克，与年初价格基本持平。

2016年肉鸡配合饲料价格基本稳定在3.0～3.2元/千克，年度平均价格为3.11元/千克，比上年年度平均价格下降6.0%。月度价格波动情况与育肥猪配合饲料相似，整体比育肥猪配合饲料价格高。1～4月肉鸡配合饲料价格呈下降趋势，4月第3周价格达到年内最低水平，为3.04元/千克，此价格一直维持到5月第2周；随后价格开始上涨，至7月第2周，价格涨至3.16元/千克，达到全年最高水平，比最低价格上涨了3.9%，该价格维持了两周；8～10月价格开始回落，随后涨至年末的3.15元/千克，与年初价格基本持平。

2016年蛋鸡配合饲料价格基本稳定在2.7～2.9元/千克，年度平均价格为2.85元/千克，比上年年度平均价格下降5.9%。月度价格波动情况与育肥猪和肉鸡配合饲料相似，但价格整体低于两者。1～4月蛋鸡配合饲料价格呈下降趋势，4月第4周价格达到年内最低水平，为2.77元/千克；随后价格开始上涨，至7月第2周，价格涨至2.89元/千克，达到全年最高水平，比最低价格上涨了4.3%，该价格维持了两周；8～10月价格开始回落，随后涨至年末的2.87元/千克，与年初价格基本持平。

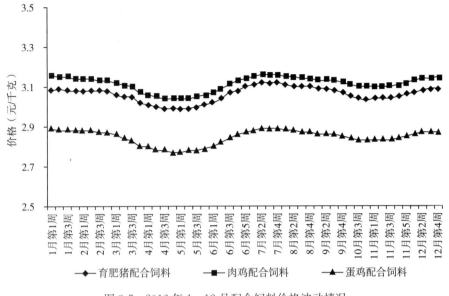

图 3-7　2016 年 1～12 月配合饲料价格波动情况

六、热点事件

（一）农业部发布《全国饲料工业"十三五"发展规划》

2016 年 10 月 25 日，农业部发布了《全国饲料工业"十三五"发展规划》（以下简称《规划》），为需求进入低速增长期的饲料工业供给侧结构性改革指明方向。《规划》提出了"十三五"期间发展总目标，要求饲料产量稳中有增，质量稳定向好，利用效率稳步提高，安全高效环保产品快速推广，饲料企业综合素质明显提高，国际竞争力明显增强。

在企业发展上，"十三五"期间，优势企业对中小企业的兼并重组和整合力度将进一步加大。《规划》要求年产 100 万吨以上的饲料企业集团达到 40 个，其饲料产量占全国总产量的比例达到 60% 以上。饲料企业与养殖业融合发展程度明显提高，散装饲料使用比例达到 30%。

产业布局方面，《规划》首次明确饲料工业加快发展区、稳定发展区、适度发展区三大区域，要求优化饲料工业布局，顺应养殖业结构调整和粮改饲、草牧业战略发展新要求，促进不同区域饲料加工业与种养业协调发展。

推动信息化发展也是文件的亮点之一。《规划》鼓励饲料企业与互联网深度融合，支持饲料企业积极参与"互联网＋现代农业"行动，发挥资本、人才和管理优势，打造养殖业服务平台，推动产品个性化定制，服务一站式到位。《规划》还提出"十三五"基本原则、目标、指导思想是产管结合，保障安全；创新驱动，提质增效；立足国内，开拓国际。

（二）农业部在全国 100 个县试点"粮改饲"

近年来，我国粮食形势出现新变化，在连年丰收的同时，粮食库存量、进口量也同时增长，粮食生产结构尤其是玉米面临调整。2004 年以来，我国粮食播种面积增加了 1.99 亿亩，其中玉米就增加了 1.95 亿亩；玉米产量从 1.16 亿吨增加到 2.25 亿吨。玉米为粮食增产作出贡献，同时也带来巨大的阶段性库存压力。一方面是玉米供求过剩，面临调整；另一方面是我国优质饲料缺乏，每年需要大量进口。据统计，每年我国玉米消费量的 60％以上都用作饲料，但传统的饲喂方式是将玉米籽粒和秸秆分开处理；全株青贮玉米，则是将玉米籽粒与秸秆一起制作成青贮饲料。与全株青贮玉米相比，传统饲喂方式提供的营养物质总量和生产效率都低了不少。从种养业区域布局看，目前草食畜牧业主产区很大一部分与我国玉米等粮食主产区相吻合，也与我国调减玉米种植的"镰刀弯"区域有很大重合。在这些地区发展全株青贮玉米，可以有效减少牛羊等草食家畜的优质饲草料供需缺口，大幅降低生产成本。

农业部开展"粮改饲"试点，主要引导种植全株青贮玉米，同时也因地制宜，在适合种优质牧草的地区推广牧草，将单纯的粮仓变为"粮仓＋奶罐＋肉库"。2015 年"粮改饲"试点计划种植 150 万亩，实际落实 286 万亩，收储优质饲草料 995 万吨，超出预期目标将近 1 倍。2016 年"粮改饲"试点范围扩大到整个"镰刀弯"地区和黄淮海玉米主产区的 17 个省份，目标任务增加到 600 万亩。通过种养加的紧密结合，饲料粮就地转化，让"粮变肉""草变乳"，实现过腹增值，也是农业领域"去库存、降成本、补短板"的重要措施。

对于粮食安全问题，专家表示，广义的粮食安全必须考虑到畜牧业饲料。由于人们的饮食结构发生很大调整，居民对肉、蛋、奶的消费量更高，也就意味着对饲料的需求更高。因此，将粮食、经济作物的二元结构调整为粮食、经济、饲料作物的三元结构，不会削弱国家粮食安全保障能力。

（三）饲料行业违禁添加或将成为历史

2016 年 10 月 8 日，国务院总理李克强主持召开国务院常务会议，通过《全国农业现代化规划（2016—2020 年）》，促进农业升级、农村发展、农民增收。会议指出，农业现代化是国家现代化的基础和支撑，并且再一次将实施绿色兴农重大工程，严格化肥、农药、饲料添加剂等使用管理，综合防治农业面源污染等列为重要内容之一。

此次国务院通过的《全国农业现代化规划（2016—2020 年）》再次将农业面源污染治理列入重要内容之一，其中包括严格饲料添加剂的管理，为饲料行业再次敲响警钟。也许不久的将来，在饲料中添加违禁药品、超范围使用饲料添加剂、不按规定使用药物性添加剂等现象即将成为历史，饲料企业规范生产将被提上日程。

（四）DDGS 双反调查，或将影响未来我国饲料原料企业采购

自 2016 年 1 月 12 日起，商务部对原产于美国的进口干玉米酒糟（简称 DDGS，下同）发起反倾销和反补贴调查。DDGS 是我国饲料企业广泛使用的能量蛋白原料，近年来

进口量增长迅猛，其凭借价格低廉的优势，已取代国产玉米、普通小麦与国产 DDGS，成为饲料生产的主要原料。近年来，中国 DDGS 进口量自 2009 年起呈现快速攀升趋势，2015 年进口量达到 682 万吨，总价值为 20 亿美元。中国是头号的 DDGS 进口国，并且几乎全部从美国进口。

商务部在 2016 年 9 月 23 日发布声明表示，在经过反倾销调查后，中国初步裁定原产于美国的进口 DDGS 存在倾销，对中国国内行业造成损害，将对美国几家公司的 DDGS 征收 33.8％的反倾销关税，并且立即生效，自此之后 DDGS 进口量开始下滑。反倾销、反补贴的相关裁定使得短期内进口 DDGS 的成本上涨，生产企业会下调进口数量，进口量相较往年同期水平有较大跌幅。在国内外 DDGS 的价差扩大中，国产 DDGS 迎来发展机遇，一方面是在取消"临储政策"后，玉米供应充足，市场价格不断下降，使得 DDGS 生产成本优势明显；另一方面，国家鼓励玉米深加工行业的发展，使得作为深加工中重要的副产品 DDGS 具有政策性前景利好。未来我国饲料原料企业对于玉米的采购来源将逐步转移到国内市场。另一方面，企业对于国产玉米需求量的增加，势必将支撑其价格逐步走高，一定程度上提高饲料企业生产成本。因此饲料生产企业应该及时做出相关采购、生产、运营等方面的调整，不断适应市场供需、价格的涨跌走向。

第4章 / 植物油加工

2016 年，植物油加工业总体运行平稳。企业经济效益向好，亏损企业减少；油料进口量继续增加，植物油进口量有所减少；先进制油与副产物综合利用技术取得进步，产品结构进一步调整优化。2016 年，全国规模以上植物油加工企业 2 144 家，实现主营业务收入 1.1 万亿元；利润总额 405.9 亿元。从产量看，2016 年我国精制食用植物油产量 6 907.5 万吨，同比增长 3.4%，国内油料油脂市场供应平稳。

一、原料及主要产品产量情况

2016 年油料作物产量平稳增长，油料作物总产量达到 3 629 万吨，比 2015 年增加 93 万吨，同比提高 2.6%。其中，花生产量 1 729 万吨，比 2015 年增加 85 万吨，同比提高 5.2%；油菜籽产量 1 455 万吨，比 2015 年减少 39 万吨，同比下降 2.6%；芝麻产量 63 万吨，同比下降 2.6%；向日葵籽产量 299 万吨，同比下降 10.8%。

从产品产量看，2016 年全国精制食用植物油产量 6 907.5 万吨，同比增长 3.4%，较上年同期下降 5.1 个百分点。产量前五位的省份分别是湖北、江苏、天津、山东和河南，产量分别为 773.5 万吨、749.1 万吨、747.8 万吨、693.0 万吨和 474.1 万吨，除天津产量同比下降 1.9%外，其他省份精制食用油产量分别同比增长 4.9%、23.9%、0.5%和 12.2%。国内油料产量不能完全满足食用植物油加工企业生产需求，因此部分油料需要通过进口弥补缺口。

二、行业经济运行情况

（一）总体运行平稳，企业经济效益向好

2016 年，全国规模以上植物油加工企业数量 2 144 家，占规模以上农产品加工业企业数量的 2.9%，比 2015 年减少 40 家，比 2014 年减少 41 家。食用植物油加工企业数量有所减少，非食用植物油加工企业数量略有增加。其中，食用植物油加工企业 1 998 家，占规模以上植物油加工企业数量的 93.2%，比 2015 年减少 52 家；非食用植物油加工企业 146 家，占规模以上植物油加工企业数量的 6.8%，比 2015 年增加 12 家。

2016 年，全国规模以上植物油加工完成主营业务收入 10 715.1 亿元，同比增长

5.1％。其中，食用植物油加工完成主营业务收入 10 473.1 亿元，同比增长 5.1％，占规模以上植物油加工企业主营业务收入的 97.7％；非食用植物油加工企业完成主营业务收入 242.0 亿元，同比增长 4.6％，占规模以上植物油加工企业主营业务收入的 2.3％。企业经济效益延续上年向好态势。2016 年，全国规模以上植物油加工业累计实现利润总额 405.9 亿元，同比增长 9.9％（图 4-1），比 2015 年同比增速提高 6.1 个百分点，比 2014 年同比增速提高 21.4 个百分点。其中，食用植物油加工实现利润总额 395.0 亿元，同比增长 10.4％；非食用植物油加工企业实现利润总额 10.9 亿元，同比下降 3.6％。植物油加工业主营业务收入利润率为 3.8％（图 4-1），低于农产品加工业主营业务收入利润率 2.8 个百分点，植物油加工业主营业务收入利润率近 5 年来基本保持在 2％～4％的范围内。企业亏损状况有所好转，亏损总额 30.5 亿元，同比下降 32.1％。随着制油装备自动化、智能化程度的不断提高，从业人员平均人数略有降低，2016 年较上年减少 0.54 万人。

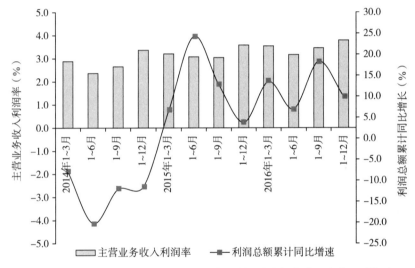

图 4-1 2014—2016 年植物油加工业利润总额增速与主营业务收入利润率

（二）先进制油与副产物综合利用技术取得进步

2016 年，一些大型企业不断完善质量安全控制技术，黄曲霉毒素、苯并芘等卫生指标的内控标准已优于国家标准，建立了风险因子高效检测与控制技术，进一步保障了植物油的品质安全。副产物综合利用技术的突破推动了产业技术升级，提高了副产物利用率与附加值，如多家企业建设了花生红衣多酚提取生产线，研发出多种具有抗氧化活性的产品，实现了资源的充分利用。

（三）产品结构进一步调整优化

近两年，高油酸葵花油、花生油、菜籽油、食用调和油等多种高油酸油品在国内陆续上市，优化了食用植物油产品结构。这些油品油酸含量可达 75％～85％，长期摄入可降低人体低密度脂蛋白，减少心血管疾病发生，且抗氧化性好，货架期长。煎炸油、脱模油等专用油脂，以及采用适度加工技术保留更多营养成分的食用油产品也发展较为迅速。

（四）多省市启动食用油安全追溯体系建设工作

为加快实现产品可溯源、安全可追踪、风险可管控，不断提高企业食品安全管理水平，保障食用植物油产品安全，2016年1月，国家食品药品监督管理总局下发《关于食用植物油生产企业食品安全追溯体系的指导意见》。目前，北京、河南、江西等多地已启动食用油生产企业安全追溯体系建设工作。

三、企业调查情况

本次调查共有 577 家植物油加工企业填报年度统计调查表。其中，食用植物油加工企业 546 家，非食用植物油加工企业 32 家。有效样本中规模以上植物油加工企业 486 家。2016 年，参与本次调查的规模以上植物油加工企业主营业务收入同比增长 7.7%，利润总额同比增长 14.5%；基地的建设情况良好，至少建有一类生产基地的企业占比达 72.3%；农村一二三产业融合发展现状良好，有 45.3% 的企业开展了电子商务，电子商务收入占主营业务收入的比例达 7.7% 较上年提高 2.0 个百分点。在质量安全与品牌建设方面，企业质量安全体系建设基本健全，56.2 的企业获"三品一标"认证。在科技进步与创新方面，有 43.6% 的企业建立研发机构，研发经费投入增长 6.1%。

（一）以小型企业和有限责任公司为主

企业规模以小型企业为主。2016 年，参与本次调查的规模以上植物油加工企业中，有大型企业 6 家，占 1.2%；中型企业 45 家，占 9.3%；小型企业 416 家，占 85.6%；微型企业 19 家，占 3.9%。

注册登记类型以有限责任公司为主。调查企业中，有限责任公司 335 家，占 68.9%；私营企业 74 家，占 15.2%；股份有限公司 44 家，占 9.1%；外商投资企业 8 家，占 1.6%；国有企业 7 家，占 1.4%；港澳台商投资企业 7 家，占 1.4%；其他企业 6 家，占 1.2%；股份合作企业 4 家，占 0.8%；集体企业 1 家，占 0.2%。

（二）经营状况整体向好，主营业务收入和利润均高速增长

经营状况整体向好，主营业务收入和利润均高速增长。参与本次调查的规模以上植物油加工企业完成主营业务收入 1 838.0 亿元，同比增长 7.7%，比全国规模以上植物油加工企业主营业务收入增速高 2.6 个百分点；调查企业实现利润总额 119.8 亿元，同比增长 14.5%，比全国规模以上植物油加工企业利润增速高 4.6 个百分点。食用植物油加工企业主营业务收入和利润增长较快。食用植物油加工企业 458 家，完成主营业务收入 2 179.7 亿元，同比增长 9.7%；实现利润总额 117.2 亿元，同比增长 14.9%。非食用植物油加工企业的主营业务收入下降，利润小幅增长。非食用植物油加工企业 28 家，完成主营业务收入 31.1 亿元，同比下降 8.2%；实现利润总额 2.6 亿元，同比增长 2.2%。

植物油加工企业主要产品产量持续增长，产销率保持稳定。调查企业中 293 家上报了

压榨植物油产量。2016 年生产压榨植物油 512.8 万吨，同比增长 5.9%。130 家企业上报了浸出植物油产量。2016 年生产浸出植物油 258.3 万吨，同比增长 1.8%。2015 年和 2016 年，植物油加工企业主营产品产销率稳定在 86% 左右。

产业集中度基本与上年持平，东北地区提升较快。2016 年调查植物油加工企业的主营业务收入基尼系数为 0.759，与上年持平。分区域看，东、中部地区及东北地区产业集中度小幅增加，西部地区产业集中度小幅下降。东部地区 2016 年的基尼系数为 0.775，较上年上升 0.007；中部地区 2016 年的基尼系数为 0.646，较上年上升 0.004；西部地区 2016 年的基尼系数为 0.682，较上年下降 0.007；东北地区 2016 年的基尼系数为 0.538，较上年上升 0.08。

在本次调查中，植物油加工企业从业人员总数小幅增长，生产人员和研发人员增长超过 6%。2016 年调查企业的从业人员总数 8.2 万人，同比增长 3.9%。其中，生产人员 4.9 万人，同比增长 6.0%；研发人员 4 221 人，同比增长 7.1%，研发人员增速快于生产人员。

企业产能利用率与上年基本持平。2016 年，植物油加工企业产能利用率的平均值为 24.7%，与上年基本持平。分区域看，除中部地区小幅上升外，其他地区均有下降，东北地区下降显著。东部地区植物油加工业产能利用率为 23.4%，较上年下降 0.4 个百分点；中部地区产能利用率为 29.4%，较上年提高 2.3 个百分点；西部地区产能利用率为 21.0%，较上年下降 1.3 个百分点；东北地区产能利用率为 16.6%，较上年下降 13.8 个百分点。分规模看，中型企业产能利用率小幅提升。中、小、微型企业产能利用率分别为 28.3%、24.6% 和 26.1%，微型企业较上年同期下降 4.4 个百分点，中、小型企业较上年同期分别提高 2.0 和 0.1 个百分点。

植物油加工企业重视生产基地建设。2016 年，参与本次调查的规模以上植物油加工企业中拥有自建生产基地或建有订单生产基地的企业达到 72.3%。其中，81 家有自建生产基地，占 16.0%；72 家有订单生产基地，占 14.2%；213 家兼有两类生产基地，占 42.1%。

植物油加工企业电子商务开展比例基本达到行业平均水平。2016 年，有 220 家植物油加工企业开展了电子商务交易，占 45.3%。分区域看，东、中、西部地区及东北地区开展电子商务的企业占比分别为 46.8%、45.9%、43.4% 和 38.5%，东部和中部地区参与度较高。分规模看，调查的全部大型企业均开展了电商交易，中、小、微型企业开展电子商务的比例分别为 57.8%、44.2% 和 21.1%。电子商务销售收入占主营业务收入比例为 7.7%，较上年同期提高 2.0 个百分点。园区内开展电子商务的企业比例高于非园区内企业。园区内的 252 家企业中开展电子商务的企业有 133 家，占 52.8%。非园区内的 234 家企业中开展电子商务的企业有 87 家，占 37.2%。

（三）质量安全建设情况良好，"三品一标"认证超过半数

植物油加工企业质检机构建设比例超过 70%，行业质检管理体系建设情况较好。调查企业中，400 家建有企业产品质量管理制度，占 82.3%；363 家建有专门质检机构，占 74.7%；180 家建有通过计量认证的质检机构，占 37%。其中，通过 ISO 9000 系列认证

的企业占 58.0%；通过 ISO 14000 系列认证的企业占 18.5%；通过 ISO 22000 系列认证的企业占 28.2%；通过 HACCP、GMP 认证的企业分别占 29.6%、11.5%。

植物油加工企业"三品一标"认证企业占比接近 50%，企业较重视公共品牌建设。2016 年，获得"三品"认证的植物油加工企业占比达到 46.9%。其中，通过无公害农产品认证的占 9.1%，通过绿色食品认证的占 19.3%，通过有机食品认证的占 18.5%。此外，9.3% 的植物油加工企业生产销售的是农产品地理标志认证产品。

（四）研发经费增幅较大，研发强度基本不变

企业注重研发机构建设。2016 年，参与调查的规模以上植物油加工企业有 216 家建立了专门研发机构，占 44.4%，其中建有省级以上研发中心的占 22.7%。分区域看，东、中、西部地区及东北地区植物油加工企业建有专门研发机构的比例分别为 48.7%、46.5%、36.6% 和 23.1%。分规模看，大型企业均建有专门研发机构，中、小、微型企业建有专门研发机构的比例分别为 64.4%、41.1% 和 31.6%。

植物油加工行业研发投入经费增加，研发投入强度基本维持不变。2016 年，参与调查的规模以上植物油加工企业平均每家投入研发经费 395.2 万元，同比增长 6.1%。分区域看，东部地区投入强度小幅下降，中部和西部地区小幅上升，东北地区保持不变。东部地区研发投入强度为 0.79%，低于上年 0.08 个百分点，中部地区研发投入强度为 1.40%，高于上年 0.06 个百分点；西部地区研发投入强度为 0.43%，高于上年 0.02 个百分点。

（五）行业与农户利益联结机制

植物油加工行业带动农户数量基本保持稳定，中型企业带动户数增幅较大。本次调查共有 153 家企业报告了"合同联结带动农户数"指标，其中大、中、小、微型企业分别为 2 家、15 家、134 家和 2 家。2016 年，153 家企业通过"合同联结"带动农户总数为 433.9 万户，同比增长 2.4%。分规模看，各类企业通过"合同联结"带动农户数量，中型企业增幅显著，其他类型企业基本保持不变。2016 年大型企业平均"合同联结带动农户"35 万户，同比增长 0.3%；中型企业平均带动 4.2 万户，同比增长 15.7%；小型企业平均带动 1.5 万户，与上年持平；微型企业平均带动 0.5 万户，同比减少 0.6%。该行业还通过"合作联结""股份合作联结"及"其他方式"等多种形式带动农户，2016 年总共带动 242.7 万户，同比下降 0.95%。

植物油加工企业对农户增收有一定贡献作用。本次调查中，153 家报告了"合同联结带动农户数"指标的企业中，有 144 家报告了"按合同价收购农产品比按市场价多向农户支付的金额"指标。这 144 家企业，2015 年总共向 265.8 万"合同联结"农户多支付了 36 亿元，平均每户多支付 1 360.1 元。2016 年总共向 277.6 万"合同联结"农户多支付了 35.1 亿元，平均每户多支付 1 271.2 元。虽然平均支付金额同比有所下降，但是通过"合同联结"方式带动农户总数增加了 10.4 万户，同比增长 3.8%。另外通过"合作联结"方式返还利润，也是企业与农户合作的重要方式。2016 年，97 家企业通过"合作联结"方式带动 90.5 万户，同比下降 14%；返还利润 220.9 亿元，同比增长 0.8%。部分企业通过"股份合作联结"带动农户，促进农户增收。2016 年，27 家企业通过"股份合作联结"带动

农户 6.8 万户，总共支付股份分红和保底收益 6.7 亿元，平均每户农户 9 797.3 元。虽然平均每户所得收益下降了 14.7%，但"股份合作联结"带动农户数量增加了 25.9%。

四、主要产品贸易情况分析

从原料进出口情况看，2016 年食用油籽进口量略增。2016 年我国累计进口食用油籽 8 952.9 万吨，同比增长 2.2%，进口额 370.4 亿美元，同比下降 3.5%。其中，油菜籽进口 356.6 万吨，同比下降 20.2%，主要来自加拿大，占进口总量的 96.4%；大豆进口 8 391.3 万吨，同比增长 2.7%。

2016 年，全国植物油及其分离品进出口均有所下降，累计进出口总额 64.6 亿美元，同比下降 12.0%，降幅与上年同期持平；累计进出口总量 795.8 万吨，同比下降 16.5%，增速较上年同期下降 24.4 个百分点。其中，累计出口金额 2.3 亿美元，同比下降 17.0%，增速比上年同期下降 20.1 个百分点，累计出口量 12.7 万吨，同比下降 15.8%，增速比上年同期下降 19.3 个百分点；累计进口金额 62.3 亿美元，同比下降 11.8%，增速比上年同期提高 0.7 个百分点，累计进口量 783.1 万吨，同比下降 16.5%，增速比上年同期下降 24.5 个百分点（图 4-2）。

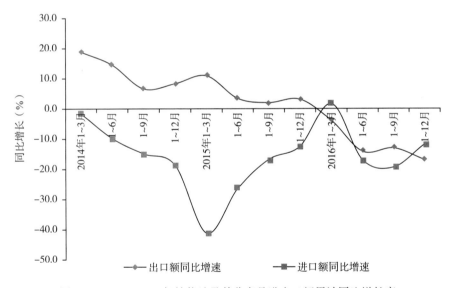

图 4-2　2014—2016 年植物油及其分离品进出口额累计同比增长率

按贸易方式看，植物油及其分离品进出口的主要贸易方式是一般贸易。采用一般贸易方式出口的植物油及其分离品数量为 6.2 万吨，同比下降 25.7%，占全部出口数量的 48.5%，出口金额 1.4 亿美元，同比下降 22.9%，占全部出口金额的 61.0%；采用一般贸易方式进口的植物油及其分离品数量为 654.3 万吨，同比下降 13.5%，占全部进口数量的 83.5%，进口金额 52.2 亿美元，同比下降 8.3%，占全部进口金额的 83.9%。

境外进出口情况。植物油及其分离品前五大出口目的地按出口数量统计为朝鲜、中国香港地区、韩国、蒙古和新加坡，2016 年分别出口了 6.5 万吨、2.6 万吨、6 153.0 吨、5 589.9 吨和 5 544.4 吨，出口数量合计占全部出口数量的 85.5%，同比下降 2.9 个百分点；前五大出口目的地按出口金额统计为朝鲜、中国香港地区、日本、美国和荷兰，2016 年出口金额分别为 7 485.2 万美元、4 355.3 万美元、1 851.0 万美元、1 673.6 万美元和 1 235.4 万美元，出口金额合计占全部出口金额的 71.1%，同比下降 2.9 个百分点。植物油及其分离品前五大进口来源地按进口数量统计为印度尼西亚、马来西亚、乌克兰、加拿大和巴西，2016 年分别进口 319.0 万吨、195.1 万吨、79.6 万吨、60.2 万吨和 31.5 万吨，进口数量合计占全部进口数量的 87.5%，同比下降 3.2 个百分点；前五大进口来源地按进口金额统计同样为印度尼西亚、马来西亚、乌克兰、加拿大和印度，2016 年进口金额分别为 23.6 亿美元、13.4 亿美元、6.8 亿美元、4.4 亿美元和 2.9 亿美元，进口金额合计占全部进口金额的 82.2%，同比下降 2.7 个百分点。

境内进出口情况。植物油及其分离品前五大出口地区为辽宁、广东、山东、吉林和广西，2016 年出口数量分别为 6.0 万吨、2.1 万吨、1.5 万吨、9 804.9 吨和 7 044.7 吨，除广东和山东同比分别增长 19.2% 和 8.5% 外，其他省份同比分别下降 26.4%、8.5% 和 61.0%，出口数量合计占全国出口数量的 89.1%，比上年同期下降 3.5 个百分点；出口金额分别为 9 711.6 万美元、3 742.3 万美元、2 844.6 万美元、2 853.1 万美元和 1 421.9 万美元，除广东和山东同比分别增长 8.5% 和 0.3% 外，其他省份同比分别下降 26.5%、24.4% 和 37.6%，出口金额合计占全国出口金额的 88.1%，比上年同期下降了 0.3 个百分点。植物油及其分离品前五大进口地区为江苏、广东、天津、上海和山东，2016 年进口数量分别为 276.3 万吨、135.4 万吨、104.5 万吨、84.8 万吨和 45.3 万吨，除上海同比增长 17.7% 外，其他四地同比分别下降 19.0%、32.6%、9.9% 和 18.8%，进口数量合计占全国进口量的 82.5%，比上年同期下降 1.3 个百分点；进口金额分别为 20.8 亿美元、9.5 亿美元、8.1 亿美元、7.8 亿美元和 4.0 亿美元，除上海同比增长 14.8% 外，其他四地同比分别下降 14.1%、29.5%、11.0% 和 10.7%，进口金额合计占全国进口金额的 80.7%，比上年同期下降 1.7 个百分点。

五、主要产品价格趋势分析

（一）花生油价格震荡上升

根据国家统计局 50 个城市主要食品平均价格监测数据显示，2016 年花生油价格总体维持在 27.4～28 元/升，年度平均价格为 27.73 元/升。从月度价格波动情况看，花生油价格在 2 月中旬达到全年最低水平，为 27.49 元/升，；之后价格开始上升，至 12 月初价格上升至 28.0 元/升，比最低价格上涨了 1.9%；年末价格为 27.99 元/升（图 4-3）。

（二）大豆油价格较上年小幅下降

根据国家统计局 50 个城市主要食品平均价格监测数据显示，2016 年大豆油价格基本稳定在 9.8～10.1 元/升，年度平均价格为 9.98 元/升，比上年略有下降。从月度价格波

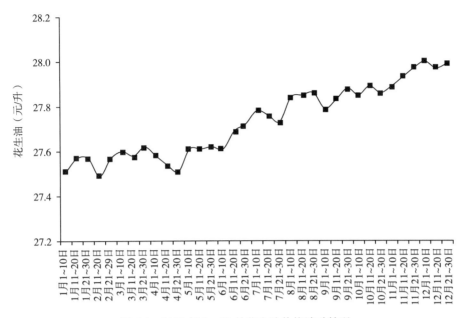

图 4-3 2016 年 1～12 月花生油价格波动情况

动情况看，1～2 月中旬价格有所下降，达到全年最低价格 9.86 元/升；2 月开始价格呈现震荡上升趋势，年末价格最高，为 10.09 元/升，比最低价格上涨 2.3%，比年初上涨 1.6%（图 4-4）。

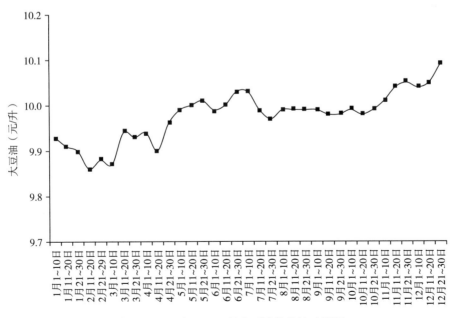

图 4-4 2016 年 1～12 月大豆油价格波动情况

（三）菜籽油价格年末出现上扬

根据国家统计局 50 个城市主要食品平均价格监测数据显示，2016 年菜籽油价格基本稳定在 13.6～14.0 元/升，年度平均价格为 13.76 元/升，比上年均价有所提高。从月度价格波动情况看，年初至 11 月中旬菜籽油价格在 13.7～13.9 元/升之间波动，3 月初价格达到全年最低点 13.65 元/升；11 月中旬开始价格出现明显上涨，12 月下旬价格升至 13.92 元/升，达到年内最高价格，比最低价格上涨 2.0%，比年初上涨 1.5%（图 4-5）。

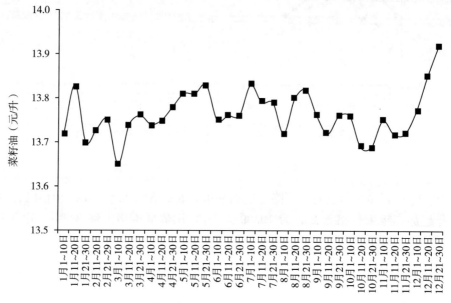

图 4-5　2016 年 1～12 月菜籽油价格波动情况

六、面临的主要问题

一是植物油加工产能过剩。目前，植物油加工业的产能利用率约为 50%，很多小型加工企业制油装备及技术落后，生产成本居高不下，缺乏新产品、新技术和研发人才，资金短缺，处于"小开小亏、大开大亏、苦苦支撑"的困境，开机率持续低迷。这些企业在生产中缺乏严格的规范管理，生产过程可控性差，对每批次产品缺乏必要的质量自检。

二是食用油质量安全问题时有发生。2016 年，在国家及各省食品药品监督管理局的食用油抽检中，均有不合格产品被检出且大部分不合格产品产自小型食用油加工企业，超标指标多集中在苯并芘、酸值及过氧化值。此外，由于缺乏强制性的调和油国家标准，各大企业迟迟不公布具体添加油类的比例，导致以次充好、混淆概念的情况层出不穷。其中，"加一滴橄榄油，就敢称橄榄调和油"是对调和油市场乱象的典型概括，在 2016 年的抽检中，某品牌的橄榄调和油中橄榄油含量只有 1%。

三是木本油料开发不足。我国木本油料资源丰富，种植历史悠久，不与粮争地，发展木本油料有利于提高食用植物油自给能力。但木本油料自栽培到收获一般要经过3～5年，种植、产出和加工等各环节均比大宗油料费工费时，生产成本相对较高。另外，木本油料品种多，加工方式不同于大宗油料，目前仍缺乏适合不同木本油料要求的加工工艺和成套设备，阻碍了木本油料产业健康发展。

四是不实言论造成消费者误解。近年来社会上出现了"油脂加工与营养"方面的不实之词，造成部分消费者误解与恐慌，影响市场正常消费。针对错误言论，多位国内粮油行业权威专家做出澄清，一是食用安全方面，符合标准的食用油无论其制作工艺是浸出还是压榨均可放心食用；二是营养方面，调和油是通过科学调配，改善油品的营养和风味，认为其没有营养缺乏科学根据。

七、对策建议

第一，加快淘汰落后产能，稳妥化解过剩产能。多渠道探索加快淘汰能耗高、效益差、管理粗放、产品质量无保障的落后产能；对于资产负债高、长期处于亏损和停产半停产的"僵尸企业"，通过兼并重组等方式优化资源配置；积极支持基础实力强、管理水平高、市场前景好、发展潜力大的先进产能，继续发展壮大；继续支持工业、物流园区建设，提高植物油加工业的发展水平。

第二，加强食用油质量安全监管，推进调和油国家标准发布实施。加强食用油质量安全监管力度，加大对小型生产企业和小作坊的抽检频次，对抽检不合格的产品，迅速向上级食品安全监管部门报告，采取召回、下架、封存等措施，及时消除食用油安全隐患；建立调和油检测方法与标准，推进调和油制品国家标准发布实施进程，强化对调和油制品的有效监管。

第三，积极发展木本油料产业。切实加大对木本油料基地建设和良种繁育的扶持力度，在优势种植地区试点实施木本油料生产补贴，调动农民种植积极性。加强木本油料采集、去皮脱壳和烘干等装备和加工工艺的研制，降低加工成本和综合能耗；推进木本油料的精深加工和综合利用技术与装备的研发，提高木本油料加工的附加值，促进产业做大做强。

第四，加强科普宣传，引导健康消费。加强对食用油消费知识的科普宣传，消除消费者对食用油在生产、食用等方面存在的误解和担忧；引导消费者根据自身需求，合理选择适宜的食用油，实现科学消费、合理消费、健康消费。

八、热点事件

（一）中粮合并中纺试点国企改革，开启"国际大粮商"之路

2016年7月，中粮集团与中纺集团启动战略重组，中纺集团整体并入中粮集团，打造国际化"大粮商"。

2016年是中央推进供给侧结构性改革和国资改革落地实施的一年。重组中纺是中粮作为国有资本投资公司改革试点企业的重要内容。之前，中粮已系统地完成了《国有资本

投资公司改革方案》等重大政策配套。中粮集团和中纺集团同处农粮行业，粮油业务国内市场规模分列第一和第三。重组后，中粮集团国内油脂加工市场份额提升至18%，成为国内第一，位居全球油脂加工企业产能前列。重组后的棉花业务产业链条，占据全球近10%市场份额。此次重组有利于资源整合和专业化、集约化经营，加快打造中国自己的国际化大粮商，增强服务国家粮食安全的能力。

（二）茶油行业逐步进入快速成长期

自2015年湖南贵太太茶油登陆新三板后，2015年年底到2016年5月的半年内，新三板挂牌的5家植物油加工企业，4家为茶油企业，分别为湖南贵太太茶油科技股份有限公司、江西友尼宝农业科技股份有限公司、江西源森油茶科技股份有限公司和浙江久晟油茶科技股份有限公司，行业逐步进入快速发展期。

目前，油茶加工企业659家，年可加工茶油110.79万吨，加工能力在500吨以上的企业178家，具有精炼能力的企业200多家。我国油茶的种植主要分布在长江流域及其以南的14个省（自治区），江西、湖南、广西三省（自治区）超过全国总面积的75%。茶油作为高档食用油，市场价格较高，比豆油、菜籽油和花生油等高出了3～6倍，目标顾客群主要是食用油市场的高端消费。近几年国家和各地对油茶产业发展给予了足够的重视，出台了许多优惠、扶持政策，各地发展油茶的势头较好。茶油作为有益于人体健康的高档植物油，随着中国城市化和社会老龄化，消费群体将逐渐增加。在全球范围内，发达国家年人均占有橄榄油达20.00千克，我国年人均占有量0.30千克，仅为发达国家的1.5%，差距巨大。我国要达到年人均茶油占有量2.00千克的标准，全国茶油产量需增加10倍，年缺口在250万吨左右。

（三）食用油行业第一支价格指数发布

2016年7月26日，"鲁花食用油价格指数"正式运行上线，这是我国食用油行业的第一个价格指数。在山东省价格指数发布平台（www.sdprice.org.cn）上，鲁花食用油价格指数分为花生油、食用调和油、橄榄油类、成品菜籽油类等8个一级类别。指数是以鲁花商贸分公司向不同销售渠道的销售价为基础，形成价格指数曲线；以终端大卖场售价为基础，更新价格指数网站的油品价格。该价格指数是由某家企业的基础数据来建设一支行业价格指数，可以为油料种植户、生产企业及时提供价格行情，有助于他们根据市场变化及时调整产品结构、市场布局及价格策略。

第5章／肉类加工

2016 年，肉类加工业整体运行向好态势稳固，主营业务收入增速呈现上升态势，利润总额增速小幅回升，进口大幅增加，贸易逆差显著扩大。2016 年全国规模以上肉类加工企业 4 147 家，完成主营业务收入 1.5 万亿元，同比增长 7.8%，增速有所上升；实现利润总额 729.8 亿元，同比增长 8.8%，比上年同期增速分别提高 2.5 个百分点。

一、原料及主要产品生产情况

(一) 主要原料及其生产情况

猪肉产量下降导致全国肉类总产量有所下降，牛羊禽肉产量均延续增长态势（图 5-1）。2016 年，全国肉类总产量 8 537.8 万吨，比 2015 年减少 87.3 万吨，同比下降 1.0%。其中：猪肉产量 5 299.1 万吨，比 2015 年减少 187.4 万吨，比 2015 年下降 3.4%，占全部肉类产量的 62.0%；禽肉产量 1 888 万吨，比 2015 年增长 3.4%，占全部肉类产量的 22.1%；牛肉产量 716.8 万吨，比 2015 年增加 16.7 万吨，同比增长 2.4%，占全部肉类

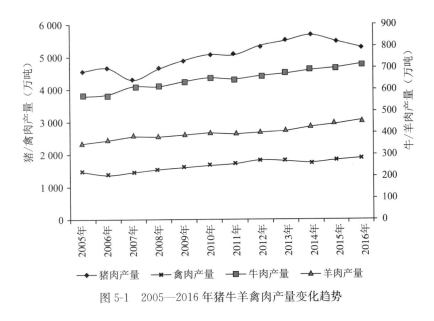

图 5-1　2005—2016 年猪牛羊禽肉产量变化趋势

产量的 8.4%；羊肉产量 459.4 万吨，比 2015 年增加 18.5 万吨，同比增长 4.2%，占全部肉类产量的 5.4%。

生猪存栏、出栏、屠宰量继续减少。2016 年末生猪存栏量约为 43 504 万头，比 2015 年减少 1 609 万头，同比下降 3.6%，降幅比上年扩大 0.4 个百分点。其中，受 2015 年生猪市场持续低迷影响，年末我国能繁母猪存栏量 4 456.2 万头，比 2015 年减少 236.9 万头，同比下降 5.0%。全国生猪出栏量为 68 502 万头，比 2015 年减少 2 323 万头，同比下降 3.3%。全国规模以上生猪屠宰企业（年实际屠宰量在 2 万头以上的企业）屠宰生猪数量 20 870.7 万头，同比下降 2.4%。

牛羊出栏量平稳增长，年末存栏量有所下降。2016 年全国牛出栏量为 5 110.0 万头，比 2015 年增加 106.7 万头，同比增长 2.1%；年末牛存栏 10 667.9 万头，比 2015 年减少 149.4 万头，同比下降 1.4%。羊出栏量为 30 694.6 万只，比 2015 年增加 1 221.8 万只，同比增长 4.1%；年末羊存栏 30 112.0 万只，比 2015 年减少 987.7 万只，同比下降 3.2%。

（二）主要产品产量

全国鲜、冷藏肉产量有所减少，降幅有所缩小；除东部地区鲜、冷藏肉产量有所增加外，其他三个区域产量均有所下降。2016 年，全国鲜、冷藏肉产量为 3 637.1 万吨，同比下降 1.1%，增速比 2015 年同期上升 0.7 个百分点（图 5-2）。分区域看，东部地区鲜、冷藏肉产量为 1 473.9 万吨，同比增长 1.7%；中部地区鲜、冷藏肉产量为 933.5 万吨，同比下降 3.3%；西部地区鲜、冷藏肉产量为 717.7 万吨，同比下降 7.5%；东北地区鲜、冷藏肉产量为 512.1 万吨，同比下降 10.1%。全国鲜、冷藏肉产量最多的 5 个省份为山东、河南、四川、辽宁和内蒙古，其鲜、冷藏肉产量分别为 990.6 万吨、451.5 万吨、278.8 万吨、208.2 万吨和 176.5 万吨，其中四川、辽宁、内蒙古三地鲜、冷藏肉产量同

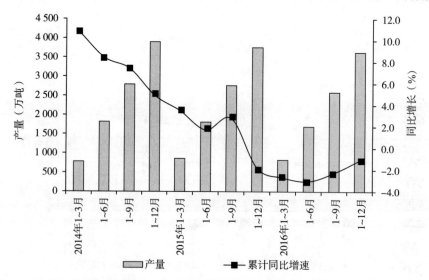

图 5-2　2014—2016 年全国鲜、冷藏肉产量

比有所下降，分别下降了 0.4％、19.0％和 1.7％，山东和河南两省鲜、冷藏肉产量有所增长，分别增长了 3.4％和 1.7％。

二、行业经济运行情况

（一）行业总体情况

2016 年，肉类加工企业数量继续增加，主营业务收入和利润增速比上年有所提高。1～12 月，全国规模以上肉类加工企业数量为 4 147 家（图 5-3），比上年同期增加 108 家，比 2014 年增加 269 家，占全部规模以上农产品加工企业数量的 5.2％；完成主营业务收入 14 527.3 亿元，同比增长 7.8％，增速较上年同期上升 3.4 个百分点，比 2014 年同期

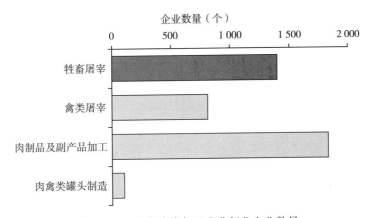

图 5-3　2016 年肉类加工业分行业企业数量

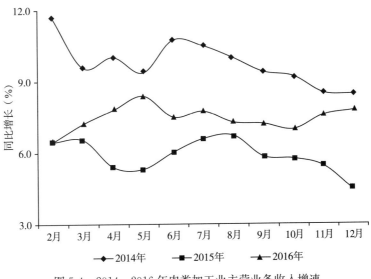

图 5-4　2014—2016 年肉类加工业主营业务收入增速

增速下降 0.6 个百分点（图 5-4，图 5-5）；累计实现利润总额 729.8 亿元，同比增长 8.8%，比 2015 年同期增速上升 3.7 个百分点，比 2014 年同期增速上升 11.4 个百分点（图 5-6）。肉类加工业主营业务收入利润率为 5.0%，与上年同期持平，低于农产品加工业总体水平 1.6 个百分点。

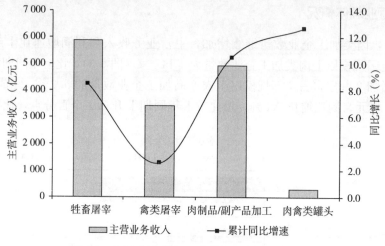

图 5-5 2016 年肉类加工业分行业主营业务收入

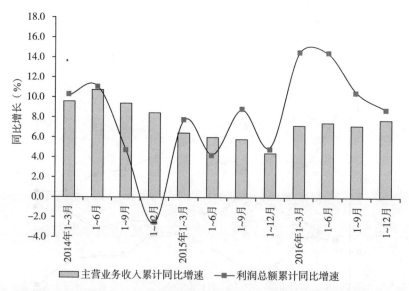

图 5-6 2014—2016 年肉类加工业主营业务收入增速和利润总额增速

（二）屠宰加工业利润较快增长

2016 年，全国畜禽屠宰企业 2 214 家，比上年同期减少 6 家，占全部规模以上肉类加工企业数量的 53.4%；完成主营业务收入 9 295.4 亿元，同比增长 5.2%，增速比上年同期上升 1.8 个百分点,占 64.0%;实现利润总额为 430.9 亿元,同比增长 10.2%,增速比上年同期上升 6.6 个百分点。其中,由于猪肉价格较高,牲畜屠宰行业利润增长较快,全年实现利润 287.4 亿元,同比增长 10.9%,较上年上升 4.2 个百分点;禽类屠宰行业前两年生产效益持续低迷,2016 年快速回升,全年实现利润 143.5 亿元,同比增长 12.9%,增速比上年提高 15.2 个百分点。畜禽屠宰加工业主营业务收入利润率为 4.6%,比上年提高 0.2 个百分点,比肉类加工业主营业务收入利润率低 0.4 个百分点。

(三)肉制品及副产品加工业营收增速上升

2016 年,肉制品及副产品加工企业 1 832 家,比上年同期增加 112 家,占全部规模以上肉类加工企业数量的 44.2%;完成主营业务收入 4 935.0 亿元,同比增长 10.5%,增速比上年同期上升 3.9 个百分点,占全部规模以上肉类加工企业主营业务收入的 34.0%;实现利润总额 283.1 亿元,同比增长 5.1%,增速比上年同期回落 2.0 个百分点。主营业务收入利润率为 5.7%,比上年下降 0.3 个百分点,比肉类加工业主营业务收入利润率高 0.7 个百分点。

(四)肉禽类罐头制造业利润增速有所下降

2016 年,肉禽类罐头制造企业 101 家,比上年同期增加 2 家,占全部规模以上肉类加工企业数量的 2.4%;完成主营业务收入 297.0 亿元,同比增长 12.7%,增速比上年同期上升 8.0 个百分点,占全部规模以上肉类加工企业主营业务收入的 2.0%;实现利润总额 15.8 亿元,同比增长 5.7%,增速比上年同期回落 3.8 个百分点。主营业务收入利润率为 5.3%,比上年下降 0.4 个百分点,比肉类加工业主营业务收入利润率高 0.3 个百分点。

三、企业调查情况

本次调查,全国共有 1 145 家肉类加工企业填报统计报表,其中有效样本中规模以上企业 927 家。2016 年,全部受调查的企业主营业务收入同比增长 5.1%,利润总额同比增长 11.4%,企业盈利大幅增加;就业人数同比下降 1.7%,人均工资同比增长 5.3%;行业集中度基本不变,产能利用率略微下降,同比减少 0.7 个百分点;生产基地已成为重要原料渠道,自建和订单生产基地的原料采购值占比高于上年 7.9 个百分点;电子商务发展迅速,46.3% 的企业开展了电子商务,其中平均每家电子商务收入同比增长 1.4%。在质量安全与品牌建设方面,企业质量安全体系建设基本健全,81.7% 的企业建有企业产品质量管理体系。在科技进步与创新方面,48.0% 的企业建立了研发机构,研发投入经费同比增长 30.2%,企业越来越重视创新与研发。行业带动农户数量稳步增长,带动户数同比增长 1.6%,平均每户返还利润同比增长 2.4%。其中通过"合作联结"的方式,平均每户所得的利润同比上升 14.7%。

（一）以小型企业和有限责任公司为主

企业规模以小型企业为主。2016年，参与本次调查的规模以上肉类加工企业中，大型肉类加工企业66家，占7.1%；中型企业215家，占23.2%；小型企业630家，占68.0%；微型企业16家，占1.7%。

注册登记类型以"有限责任公司"为主。填报年度调查表的有限责任公司647家，占69.8%；私营企业160家，占17.3%；股份有限公司65家，占7.0%；港澳台商投资企业等其他类型企业55家，占5.9%。

屠宰加工类和肉制品及副产品加工类企业较多，占比98.1%。填报年度调查表的屠宰加工类企业（包括牲畜屠宰和禽类屠宰企业）478家，占51.6%；肉制品及副产品加工类企业432家，占46.6%；肉禽类罐头制造企业17家，占1.8%。

（二）经营状况整体较好，生产基地的饲养量占比超过60%

肉类加工行业经营状况整体向好，主营业务收入小幅增长，利润增幅较大。参与本次调查的规模以上肉类加工企业实现主营业务收入3 535.4亿元，同比增长5.1%，低于全国规模以上肉类加工业主营业务收入增速2.7个百分点；被调查企业实现利润总额147.0亿元，同比增长11.4%，高于全国规模以上肉类加工企业利润增速2.6个百分点。

肉类加工行业从业人员呈现小幅下降趋势，研发人员逆势增长。2016年被调查企业的从业人员总数44.2万人，同比下降1.7%；生产人员人数34.9万人，同比下降1.7%；但研发人员总数接近1.1万人，占从业人员总数的2.4%，同比增长7.8%。

肉类加工行业产业集中度略微下降，中部地区行业集中度下降较为显著。2016年被调查企业的主营业务收入基尼系数为0.657，上一年度主营业务收入的基尼系数为0.662，行业产业集中度下降。西部和东北地区产业集中度增强，东部和中部地区产业集中度有所降低。东部地区2016年的基尼系数为0.662，较上年的0.663，集中度小幅降低；中部地区2016年的基尼系数为0.646，较上年的0.669，集中度降低；西部地区2016年的基尼系数为0.652，较上年的基尼系数0.650，集中度小幅增强；东北地区2016年的基尼系数为0.529，较上年的基尼系数0.524，产业集中度增强。

肉类加工业的产能利用率整体小幅度下降，中部和西部地区产能利用率下降幅度略大。2016年，肉类加工企业产能利用率的平均值为40.4%，较上年度下降0.7个百分点。分区域看，东北地区小幅上升，东部地区基本持平，中、西部地区下降。东北地区肉类加工行业的产能利用率为49.9%，较上年同期提高0.4个百分点；东部地区产能利用率为46.1%，与上年基本持平；中部地区产能利用率为42.9%，较上年同期下降0.9个百分点；西部地区产能利用率为31.7%，较上年同期下降1.9个百分点，产能利用率小幅下降。

生产基地建有率超过80%，来自生产基地的牲畜饲养量占比超过60%。2016年，参与调查企业中，拥有自建生产基地或建有订单生产基地的肉类加工企业达到81.1%。其中，221家有自建生产基地，占23.8%；69家有订单生产基地，占7.4%；463家兼有两类生产基地，占49.9%。从牲畜饲养量看，2016年自建生产基地或建有订单生产基地的肉类加工企业牲畜禽类饲养量占调查肉类加工企业牲畜禽类饲养量的 61.1%。自建生产基地牲畜禽类饲养量 4.3 亿头（只），同比增长 7.9%；订单生产基地牲畜禽类饲养量 1.6 亿头（只），同比增长 7.9%；其他方式带动牲畜禽类饲养量 3.8 亿头（只），同比增长 10.3%。

肉类加工企业电子商务发展水平略高于全国平均水平。被调查企业中，429 家企业开展了电子商务交易，占 46.3%。分区域看，东、中、西部地区及东北地区开展电子商务的企业占比分别为 40.5%、50.0%、40.9% 和 28.6%，中部地区参与度最高，东北地区最低。分规模看，大型企业参与度高，微型企业参与度低。2016 年，大、中、小、微型企业开展电子商务的占比分别为 60.3%、44.3%、39.1% 和 10.0%。电商销售收入占主营业务收入比例进一步上升。2016 年，平均每家企业的电商销售收入 1 825.9 万元，占主营业务收入的比例平均值为 6.5%，较上年同期提高 1.4 个百分点。园区内企业开展电子商务的企业比例高于非园区内企业。园区内的 490 家企业中有 257 家开展了电子商务，占 52.4%；非园区内的 551 家企业中有 172 家开了展电子商务，占 31.2%。

（三）质量管理体系建设较好，有机食品认证率偏低

肉类加工企业质检管理体系建设情况较好，建有专门质检机构的企业超过 70%。被调查企业中，851 家建有企业产品质量管理制度，占 91.8%；742 家企业建有专门质检机构，占 80.0%；334 家企业建有通过计量认证的质检机构，占 36.0%。在各质量认证体系中，通过 ISO 9000 系列认证的企业占 53.2%；通过 ISO 14000 系列认证的企业占 16.0%；通过 ISO 22000 系列认证的企业占 39.2%；通过 HACCP、GMP 认证的企业分别占 35.3%、11.8%。

肉类加工企业获得"三品一标"认证企业接近 50%，有机食品认证企业比例相对较低。2016 年，参与调查的规模以上肉类加工企业中获得"三品"认证的企业达到 45.4%。其中，通过无公害农产品认证的占 28.7%；通过绿色食品认证的占 12.0%；通过有机食品认证的占 4.7%。还有 11.8% 的调查企业销售的是中国地理标志认证产品。品牌建设方面，146 家企业获得中国名牌产品证书，占企业数量的 15.7%；198 家企业获得中国驰名商标，占 21.4%；533 家企业获得省级名牌产品或驰名商标等品牌认证，占 57.5%。

（四）研发经费投入增幅较大，研发投入强度小幅上升

肉类加工行业较为注重研发机构建设。2016 年，肉类加工调查企业中有 445 家建立了专门研发机构，占 48.0%，其中建有省级以上研发中心的企业占建有研发机构企业的总数 13.5%。不同地区和不同规模企业之间研发机构建设情况差异显著。分区域看，东、中、西部地区及东北地区肉类加工企业建有研发机构的占比分别为 46.7%、49.3%、31.9% 和 33.9%，东、中部地区更加注重研发机构建设。分规模看，大、中、小、微型企业建有研发机构的占比分别为 74%、52.2%、37.3% 和 15%，规模越大的企业研发机构设置越完善。

肉类加工企业研发人员规模小幅增加，中型企业增长幅度最大。2016 年，参与本次调查的规模以上肉类加工企业每千名员工中有研发人员 39 人，较上年增加 4 人。大、中、

小型企业研发人员比例分别是 2.0%、3.2%和 3.8%，分别比上年提高 0.1、0.5 和 0.2 个百分点。

肉类行业研发投入经费增加，研发投入强度处于较低水平。2016年，参与本次调查的规模以上肉类加工企业平均每家投入研发经费293.7万元，同比增长9.5%。肉类加工业的整体研发投入强度为0.72%，较上年同期提高0.03个百分点，行业研发投入强度小幅上升。分区域看，各地区整体研发投入强度都有所提升，尤其是东部及东北地区。东、中、西部地区及东北地区研发经费投入强度分别为0.81%、0.85%、0.43%和0.38%，分别较上年同期提高0.05、0.04、0.01和0.05个百分点。

（五）行业与农户利益联结机制

肉类加工业带动农户数量小幅度增长。被调查企业中，286家企业上报了"合同联结带动农户数"指标，其中大、中、小型企业分别为25家、89家和172家。2016年，上报的286家企业通过"合同联结"共带动农户138.9万户，比2015年增加5.5万户，同比增长4.2%。分规模看，各类企业通过"合同联结"带动农户数量均有所增加，特别是中型企业增长幅度最为显著。2016年大型企业通过"合同联结"平均带动农户1.8万户，同比增长1.1%；中型企业平均带动0.5万户，同比增长9.8%；小型企业平均带动0.3万户，同比增长2.0%。行业还通过"合作联结""股份合作联结"及"其他方式"等多种形式带动农户，2016年总共带动217.6万户，同比增长1.6%。

肉类加工业对农户增收贡献作用显著。本次调查中，上报"合同联结带动农户数"指标的286家企业中，237家报告了"按合同价收购农产品比按市场价多向农户支付的金额"指标。2016年，237家企业通过"合同联结"总共向96.9万农户多支付了34.5亿元，平均每户多支付3 559.2元，同比增长1.8%。同时，通过"合同联结"方式带动农户总数增加了6.2万户，同比增长6.8%。另外通过"合作联结"方式返还利润，也是企业与农户合作的重要方式。2016年，149家企业通过"合作联结"方式带动146.8万农户，同比增长4.9%；返还总利润23.8亿元，平均每户返还利润1 623.4元，同比增长14.7%。

四、主要产品贸易情况分析

2016年，全国肉类加工商品累计进出口总额为103.8亿美元，同比增长4.6%；累计进出口总量为355.7万吨，同比增长6.2%。其中，累计出口总额为34.7亿美元，同比下降12.1%；累计出口总量为73.4万吨，同比下降7.6%。累计进口金额为69.1亿美元，同比增长15.5%；累计进口总量为282.3万吨，同比增长10.4%。在肉类加工贸易中，猪肉及其制品进出口总额和进出口总量居首位。

从原料进出口情况看，2016年猪肉进口大幅增长；牛肉及禽肉进口增加，出口减少；羊肉进口减少，出口增加。2016年累计进口生猪产品311.2万吨，同比增长95.1%，进口额58.1亿美元，同比增长111.4%；出口31.4万吨，同比增长12.1%，出口额11.8亿美元，同比下降4.4%；贸易逆差46.3亿美元，同比增长2.1倍。其中，进口猪杂碎

149.1万吨，同比增长82.5％，进口额26.0亿美元，同比增长102.6％；进口鲜、冷冻猪肉162.0万吨，同比增长108.4％，进口额31.9亿美元，同比增长120.1％。2016年累计牛肉进口量58.0万吨，同比增长22.4％，进口额25.2亿美元，同比增长8.4％，主要进口来源国为巴西、乌拉圭、澳大利亚和新西兰，分别占进口总量的29.5％、26.8％、19.1％、12.4％；出口量4 143.3吨，同比下降11.9％，出口额4 026.0万美元，同比下降10.0％，主要出口中国香港地区、吉尔吉斯斯坦和朝鲜。2016年羊肉进口量22.0万吨，同比下降1.3％，进口额5.7亿美元，同比下降21.4％，主要进口来源国为新西兰和澳大利亚，分别占进口总量的62.1％和36.3％；出口量4 060.2吨，同比增长8.0％，出口额3 526.7万美元，同比增长4.6％，主要出口中国香港地区。2016年禽肉累计进口量59.3万吨，同比增长45.1％，进口额12.9亿美元，同比增长38.2％；出口量22.7万吨，同比下降8.4％，出口额5.4亿美元，同比下降11.9％。进口来源国为巴西、智利、阿根廷和波兰，主要出口到中国香港和澳门地区、马来西亚、吉尔吉斯斯坦、巴林、阿富汗、蒙古、格鲁吉亚、伊拉克和塔吉克斯坦，对上述10个国家和地区的出口量占总出口量的98.9％。

（一）肉及肉制品进出口情况

2016年，全国肉及肉制品进出口量额大幅增长，进出口总量为530.6万吨，同比增长49.2％，增速较上年同期提高43.0个百分点；进出口总额为136.6亿美元，同比增长31.6％，增速较上年同期提高27.0个百分点。其中：猪肉及肉制品进出口增速最快，进出口总量为341.1万吨，同比增长77.9％，增速较上年同期提高67.5个百分点，进出口总额为71.1亿美元，同比增长72.9％，增速较上年同期提高69.8个百分点；牛肉及肉制品进出口总量为60.1万吨，同比增长20.9％，增速较上年同期下降29.5个百分点，进出口总额为26.5亿美元，同比增长7.4％，增速较上年同期下降59.1个百分点；羊肉及肉制品进出口总量为26.7万吨，同比下降0.1％，降幅较上年同期缩小17.8个百分点，进出口总额为10.1亿美元，同比下降13.2％，降幅较上年同期缩小13.4个百分点；禽肉及肉制品进出口总量为95.7万吨，同比增长19.5％，增速较上年同期提高29.2个百分点，进出口总额为25.1亿美元，同比增长10.3％，增速较上年同期提高17.6个百分点；其他肉制品进出口总量为6.1万吨，同比下降8.4％，进出口总额为3.3亿美元，同比增长9.8％（图5-7）。

（二）肉及肉制品出口继续下降

2016年，全国肉及肉制品出口量额继续下降，出口总量为67.1万吨，同比下降8.6％，降幅扩大1.0个百分点，出口总额为32.7亿美元，同比下降5.5％，降幅缩小6.6个百分点。其中：猪肉及肉制品出口总量为21.4万吨，同比下降12.7％，出口总额为11.7亿美元，同比下降6.7％；牛肉及肉制品出口总量为1.6万吨，同比下降4.3％，出口总额为1.1亿美元，同比下降6.5％；羊肉及肉制品出口总量为2.2万吨，同比增长11.1％，出口总额为4.6亿美元，同比下降2.1％；禽肉及肉制品出口总量为36.4万吨，同比下降7.3％，出口总额为12.2亿美元，同比下降9.0％；其他肉制品出口总量为5.5

万吨，同比下降8.7%，出口总额为3.1亿美元，同比增长11.0%（图5-8）。

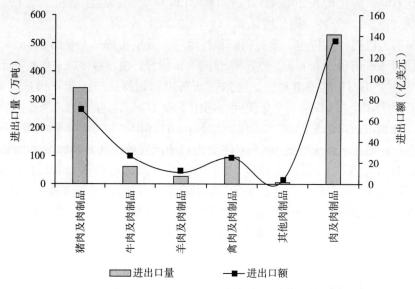

图5-7 2016年肉及肉制品进出口情况

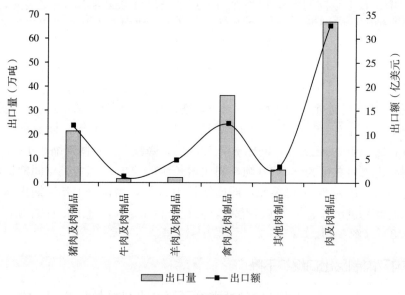

图5-8 2016年肉及肉制品出口情况

（三）肉及肉制品进口显著增长

2016年，全国肉及肉制品进口大幅增长，猪肉及肉制品进口增长最为迅猛。全国肉及肉制品进口总量为463.5万吨，同比增长64.2%，增速较上年同期提高53.8个百分点，进口总额为103.9亿美元，同比增长50.2%，增速较上年同期提高34.7个百分点。

其中：猪肉及肉制品进口总量为 319.7 万吨，同比增长 91.2%，增速较上年同期提高 76.6 个百分点，进口总额为 59.4 亿美元，同比增长 107.7%，增速较上年同期提高 96.8 个百分点；牛肉及肉制品进口总量为 59.4 万吨，同比增长 21.7%，增速较上年同期下降 33.7 个百分点，进口总额为 25.3 亿美元，同比增长 8.2%，增速较上年同期下降 67.9 个百分点；羊肉及肉制品进口总量为 24.5 万吨，同比下降 1.0%，增速较上年同期提高 18.3 个百分点，进口总额为 6.1 亿美元，同比下降 20.1%，增速较上年同期提高 14.8 个百分点；禽肉及肉制品进口总量为 59.3 万吨，同比增长 45.1%，增速较上年同期提高 58.0 个百分点，进口总额为 12.9 亿美元，同比增长 38.3%，增速较上年同期提高 44.2 个百分点；其他肉制品进口总量为 5 993.5 吨，同比下降 5.0%，进口总额为 1 577.3 万美元，同比下降 10.1%（图 5-9）。

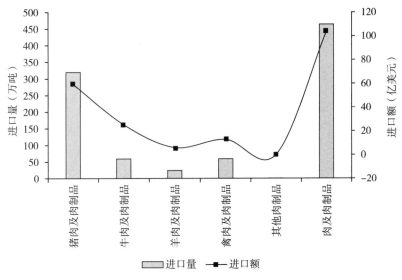

图 5-9　2016 年肉及肉制品进口情况

五、主要产品价格趋势分析

（一）肉禽及其制品类居民消费价格指数分析

2016 年，畜肉类居民消费价格指数（上年同期=100）同比高于上年；12 月，畜肉类居民消费价格指数（上年同月=100）为 104.8。从 2016 年的变化情况看，肉禽及其制品类居民消费价格指数同比呈现先升后降趋势（图 5-10）；环比价格较为平稳。

（二）猪肉价格总体呈现上升态势

根据国家统计局 50 个城市主要食品平均价格监测数据显示，2016 年猪肉价格总体维持在 28～34 元/千克，比上年有所增长。其中，年度平均价格猪肉后臀尖（后腿肉）为 30.85 元/千克，比上年均价上涨 16.2%；五花肉为 31.76 元/千克，比上年均价上涨

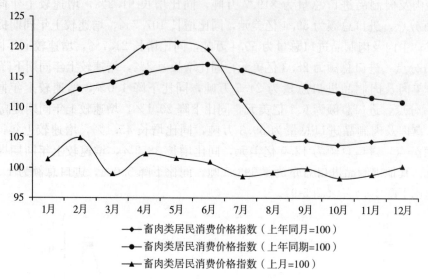

图 5-10　2016 年肉禽及其制品类居民消费价格指数

17.7%。月度之间价格波动明显，1 月初猪肉后臀尖（后腿肉）价格达到年内最低点 29.09 元/千克，1～2 月中旬价格小幅上涨，随后两周出现小幅回落，3～6 月中旬价格逐步攀升，猪肉后臀尖（后腿肉）价格上升至 33.37 元/千克，达到全年最高价格，比年初上涨 14.7%；6 月至 11 月中旬价格逐步回落；之后价格又开始缓慢上涨，涨至 12 月下旬的 31.22 元/千克，年末比年初价格上涨了 7.3%。五花肉的月度价格波动趋势与猪肉后臀尖（后腿肉）价格波动趋势一致。1 月初五花肉价格达到年内最低点 28.46 元/千克，6 月中旬价格攀升至 32.58 元/千克，达到全年最高价格，比年初上涨 14.5%；之后价格回落，年末比年初价格上涨了 5.6%（图 5-11）。

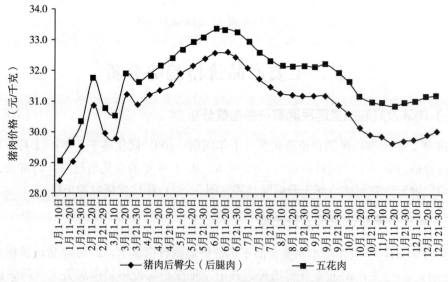

图 5-11　2016 年 1～12 月猪肉价格波动情况

2016 年，仔猪和活猪价格比上年也有大幅增长。据农业部畜产品和饲料集贸市场监测数据显示，2016 年仔猪价格维持在 30～55 元/千克，年初价格达到全年最低点 30.81 元/千克，1～6 月中旬仔猪价格呈现上升趋势，6 月第 2 周达到全年最高价格 52.92 元/千克，比年初上涨 71.8%，之后价格逐月下降至年末的 39.19 元/千克，比年初上涨 27.2%。2016 年活猪价格维持在 16～21 元/千克，1～6 月中旬活猪价格稳步上升，至 6 月第 2 周达到全年最高价格 20.8 元/千克，之后价格开始下降，10 月第 4 周降至全年最低价格 16.71 元/千克，比最高价格下降 19.7%，之后价格小幅回升至年末的 17.64 元/千克，比年初上涨 2.9%（图 5-12）。

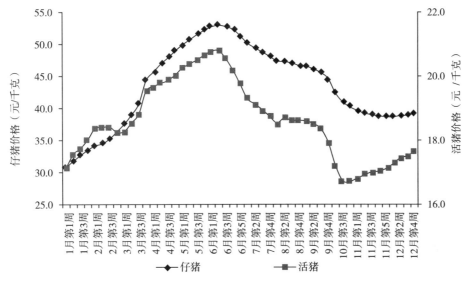

图 5-12　2016 年 1～12 月仔猪和活猪价格波动情况

（三）牛羊肉价格较为稳定，总体稍有下降

根据农业部畜产品和饲料集贸市场监测数据显示，2016 年牛肉价格基本稳定在 62～65 元/千克，年度平均价格为 62.69 元/千克，比上年下降 0.8%。从月度价格波动情况看，1～2 月中旬价格呈现上升趋势，2 月第 2 周达到全年价格最高水平，为 64.6 元/千克；之后价格开始下滑，至 8 月第 3 周价格下降至 61.77 元/千克，为全年最低水平，比最高价格下降 4.4%；之后价格开始缓慢上升，至年末价格为 63.01 元/千克。2016 年羊肉价格总体保持在 54～59 元/千克，年度平均价格为 55.94 元/千克，比上年下降 8.6%。从月度价格波动情况看，1～2 月价格出现小幅上涨，价格从 1 月第 1 周的 57.67 元/千克上涨至 2 月第 2 周的 58.66 元/千克，达到全年最高水平；之后羊肉价格呈现持续下跌态势，至 10 月第 4 周价格下降至 54.17 元/千克，为全年最低水平，比最高价格下降 7.7%；之后价格开始缓慢上升，一路升至年末的 55.52 元/千克，比年初价格下降 3.7%，比最高价格下降 5.3%（图 5-13）。

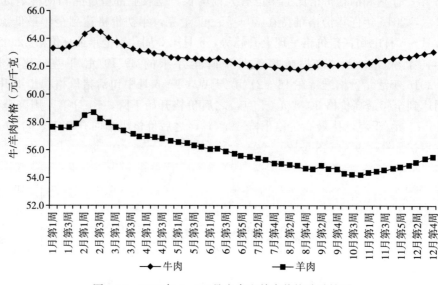

图 5-13　2016 年 1～12 月牛肉和羊肉价格波动情况

（四）禽肉价格小幅上涨

根据国家统计局 50 个城市主要食品平均价格监测数据显示，2016 年鸡肉（白条鸡）价格基本稳定在 21～22.5 元/千克，年度平均价格为 21.89 元/千克，比上年均价上涨 4.6％；鸡胸肉价格基本稳定在 20～22 元/千克，年度平均价格为 20.9 元/千克，比上年均价上涨 0.8％。从月度价格变化情况看，鸡肉年末价格略高于年初价格。1～2 月中旬白条鸡价格略有上涨，至 22.06 元/千克，之后价格保持平稳，7 月下旬至 9 月中旬出现一

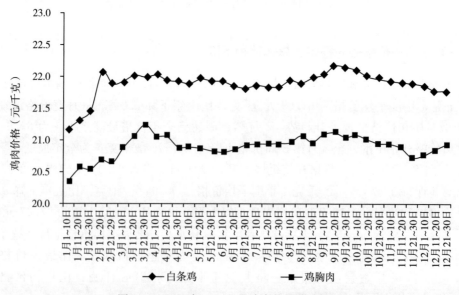

图 5-14　2016 年 1～12 月鸡肉价格波动情况

波上涨走势，9月中旬价格达到全年最高水平 22.17 元/千克，之后价格一路下跌至年末，年末价格为 21.78 元/千克，比年初上涨 2.8%；鸡胸肉价格走势与白条鸡相似，总体呈现上涨趋势，1~3 月价格略有上涨，达到全年最高水平 21.24 元/千克，之后价格保持平稳，年末价格为 20.93 元/千克，比年初上涨 2.7%（图 5-14）。2016 年鸭肉（白条鸭）总体呈现下降态势，价格基本稳定在 18~18.5 元/千克，年度平均价格为 18.16 元/千克，与上年基本持平。从月度价格变化情况看，1~2 月价格大幅上涨，2 月中旬达到全年最高价格 18.51 元/千克，之后价格震荡下跌，回落到年末的 18.05 元/千克，达到全年最低价格，比最高价格下降 2.5%（图 5-15）。

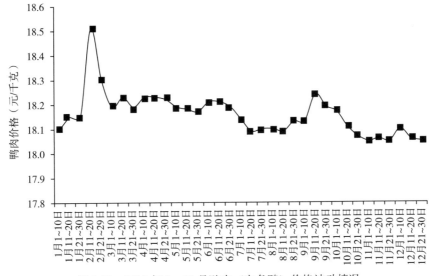

图 5-15　2016 年 1~12 月鸭肉（白条鸭）价格波动情况

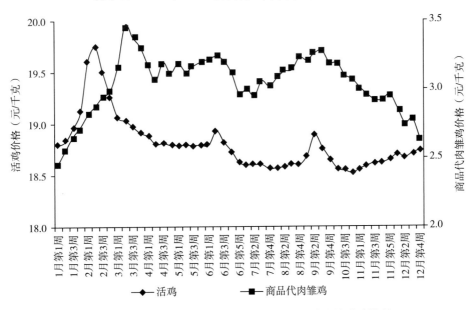

图 5-16　2016 年 1~12 月活鸡和商品代肉雏鸡价格波动情况

根据农业部畜产品和饲料集贸市场监测数据显示，2016 年活鸡价格基本稳定在 18～20 元/千克，年度平均价格为 18.8 元/千克。从月度价格波动情况看，1～2 月中旬价格大幅上涨，2 月第 2 周达到年内最高价格 19.75 元/千克，之后价格回落，年末价格为 18.71 元/千克，与年初价格基本持平。商品代肉雏鸡价格在 2.5～3.5 元/只震荡波动，3 月第 2 周和 9 月第 3 周价格处于波峰，价格为 3.3～3.5 元/只；1 月初价格处于全年最低，为 2.46 元/只，年末价格为 2.64 元/只，稍高于年初价格（图 5-16）。

六、面临的主要问题

一是行业"小散乱低"特征显著，阻碍产业发展。2015 年以来，猪价持续高位运行，生猪屠宰利润增加，小型屠宰场点凭借资金周转和购销速度快的优势，屠宰量不断增加，个别地区私屠滥宰现象有抬头趋势，挤压了规模屠宰企业的市场空间。2016 年，局部地区生猪私屠滥宰比例高达 42% 以上，生猪屠宰产业集中度有所下降。这种小而散的市场结构造成了大中型企业先进屠宰设备利用率严重不足，据中国肉类协会提供数据显示，目前我国屠宰及肉类加工行业产能实际利用率大体上都在 30% 以下。同时，小散乱的行业特征也不利于新产品研发，造成市场无序竞争，阻碍产业健康发展。

二是进口增长过快，影响国内市场。2016 年上半年，猪价大幅上涨，国内外价差扩大使得猪肉进口量快速增长。虽然下半年猪肉价格有所回落，但肉类进口仍较上年有大幅上升。2016 年我国累计进口肉及肉制品 438.1 万吨，同比增长 63.7%。其中，猪肉进口 162.0 万吨，同比增长 1.1 倍，冻牛肉和禽肉进口量亦有所增长。未来受到环保禁养政策、补栏速度缓慢、产能缺口持续存在等因素影响，肉类进口仍会继续增加。

三是错误解读有损产业发展。不恰当的食品安全事件报道或解读，对消费者和产业发展会带来一定负面影响。如 2015 年的"红肉致癌"事件和 2016 年末的"重组牛排"事件。这些事件暴露出我国缺少食品安全事件报道的审查机制，食品安全科普知识普及不到位，产业标准体系不健全等问题。行业健康发展不仅需要媒体肩负起监督责任，更需要其进行客观、专业的报道和发挥对食品营养、安全知识的宣传作用。

七、对策建议

第一，加快产业结构调整，深入推进供给侧改革。加快行业转型升级步伐，完善预警和收储制度，推进保险和期货市场建设及相关标准的研究制定工作，消除价格大起大落的不利影响。加强对产业差异化发展的引导和扶持，提高企业自身创新能力和竞争力，提升综合效益。倡导产业纵向联合，发展规模化饲养，推广先进养殖技术，通过全产业链降低成本，提升行业抗风险能力。坚持以市场为导向，推动产、加、销协调发展，化解产能过剩和供需不匹配带来的行业风险，稳步推进肉类加工业供给侧结构性改革。

第二，深入研究贸易规则，统筹两种市场两种资源。面对国际市场冲击，一方面要深入研究贸易规则，为企业提供国内外进出口政策、检验检疫标准等相关信息，建立信息交流机制。同时，要在遵循法律法规和 WTO 贸易规则的基础上，必要时适时启动贸易救济等产业保护措施，避免进口冲击损害国内肉类加工业的产业基础。另一方面，统筹利用好国内外"两种市场、两种资源"，鼓励加工企业加强自身能力建设，注重产品质量安全，确保产品供给自给率。合理利用国外资源，满足国内消费者多样化需求，推动行业平稳健康发展。

第三，加大科普宣传力度，正确发挥舆论引导作用。加大对食品安全科普知识的宣传力度，加快行业质量、安全标准制（修）订工作，健全标准和规范体系。建立专家队伍，面对媒体统一发声，对错误报道及时辟谣，从科学的角度纠正食用畜产品消费的错误观念，发挥专家队伍的积极引导作用。规范媒体对食品安全事件的报道，保证报道的公正、客观和专业性，以免对消费和产业发展造成伤害，促进食用畜产品乃至食品产业健康发展。

八、热点事件

（一）"重组牛排"事件引起社会极大关注

2016 年 12 月，上海电视台在晚高峰话题节目中播报肉制品中添加卡拉胶和 TG 酶制作"拼接牛排"事件，宣称其有损健康，"重组牛排"一时成为人们广泛关注的食品安全焦点事件。事实上，"重组牛排"也称"拼接牛排"，是借助肉的重组技术加工而成的调理肉制品。当前，该技术已经成为世界肉类加工领域重要的技术手段。在"胶水牛排"事件中，诸多报道提及次品肉块和肉胶拼接为"重组牛排"，这使消费者很容易误解卡拉胶和"重组技术"。事实上，声称的"次品肉块"，其实是肉的分割或者肉块修整中产生的"碎肉"，绝不等同于"劣质肉"。卡拉胶不等于建筑用"胶"、塑料用"胶"。

消费者可以根据自己的需求查看产品的标签来区分原切牛排或者重组牛排。"重组牛排"属于调理肉制品，符合标准的"重组牛肉"在充分熟化后可以食用。个别媒体和"专家"不负责任的报道和解读给消费者造成了不必要的恐慌，给牛肉产业造成了较大伤害，也影响了卡拉胶、TG 酶甚至食品添加剂行业和食品工业产业的发展。

（二）进口增长过快，影响国内市场

2016 年上半年，猪价大幅上涨，国内外价差扩大使得猪肉进口量快速增长。虽然下半年猪肉价格有所回落，但肉类进口仍较上年有大幅上升。2016 年我国累计进口肉及肉制品 438.1 万吨，同比增长 63.7%。其中，猪肉进口 162.0 万吨，同比增长 1.1 倍，冻牛肉和禽肉进口量亦有所增长。原料成本偏高、养殖水平偏低决定了我国生猪养殖成本在国际竞争中处于劣势。近几年不断提高粮食收购价格，国内饲料原料成本快速上升，生猪养殖平均成本上升。未来受到环保禁养政策、补栏速度缓慢、产能缺口持续存在等因素影响，肉类进口仍会继续增加。

（三）农业部印发口蹄疫和高致病性禽流感防治计划

为贯彻落实《国家中长期动物疫病防治规划（2012—2020 年）》，深入推进口蹄疫、高致病性禽流感的控制和消灭工作，根据《中华人民共和国动物防疫法》等法律法规，农业部组织制定了《国家口蹄疫防治计划（2016—2020年）》和《国家高致病性禽流感防治计划（2016—2020年）》。

根据口蹄疫防治计划提出的目标，到2020年，全国亚洲Ⅰ型口蹄疫达到非免疫无疫，A型口蹄疫免疫无疫；O型口蹄疫海南岛、辽东半岛、胶东半岛非免疫无疫，辽宁（不含辽东半岛）、吉林、黑龙江、北京、天津、上海免疫无疫，全国其他地区维持控制标准。口蹄疫防治能力明显提升，全国省、市、县三级兽医实验室O型、亚洲Ⅰ型、A型口蹄疫监测工作全面开展，有效防范境外变异毒株和C型、SAT1型、SAT2型、SAT3型口蹄疫传入。

根据高致病性禽流感防治计划提出的目标，到2020年，全国所有种禽场达到净化标准；生物安全隔离区和海南岛、辽东半岛、胶东半岛达到非免疫无疫标准；北京、天津、辽宁（不含辽东半岛）、吉林、黑龙江、上海、山东（不含胶东半岛）、河南达到免疫无疫标准；其他区域维持控制标准。高致病性禽流感防治能力明显提升，在巩固H5亚型高致病性禽流感防控效果的基础上，建立健全H7亚型高致病性禽流感风险防范、监测预警和应急处置机制，有效防范H7亚型禽流感风险，有效保障养禽业生产安全、家禽产品质量安全和公共卫生安全。

（四）中国对美肉鸡再征五年反补贴税

2016年8月22日，商务部发布公告称，继续对原产于美国的进口白羽肉鸡征收反补贴税，时间为5年，"如果终止反补贴措施，对中国国内产业造成的损害可能继续或再度发生。"根据裁定，针对不同美国企业，中国征收的反补贴税率从4%～4.2%不等，将从8月30日开始执行。这是持续了近7年之久的中美"肉鸡纷争"中最新的一步。

早在2010年8月29日，商务部就发布公告称，对美国进口的白羽肉鸡实施反补贴和反倾销措施，期限为5年。之后美国向世贸组织提起诉讼，要求在世贸争端解决机制下磋商此案。2013年9月，世贸组织公布了中美白羽肉鸡争端案件的专家组报告，中方随后对该案件进行再调查，并在2014年7月调整了反补贴和反倾销税率。双方的争端并未就此结束。2015年6月，也就是双反期限即将届满5年前两个月，商务部收到了中国畜牧业协会代表国内白羽肉鸡产业提交的反补贴反倾销措施期终复审申请书，认为如果停止反补贴反倾销措施，对国内产业造成的损害可能在再度发生，请求商务部裁定维持原有措施。2015年8月和10月，商务部分别就白羽肉鸡的反补贴和反倾销措施的期终复审调查分别进行立案。此次公布的继续征收反补贴税就是2015年8月期终复审的最终裁定。2016年5月，美国就此行为再度向世贸组织提出了申诉，认为此举未能遵守世贸组织规则，让美国农民在竞争中处于弱势地位。

根据美国农业部公布的数据，2014年美国向中国出口了2.6亿磅[①]的鸡肉、火鸡肉和鸡蛋，而在中国未对美国相关厂商执行"双反"前的2009年，该数字为7.29亿磅。

---

① 磅为非法定计量单位，1磅等于453.6克。

第6章/乳品加工

随着中国乳业的迅速发展，乳品行业的产品结构发生了很大变化，已成为技术装备先进、产品品种较为齐全、初具规模的现代化食品制造业。2016 年，我国乳制品加工业总体保持平稳态势，下半年行业出现回暖增长态势，原料奶价处于低位运行，进口乳制品对国内市场造成持续的冲击，受经济形势影响，乳制品消费拉动乏力，乳业结构性问题凸显。

一、主要产品产量情况

2016 年我国牛奶产量有所减少，为 3 602.2 万吨，比 2015 年减少 152.5 万吨，同比下降 4.1％。乳制品产量平稳增长，2016 年全国乳制品产量 2 993.2 万吨，同比增长7.7％。其中，液体乳产量 2 737.2 万吨，同比增长 8.5％；乳粉产量 139.0 万吨，同比下降 0.4％。液体乳产量较大的省份为河北、内蒙古、河南、山东和江苏，以上五省（自治区）液体乳产量占全国产量的 50％；其中，内蒙古和河北产量增长较快，同比分别增长16.1％和 23.2％。乳粉产量较大的省份为黑龙江、陕西和内蒙古，以上三省（自治区）乳粉产量占全国产量的 65.8％。

二、行业经济运行情况

2016 年，全国规模以上乳品加工企业 627 家，比 2015 年减少 11 家，比 2014 年减少4 家；完成主营业务收入 3 503.9 亿元，同比增长 5.8％，增速比上年同期提高 4.1 个百分点（图 6-1）；累计实现利润总额 259.9 亿元，同比增长 7.9％，增速与上年同期基本持平（图 6-2）。乳制品主营业务收入利润率为 7.4％，比农产品加工业主营业务收入利润率高 0.8 个百分点。

三、主要产品贸易情况分析

（一）乳制品出口量继续下降，出口额平稳增长

2016 年，全国规模以上乳品加工业企业出口总量为 3.1 万吨，同比下降 7.5％，降幅

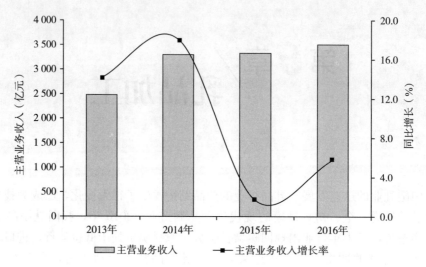

图 6-1　2013—2016 年乳品加工业主营业务收入及增长率

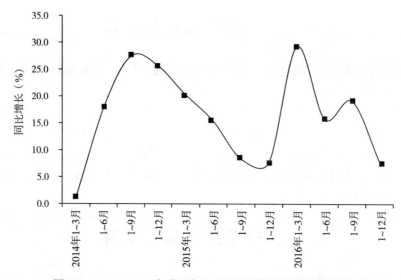

图 6-2　2014—2016 年乳品加工业利润总额累计同比增长率

比 2015 年缩小 8.9 个百分点；出口总额为 4 735.0 万美元，同比增长 5.0%，比 2015 年同期增长 45.0 个百分点，出口金额恢复增长（图 6-3）。

　　按贸易方式看，乳制品出口的主要贸易方式为一般贸易，采用一般贸易方式出口的乳制品数量为 2.7 万吨，同比下降 5.7%，占全部出口数量的 87.0%，出口金额 3 169.2 万美元，同比下降 12.4%，占全部出口金额的 66.9%。

　　境外出口情况。乳制品前五大出口目的地按出口数量统计为中国香港地区、朝鲜、缅甸、菲律宾和中国澳门地区，2016 年分别出口了 2.8 万吨、715.6 吨、422.0 吨、294.0吨和 287.5 吨，出口数量合计占全部出口数量的 96.7%；前五大出口目的地按出口金额统计为中国香港地区、缅甸、朝鲜、菲律宾和中国台湾地区，2016 年出口金额分别为

3 956.2万美元、224.3万美元、193.0万美元、92.9万美元和91.3万美元，出口金额合计占全部出口金额的94.1%。

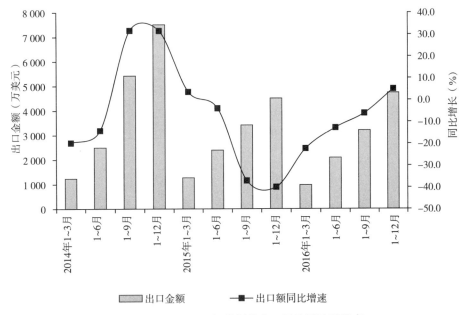

图 6-3　2014—2016 年乳制品出口额及同比增长率

境内出口情况。乳制品前五大出口地区按出口数量统计为广东、山东、内蒙古、浙江和江苏，2016 年出口数量分别为 2.0 万吨、5 153.1 吨、2 144.5 吨、805.5 吨和 730.1吨，出口数量合计占全国出口数量的 92.4%；前五大出口地区按出口金额统计为广东、山东、浙江、江苏和云南，出口金额分别为 2 408.1 万美元、684.7 万美元、402.8 万美元、227.1 万美元和 224.3 万美元，出口金额合计占全国出口金额的 83.4 %。

（二）乳制品进口量额有所增加

2016 年，全国规模以上乳品加工业企业进口总量为 195.6 万吨，同比增长 21.4%，增速比 2015 年同期提高 32.5 个百分点，进口恢复增长态势；进口总额为 33.7 亿美元，同比增长 6.0%，增速比 2015 年同期提高 56.4 个百分点（图6-4）。

按贸易方式看，乳品进口的主要贸易方式为一般贸易，采用一般贸易方式进口的乳品数量为 166.8 万吨，同比增长 26.2%，占全部进口数量的 85.3%，进口金额 28.8 亿美元，同比增长 9.4%，占全部进口金额的 85.3%。

境外进口情况。乳制品前五大进口来源地按进口数量统计为新西兰、美国、德国、法国和澳大利亚，2016 年分别进口 76.5 万吨、31.0 万吨、26.8 万吨、18.2 万吨和 13.4 万吨，进口数量合计占全部进口数量的 84.8%；前五大进口来源地按进口金额统计为新西兰、法国、澳大利亚、美国和德国，2016 年进口金额分别为 18.4 亿美元、2.9 亿美元、2.9 亿美元、2.7 亿美元和 2.4 亿美元，进口金额合计占全部进口金额的 86.8%。

境内进口情况。乳品前五大进口地区按进口数量统计为上海、广东、北京、天津和浙

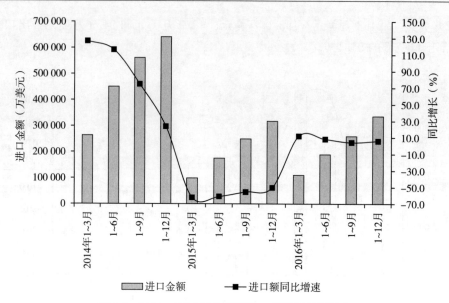

图 6-4　2014—2016 年乳制品进口额及同比增长率

江，2016 年进口数量分别为 5.3 万吨、3.6 万吨、2.3 万吨、2.1 万吨和 1.5 万吨，进口数量合计占全国进口量的 76%；按进口金额统计为上海、广东、天津、浙江和北京，进口金额分别为 8.6 亿美元、6.3 亿美元、3.9 亿美元、3.4 亿美元和 3.4 亿美元，进口金额合计占全国进口金额的 76.0%。

四、主要产品价格趋势分析

2016 年，内蒙古、河北等 10 个奶牛主产省（自治区）生鲜乳的平均价格为 3.47 元/

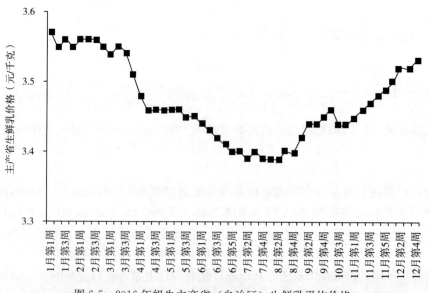

图 6-5　2016 年奶牛主产省（自治区）生鲜乳平均价格

千克，与上年大致持平，价格总体呈现"U"形趋势（图6-5）。年初价格处于年内价格最高点3.57元/千克，随后价格开始下降，8月第1周价格下降至年内最低点3.39元/千克，比年初下降5.0%；随后价格开始逐步回升，年底生鲜乳价格攀升至3.53元/千克，与年初基本持平。

五、面临的主要问题

一是"原料乳产能过剩"现实依然严峻。当前，全球原料乳过剩，国际原料乳价格仍处于低位运行（2.3元/千克），与国内原料乳平均价格（3.6元/千克）相比，国外奶价更具竞争力，导致国内乳品进口规模扩大。国内乳企为了降低成本，大量使用进口奶粉来生产婴幼儿配方奶粉及其他各种乳制品，因此对原料乳的需求量下降，在个别地区乳品企业出现了限收甚至拒收原料乳，乳品供应链条的上下游矛盾依然突出。

二是进口乳制品对国内市场造成一定的冲击。进口成品乳制品和原料以低廉的价格和较高的质量，对本土乳制品构成了强大的竞争。从进口乳制品的结构上看，奶粉一直是我国乳制品进口的主力军，常温奶、低温奶、奶酪及黄油等产品也快速增加，这与我国乳制品消费结构日益多样化有着密切的关系。当前国际奶业生产整体形势是供大于求，原料奶价格持续下降，对我国乳制品行业有显著影响。我国乳制品的对外依存度逐渐加大，可以预测未来几年我国乳制品的进口依存度将有增无减。

三是我国乳制品行业高成本摊薄相对利润。国内乳业基本上"高投入、高产出"的产业发展模式，一方面国内奶牛养殖综合成本远高于其他乳制品主产国，导致国内原料乳价格偏高，进而导致国产乳制品成本过高。另一方面，国内乳制品企业的建设成本、运行成本及品质控制成本居高不下，导致企业普遍存在成本偏高及利润下滑的问题。长期以来，国内乳品加工企业一直致力于培育高端消费人群，开发高端乳制品市场，而后，再以高投入打造优质奶源，并以高价格把产品卖给消费者的产业发展模式。这种产业发展模式在国际竞争中处于不利地位。

四是乳品消费市场将继续保持低增速状态。我国乳业受整体经济形势及国际市场的影响，乳制品消费出现了明显的疲态，国内乳品消费市场保持低增速状态。目前我国人均乳品消费量达到36千克，仅为世界平均水平的1/3，亚洲的1/2，未来我国乳品消费市场潜力巨大，随着城镇化快速推进，人们生活水平不断改善，牛奶消费人数和人均消费量都会大幅提高。

六、对策建议

第一，加快乳业产业结构调整，在"供给侧"和"转型升级"上下功夫。首先，要以市场为导向，推动产、加、消协调发展，化解原奶产能过剩带来的行业风险，乳品加工企业应发挥化解风险的主力作用。其次，原料奶价格高是造成国产乳制品市场竞争力弱的主要原因。要提升奶牛养殖水平，降低生产成本，增强国产乳制品的市场竞争力。增强国产乳制品市场竞争力，首先要从降低奶价做起。要大力发展规模饲养，采用和推广先进养殖技术，提升奶牛养殖水平，提高奶牛单产，降低成本，降低奶价。

第二，倡导产业纵向联合，提升行业抗风险的能力。奶牛养殖业是乳制品加工业的基础，是产业链上的利益共同体，两个部分共同繁荣才会带来产业的发展。所以，要积极发展产业链的纵向联合，加工企业与奶牛养殖场结成紧密的经济联合体。同时乳制品企业还要拓展销售渠道，大力发展网络销售，送奶到户等服务，降低销售费用，以整个产业链的优势支撑行业发展，共同抗御风险。

第三，提升产品质量安全水平，提高核心竞争力。努力提升产品质量和创新能力，尽力降低生产和经营成本，不断扩大消费市场和提高核心竞争力；进一步优化产品结构，使产品结构与市场消费相匹配，使产品质量与日益升级的消费观念相适应，使产品销售与现代物流和电子商务相融合，从根本上扭转国内乳业发展乏力而国外进口强劲的尴尬局面，进一步强化第三方检测及政府监管力度，减少企业压级压价或拒收原料奶现象的发生，保护奶农生产积极性。实现我国乳业的可持续发展，提升国际竞争力。

七、热点事件

（一）《婴幼儿配方乳粉产品配方注册管理办法》正式实施

从 2016 年 10 月 1 日开始，备受关注的史上"最严"奶粉新政《婴幼儿配方乳粉产品配方注册管理办法》正式实施。新政规定产品名称中有动物性来源的，应当根据产品配方在配料表中如实标明使用的生乳、乳粉、乳清（蛋白）粉等乳制品原料的动物性来源。使用的乳制品原料有两种以上动物性来源时，应当标明各种动物性来源原料所占比例。奶粉标签上不得使用"进口奶源""源自国外牧场""生态牧场""进口原料"等模糊信息，应当如实标明具体来源地或者来源国。不允许在标签和说明书中明示或者暗示具有保健作用，也不能明示或者暗示该奶粉具有"益智、增加抵抗力或者免疫力、保护肠道"等功能；不允许以"不添加""不含有""零添加"等字样，强调未使用或不含有按照食品安全标准不应当在产品配方中含有或使用的物质等。

（二）中国奶业 20 强峰会暨奶业振兴大会在河北召开

2016 年 8 月 26 日，中国奶业 20 强峰会暨奶业振兴大会在河北省石家庄市召开，国务院副总理汪洋对奶业振兴提出明确要求。汪洋指出，发展振兴民族奶业，对于保障市场供给、增加奶农收入意义重大，是推进农业供给侧结构性改革的重要内容。近年来，我国牛奶产量增加、质量水平大幅提升，奶业发展取得重大进步。要继续紧紧围绕提高质量、效益，大力推进奶业规模化、组织化、标准化、品牌化，尽快把我国奶业竞争力提高到一个新的水平，更好地满足人民群众的需要。峰会期间，中国奶业 20 强企业签署了《中国奶业振兴宣言》，郑重承诺做放心产业、做优质产业、做和谐产业、做开放产业，以好牛奶、好奶粉、好乳品赢得消费者，赢得信誉和尊重，自强不息，奋力拼搏，引领带动民族奶业全面振兴。

(三)《巴氏杀菌乳和 UHT 灭菌乳中复原乳的鉴定》行业标准修订出台

农业部发布新修订的《巴氏杀菌乳和 UHT 灭菌乳中复原乳的鉴定》标准（以下简称《标准》），标准号 NY/T 939—2016，代替农业行业标准 NY/T 939—2005，自 2016 年 4 月 1 日起实施。该《标准》的修订出台，完善了我国复原乳鉴定标准，为监管违规添加复原乳提供了科学依据，对维护消费者知情权，促进奶业健康发展将起到积极的推动作用。《标准》主要原理是根据生鲜乳、巴氏杀菌乳、UHT 灭菌乳和奶粉在生产过程中糠氨酸和乳果糖变化的规律显著不同，通过测定糠氨酸和乳果糖的含量并结合其比值建立模型，来判定巴氏杀菌乳和 UHT 灭菌乳中是否添加了复原乳，因此修订后的标准可以准确鉴定复原乳。

(四)海峡两岸携手打造中国优质乳工程振兴民族奶业

中国国家优质乳工程创新团队、海峡两岸奶业专家学者、企业家于 2016 年 9 月 4 日聚首海峡西岸福州，就中国乳制品产业、市场发展方向及振兴民族奶业达成共识，海峡两岸将携手打造中国优质乳工程，重点发展巴氏鲜奶，让百姓喝上一杯真正的优质乳，提升民族奶业的核心价值。推行中国优质乳工程，有望同时解决消费信心低迷和产业链中利益分配失衡的乳业困局，让消费者喝上真正的好牛奶。

台湾省奶业专家目前已经与海南、黑龙江两个省合作，重点发展巴氏鲜奶，携手推进大陆优质乳工程。

第7章 蛋品加工

中国是世界上最大的蛋品生产国和消费国。改革开放以来，中国连续20多年保持世界第一产蛋大国的地位，蛋品产量超过世界蛋品产量的40%，比第二位到第三十位的产量总和还要多。中国的蛋品产业是关乎老百姓菜篮子质量的民生工程，如何推动养鸡业从传统、简单的生产方式，向现代化、规模化、集约化、产业化的蛋品产业过渡，促进蛋品产业经济结构调整和发展方式转变，提高产业运行质量和效益，是事关社会安定和国民经济平稳运行的大事情。

一、主要原料及其生产情况

2016年我国禽蛋产量突破3 000万吨，累计3 095.0万吨，比上年增长3.2%。2011—2016年，我国的禽蛋产量处于稳步上升的状态（图7-1）。禽蛋是中国居民日常生活必需品，是重要的菜篮子产品。近30年来中国禽蛋产业取得了巨大成就，产量年均增长7.8%，产量位居世界第一，占世界禽蛋总量的40%左右。未来10年，中国禽蛋生产结构将继续优化，小规模养殖户加速退出，禽蛋产量增速将放缓。

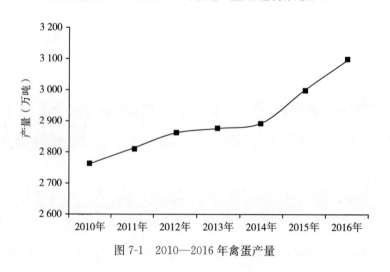

图7-1 2010—2016年禽蛋产量

二、行业经济运行情况

（一）行业呈现稳中趋缓态势

2016 年，全国规模以上蛋品加工企业 200 家，比 2015 年、2014 年分别增加 13 家、26 家，说明 2016 年我国蛋品加工企业在产能扩张及整合方面节奏放缓。上述企业完成主营业务收入 301.8 亿元，同比增长 2.5%，增速比上年同期下降 5.9 个百分点（图 7-2）；实现利润总额为 18.9 亿元，同比下降 0.2%，增速比上年同期回落 14.0 个百分点（图 7-3）。2016 年，蛋品加工市场结构性分化加快，传统蛋制品企业品牌优势开始体现，新型蛋制品市场份额明显提升。不断进行产品创新且深耕品牌认知度的蛋品加工企业正脱颖而出，引领蛋品加工行业的发展方向。

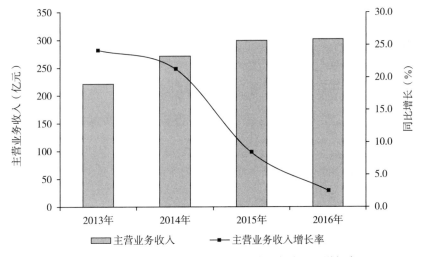

图 7-2　2013—2016 年蛋品加工业主营业务收入及增长率

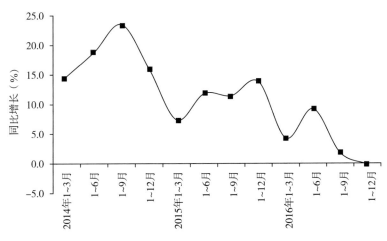

图 7-3　2014—2016 年蛋品加工业利润总额累计同比增长率

（二）蛋品加工细分行业分化加剧，结构性调整势在必行

2016 年，在基础消费升级不断深化的背景下，蛋品加工细分行业的结构性分化开始加剧。第一，新型蛋制品如液体蛋、蛋粉等得到长足发展，市场份额明显提升，尤其是液体蛋产品在原料蛋价整体偏弱的背景下盈利状况有所提升，蛋粉生产在 2016 年竞争开始加剧。第二，传统蛋制品的品牌优势开始体现，拥有较高知名度和品牌形象的传统蛋品加工企业在 2016 年没有受到明显冲击，部分企业盈利还有所提升。但整体来看，由于制造成本的上升，包括人工、资金成本、包装、运费等费用的上涨，传统蛋制品行业作为劳动密集型产业，依旧面临着不小的压力。第三，传统蛋制品产业的结构性调整与产品创新创制势在必行。以休闲食品为主攻方向的传统蛋制品升级在 2016 年显现出不少亮点，例如传统卤蛋的升级创新产品盐焗蛋一时间成为近年来少见的爆款产品之一。不断推陈出新，加强新产品的创制是传统蛋制品产业适应时代发展需要的重要途径。此外，传统蛋制品的出口也出现明显分化。2016 年，传统蛋制品对亚洲各国的出口出现明显下滑，但对欧美等国的出口量明显上升。同时，拥有较高品牌认知度的传统蛋制品在 2016 年的出口量仍能够逆市上扬。总体来看，适应时代发展需求的，能够不断进行产品创新且深耕品牌认知度的蛋品加工企业正在脱颖而出，引领蛋品加工行业的发展方向。

（三）蛋品加工行业信息化融合加强，产业链整合进一步延伸

多家大型蛋品加工企业通过打造电商平台继续拓展产品知名度和销售渠道，同时通过加强消费者黏性，获取用户反馈，有效促进了蛋制品品种的多元化和质量提升。基于蛋鸡健康养殖和蛋品加工等知识信息服务为接口的手机 APP 提供了有效的掌上管理平台，通过该平台可对蛋品的生产、加工、检测、包装、物流等进行监控和管理，与此同时产生的大量数据为形成金融延伸服务提供了基础。这种基于蛋品加工企业需求端开发的平台及其蛋鸡养殖保险、鸡蛋期货保险等产品能够真正有效地做到帮助企业规避风险、增加效益、实现价值。蛋品的安全与品质涉及一系列生产环节，需要从蛋鸡、饲料、生产环境等多方面进行全过程控制，产品的抽检需要从原料蛋入手，检测包含激素、抗生素、添加剂、重金属、药残等多项指标。单一的蛋鸡养殖企业或蛋品加工企业面临着经营风险加大、品质不可控、产业链各环节容易脱离等问题。2016 年，基于全产业链整合的鸡蛋生产加工企业显现出较好的发展势头，类似于囊括了配套饲料厂、青年鸡场、商品蛋鸡场、蛋品分级及液蛋加工厂、有机肥厂等环节的全产业链鸡蛋生产加工型企业大幅提升了蛋品行业的标准化生产水平，有效推动了一二三产业融合发展。

三、主要产品贸易情况分析

（一）蛋制品出口有所下降

2016 年，全国规模以上蛋品加工企业蛋制品出口量为 2.5 万吨，同比增长 2.6％，出口总额为 6 562.0 万美元，同比下降 7.1％（图 7-4），比上年同期增速下降 9.0 个百分点，

出口总额远远超过进口总额。

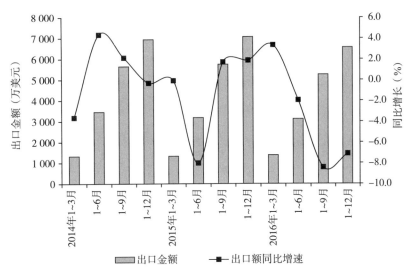

图 7-4　2014—2016 年蛋制品出口额及同比增长率

　　按贸易方式看，蛋制品出口的主要贸易方式是一般贸易，采用一般贸易方式出口的蛋制品数量为 2.5 万吨，同比增长 2.4%，占全部出口数量的 98.7%；出口金额 6 562.0 万美元，同比下降 7.3%，占全部出口金额的 98.9%。

　　境外进出口情况。蛋制品前五大出口目的地按出口数量统计为中国香港地区、日本、新加坡、美国和中国澳门地区，2016 年分别出口了 1.3 万吨、3 708.2 吨、2 684.0 吨、1 760.5 吨和 1 166.7 吨，出口数量合计占全部出口数量的 87.9%；前五大出口目的地按出口金额统计为中国香港地区、日本、新加坡、美国和加拿大，2016 年出口金额分别为 2 967.7 万美元、908.4 万美元、666.6 万美元、665.1 万美元和 357.3 万美元，出口金额合计占全部出口金额的 84.8%。

　　境内进出口情况。蛋制品前五大出口地区按出口数量统计为广东、湖北、福建、辽宁和山东，2016 年出口数量分别为 1.1 万吨、5 700.9 吨、4 169.1 吨、3 549.0 吨和 334.8 吨，出口数量合计占全国出口数量的 96.6%；前五大出口地区按出口金额统计为广东、湖北、福建、辽宁和江苏，出口金额分别为 2 271.0 万美元、1 446.0 万美元、1 445.6 万美元、932.8 万美元和 171.3 万美元，出口金额合计占全国出口金额的 95.5%。

（二）蛋制品进口继续大幅下降

　　2016 年，全国规模以上蛋品加工业企业进口总额为 0.1 万美元，比上年同期下降了 91.7%（图 7-5），降幅比上年扩大 29.2 个百分点，进口额大幅下降。2014—2016 年的 36 个月中，仅有个别月份存在进口情况。因此，我国蛋制品基本能够自给自足，并在此基础上大量出口。

　　按贸易方式看，蛋制品进口贸易方式全部属于一般贸易，采用一般贸易方式进口的蛋制品数量为 32 千克，进口金额 856 美元，同比下降 8.3%，占全部进口金额的 83.9%。

2016 年仅从日本进口了蛋制品。仅有广东省进口了蛋制品。

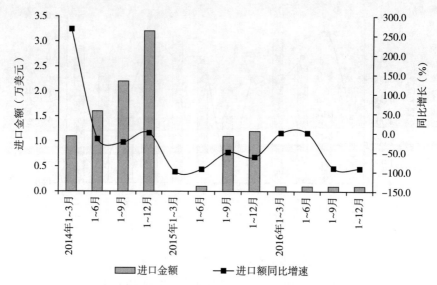

图 7-5　2014—2016 年蛋制品进口额及同比增长率

四、主要产品价格趋势分析

2016 年全国鸡蛋平均价格为 9.35 元/千克，河北、辽宁等 10 个主产省份鸡蛋平均价格为 7.66 元/千克，均略低于上年。全国鸡蛋价格在 2 月第 1 周达到最高，为 10.53 元/千克，随后价格开始下降，在 8 月第 1 周达到最低，为 8.73 元/千克，比最高价格下跌

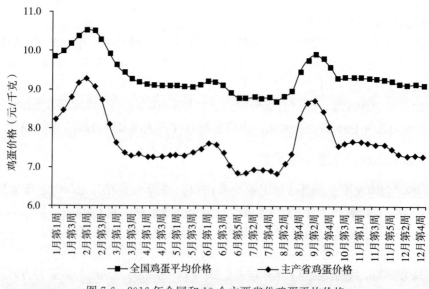

图 7-6　2016 年全国和 10 个主要省份鸡蛋平均价格

17.1％，随后价格上涨至 9 月第 2 周的 9.9 元/千克，年末价格降至 9.11 元/千克，比年初下降 7.6％。河北、辽宁等 10 个主产省份鸡蛋的平均价格和全国走势相同，2 月第 1 周达到全年平均价格最高点 9.25 元/千克，最低价格出现在 6 月第 5 周，为 6.82 元/千克，年末比年初降幅达到 11.7％（图 7-6）。

五、热点事件

（一）两岸蛋鸡福利交流会在"中国文化大学"举行

2016 年 11 月 24 日上午，由亚洲蛋品协会主席、华中农业大学马美湖教授带队，来自华中农业大学、吉林大学、江南大学、南京农业大学、东北农业大学、易蛋网等单位近 20 名科研学者，在台湾省"中国文化大学"就动物福利养殖学术研究进行交流。与会代表普遍认可福利养殖是未来趋势，非常有必要性，但需挖掘福利养殖商品的市场空间，否则相对于传统饲养条件，福利养殖高昂的成本投入可能会限制发展。

（二）原料蛋中抗生素残留问题需引起关注

随着我国家禽标准化养殖示范场的建立以及清洁蛋相关技术的推广和应用，我国蛋品的外在卫生安全问题得到了较大程度的改善，但原料蛋内在的抗生素超标等问题还十分严峻。由于原料蛋中残留的抗生素在加工过程中无法去除，从而会导致加工蛋制品中抗生素含量超标，将极大影响其蛋制品安全性和企业品牌形象。2016 年，我国多地的食品药品监管部门发布了鲜蛋中检出抗生素超标的信息，其类别主要为恩诺沙星、环丙沙星抗生素。目前，国家主要加强了对重点企业的监测，但对小型蛋鸡养殖户的蛋品品质监测难以进行。因此，鲜蛋抗生素超标的实际情况可能比公布的情况更为严重。即使小型蛋鸡养殖户并非主动添加抗生素，但由于使用的饲料当中违规添加了抗生素（有的甚至是标明添加维生素的饲料当中检出抗生素超标），使得鲜蛋中抗生素超标问题防不胜防。建议加大对鲜蛋中的抗生素超标监测范围，同时加强对饲料中抗生素添加的监管。各蛋品加工企业也要加强管理，尤其要注重对从农户手中收购的加工原料蛋实施抽检，确保加工蛋制品的食用安全。

（三）正大集团与海南农垦集团、海航集团在海南开展 300 万只蛋鸡合作项目建设

2016 年 9 月 27 日，正大集团与海航集团、海南农垦集团三方签订了合作协议，在海南共同推进 300 万只蛋鸡、150 万头肉猪、1 万吨虾食品、60 万只黑山羊等项目建设。正大集团在海南投资发展历史悠久，此次与海航集团、海南农垦集团在农牧、水产等农业领域开展深度合作，将为海南带来新的发展机遇。海南农垦集团、海航集团和正大集团三方依托各自优势开展合作，实现优势互补，合作空间广阔。

第8章／果蔬加工

2016年，全国规模以上果蔬加工企业5 600家，比2015年增加302家；累计完成主营业务收入9 668.7亿元，同比增长6.9%；累计实现利润总额677.6亿元，同比下降1.5%。我国果蔬加工行业总体保持平稳发展，主营业务收入平稳增长；产品结构不断调整，果蔬汁加工产业步入全新时代，冷链设施建设水平大幅提升，电子商务持续发力。

一、主要原料及其生产情况

截至2016年年末，全国果园总面积1 298.2万公顷，较2015年增加16.5万公顷，同比增长1.3%。在主要大宗果品中，苹果种植面积232.4万公顷，同比下降0.2%；柑橘种植面积256.1万公顷，同比增长1.9%；梨种植面积111.3万公顷，同比下降1.0%；葡萄期初种植面积81.0万公顷，同比增长1.3%；香蕉种植面积40.8万公顷，同比下降0.3%。从全国园林水果种植面积的地区分布情况看，2016年种植面积在100万公顷以上的省份依次为陕西、广西、广东和河北。

根据国家统计局数据，2016年全国水果产量为28 319万吨，同比增长3.4%。截至2016年年末，园林水果产量18 119.4万吨，同比增长3.7%。其中，苹果产量4 388.2万吨，同比增长3.0%；柑橘产量3 764.9万吨，同比增长2.9%；梨产量1 870.4万吨，与上年基本持平；葡萄产量1 374.5万吨，同比增长0.6%；香蕉产量1 299.7万吨，同比增长4.3%。从各地园林水果产量分布情况看，2016年产量过千万吨的省份依次为山东、陕西、广东、广西、河北和新疆。

根据国家统计局数据，2016年全国蔬菜产量为80 005万吨，增长1.9%，增速比2015年同期增速回落了1.4个百分点，比2014年同期增速回落了1.5个百分点。据中国农业科学院农业信息研究所对7个重点蔬菜品种的监测显示：2016年我国黄瓜种植面积有所扩大，产量稳中有增，国内消费持续增加，市场价格同比小幅上涨，年内波动加剧；番茄种植面积小幅增加，产量稳中有升，消费需求略有扩大，出口稳中有降，价格同比上涨；茄子种植面积有所扩大，单产水平略有下降，总产量小幅增长，消费量较为稳定，价格上涨明显，创2009年以来新高；辣椒产量水平同比显著下降，消费数量持平略涨，出口增长强劲，进口数量和金额双双降低，市场价格总体同比上涨，价格波动幅度加大；新蒜季以来，主产区减产，蒜价高开高走，屡破历史新高；生姜种植面积持续增加，单产略降，总体产量小幅增加，老生姜年内均价持续低迷，新生姜秋冬上市价格同比大幅上涨，市场整体仍处于低位；马铃薯种植面积稳中有增，产量稳中略降，消费需求潜力较大，价格保持高位运行，马铃薯贸易顺差与马铃薯淀粉贸易逆差呈现双减少趋势。

二、行业经济运行情况

（一）行业总体保持平稳，利润有所下降

2016 年，全国规模以上果蔬加工企业 5 600 家，占规模以上农产品加工企业数量的 7.0%，比 2015 年增加 302 家，比 2014 年增加 543 家；累计完成主营业务收入 9 668.7 亿元，同比增长 6.9%，比 2015 年同比增速提高 0.2 个百分点，比 2014 年同比增速下降

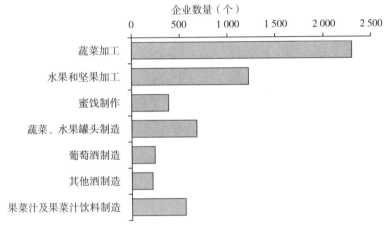

图 8-1　2016 年果蔬加工业分行业企业数量

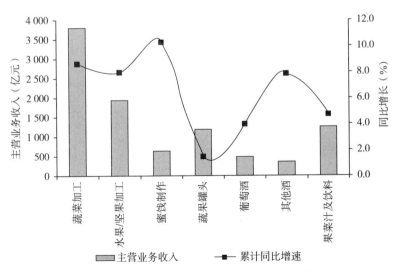

图 8-2　2016 年果蔬加工业分行业主营业务收入

3.4个百分点；累计实现利润总额677.6亿元，同比下降1.5%，比2015年同比增速下降9.0个百分点；主营业务收入利润率为7.0%，比上年同期下降0.7个百分点，高于农产品加工业总体水平0.4个百分点。分子行业情况看，主营业务收入利润率最高的为其他酒制造业和葡萄酒制造业，分别达到11.5%和10.1%，此外，果菜汁及果菜汁饮料制造、蜜饯制作的主营业务收入利润率高于果蔬加工业总体水平，分别为8.0%、7.5%；其余子行业的主营业务收入利润率均低于果蔬加工业总体水平（图8-1，图8-2，图8-3）。

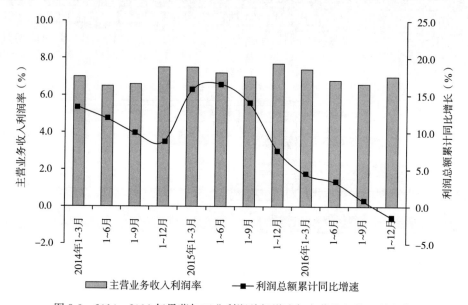

图8-3　2014—2016年果蔬加工业利润总额增速与主营业务收入利润率

（二）蔬菜加工业利润增速有所下降

2016年，全国规模以上蔬菜加工企业2 300家，占规模以上果蔬加工企业数量的41.1%，比2015年增加107家，比2014年增加197家；累计完成主营业务收入3 802.2亿元，占果蔬加工企业累计完成主营业务收入的39.3%，同比增长8.6%，比2015年同比增速提高0.2个百分点；累计实现利润总额250.2亿元，同比增长1.7%，比2015年同比增速下降6.0个百分点；主营业务收入利润率为6.6%，比上年同期下降0.4个百分点，比果蔬加工业主营业务收入利润率低0.4个百分点。

（三）水果和坚果加工业利润下降

水果和坚果加工企业1 221家，占规模以上果蔬加工企业数量的21.8%，比2015年增加121家，比2014年增加221家；累计完成主营业务收入1 944.0亿元，占果蔬加工企业累计完成主营业务收入的20.1%，同比增长8.0%，比2015年同比增速提高1.3个百分点；累计实现利润总额125.0亿元，同比下降5.3%，比2015年同比增速下降8.0个百分点，比2014年同比增速下降12.0个百分点；主营业务收入利润率为6.4%，比上年同期下降 0.7 个百分点，比果蔬加工业主营业务收入利润率低 0.6 个百分点。

（四）蔬菜和水果罐头制造行业经济效益持续下滑

蔬菜和水果罐头制造企业 679 家，占全部规模以上果蔬加工企业数量的 12.1%，比 2015 年减少 1 家，比 2014 年增加 19 家；累计完成主营业务收入 1 189.7 亿元，占全部规模以上果蔬加工业主营业务收入的 12.3%，同比增长 1.5%，比 2015 年同比增速提高 1.3 个百分点；累计实现利润总额 64.4 亿元，同比下降 2.1%，比 2015 年同比增速下降 9.1 个百分点，比 2014 年同比增速下降 9.8 个百分点；主营业务收入利润率为 5.4%，比果蔬加工业主营业务收入利润率低 1.6 个百分点。

（五）果菜汁制造行业利润下滑

果菜汁及果菜汁饮料制造企业 560 家，占全部规模以上果蔬加工企业数量的 10.0%，比 2015 年增加 13 家，比 2014 年增加 33 家；累计完成主营业务收入 1 253.4 亿元，占 13.0%，同比增长 4.7%，比 2015 年同比增速提高 3.3 个百分点；累计实现利润总额 100.3 亿元，同比下降 1.7%，比 2015 年同比增速下降 4.1 个百分点，比 2014 年同比增速下降 20.3 个百分点；主营业务收入利润率为 8.0%，比上年同期下降 1.5 个百分点，比果蔬加工业主营业务收入利润率高 1.0 个百分点。

（六）蜜饯制作企业保持平稳增长

蜜饯制作企业 385 家，占全部规模以上果蔬加工企业数量的 6.9%，比 2015 年增加 22 家，比 2014 年增加 6 家；累计完成主营业务收入 637.0 亿元，占 6.6%，同比增长 10.3%，比 2015 年同比增速下降 4.2 个百分点；累计实现利润总额 47.8 亿元，同比增长 6.4%，比 2015 年同比增速下降 3.6 个百分点；主营业务收入利润率为 7.5%，比上年同期下降 0.3 个百分点，比果蔬加工业主营业务收入利润率高 0.5 个百分点。

（七）葡萄酒制造行业企业数量明显增加

葡萄酒制造企业 240 家，占全部规模以上果蔬加工企业数量的 4.3%，比 2015 年增加 21 家，比 2014 年增加 23 家；累计完成主营业务收入 484.5 亿元，占 5.0%，同比增长 4.0%，比 2015 年同比增速下降 6.2 个百分点；累计实现利润总额 48.7 亿元，同比下降 6.6%，比 2015 年同比增速下降 9.3 个百分点；主营业务收入利润率为 10.1%，比果蔬加工业主营业务收入利润率高 3.1 个百分点。

三、企业调查情况

本次调查全国共有 1 829 家果蔬加工企业填报统计报表，有效样本中规模以上企业 1 409 家。2016 年，参与本次调查的规模以上果蔬加工企业主营业务收入同比增长 6.6%，利润总额同比增长 5.9%；就业人数同比增长 0.7%；产能利用率同比增长 0.7 个百分点；生产基地已成为重要原料渠道，至少建有一类生产基地的企业占比达 82.7%。电子商务发展进一步提升，有 44.6％的企业开展了电子商务，电子商务收入占比为 7.7％。在质量安全与品牌建设方面，81.4％的企业建有企业产品质量管理制度与机构，获得"三品一标"企业数量达 73.8％。企业越来越重视创新与研发，有 45.8％的企业建立研发机构，研发投入经费增长 9.8％。

（一）以小型企业和蔬菜加工企业为主

企业规模以小型为主。2016 年，参与本次调查的规模以上果蔬加工企业中，有大型企业 38 家，占 2.7％；中型企业 339 家，占 24.1％；小型企业 1 016 家，占 72.1％；微型企业 16 家，占 1.1％。

注册登记类型以"有限责任公司为主"。有限责任公司 949 家，占 67.4％；私营企业 258 家，占 18.3％；股份有限公司 89 家，占 6.3％；港澳台商投资企业等其他类型企业 113 家，占 8.0％。

果蔬加工企业中以蔬菜加工企业为主。蔬菜加工企业 877 家，占 62.2％；水果和坚果加工类企业 281 家，占 19.9％；蔬菜或水果罐头制造类企业 105 家，占 7.5％；果菜汁及果菜汁饮料制造类企业 70 家，占 4.9％；蜜饯制作类企业 39 家，占 2.7％；葡萄酒制造类企业 29 家，占 2.1％；其他酒制造类企业 8 家，占 0.6％。

（二）整体发展平稳，果蔬加工生产基地建设比例超过八成

果蔬加工企业主营业务收入和利润总额小幅增长。2016 年，参与本次调查的规模以上果蔬加工企业完成主营业务收入 2 141.7 亿元，同比增长 6.6％；调查企业实现利润总额 141.8 亿元，同比增长 5.9％。

从业人员呈现小幅增长，研发人员增幅较大。2016 年调查企业的从业人员总数 41.2 万人，同比增长 0.7％。其中，生产人员 31.6 万人，与上年持平；研发人员总数接近 1.2 万人，同比增长 7.5％。

产业集中度小幅下降。2016 年调查企业的主营业务收入基尼系数为 0.584，2015 年主营业务收入的基尼系数为 0.595，果蔬类加工业整体集中度有所下降。分区域看，各地区的产业集中度均小幅下降。东部地区 2016 年的基尼系数为 0.593，中部地区 2016 年的基尼系数为 0.537，东北部地区 2016 年的基尼系数为 0.465，西部地区 2016 年的基尼系数为 0.564。

产能利用率进一步提升。2016 年，果蔬加工企业产能利用率的平均值为 43.6％，较上年提高 0.7 个百分点。分区域看，中、西部地区及东北地区产能利用率得到提高，东部地区产能利用率小幅下降。中部地区产能利用率为 40.0％，较上年提高 2.4 个百分点；西部地区产能利用率为 38.4％，较上年提高 1.2 个百分点；东北地区产能利用率为 43.2％，较上年提高 2.1 个百分点；东部地区产能利用率为 51.6％，较上年下降 1.6 个百分点。分规模看，各规模企业的产能利用率都有一定程度的提高。大型企业的产能利用率为 36.1％，较上年提高 2.6 个百分点。中、小、微型企业的产能利用率上升幅度相对较小，其中中、小、微型企业产能利用率分别较上年上升 0.2、0.7 和 0.5 个百分点。

生产基地建设比例超过 80%，建设情况良好。拥有自建生产基地或建有订单生产基地的果蔬加工企业占比达到 82.7%。调查企业中，310 家有自建生产基地，占 22.0%；134 家有订单生产基地，占 9.5%；721 家兼有两类生产基地，占 51.2%。

开展电商情况处于中等水平，电子商务主营业务收入占比进一步提升。628 家企业开展了电子商务交易，占比为 44.6%。分区域看，东、中、西部地区及东北地区开展电子商务的企业占比分别为 46.0%、45.6%、41.2% 和 44.0%，果蔬加工业电子商务区域差异较其他行业并不显著，西部地区参与度相对较低。分规模看，大型企业参与度高，微型企业参与度低。2016 年，大、中、小、微型企业开展电子商务的比例分别为 73.7%、51.6%、41.4% 和 25%。电商销售收入占主营业务收入比例进一步上升。2016 年，每家企业平均电商销售收入 1 156.8 万元，占主营业务收入的 7.7%。园区内企业开展电子商务的企业比例显著高于非园区内企业。园区内的 572 家企业中开展电子商务的企业有 323 家，占园区企业总数的 56.5%；非园区内的 837 家企业中开展电子商务的企业有 305 家，占非园区企业总数的 36.4%。

（三）管理体系建设状况良好，"三品一标"认证率接近六成

企业质检管理体系建设情况良好。2016 年，参与调查的规模以上果蔬加工企业中，1 147 家果蔬加工企业建有企业产品质量管理制度，占 81.4%；943 家企业建有专门质检机构，占 66.9%；368 家企业建有通过计量认证的质检机构，占 26.1%。其中，通过 ISO 9000 系列认证的企业占 43.7%，通过 ISO 14000 系列认证的占 11.3%，通过 ISO 22000系列认证的占 24.3%；通过 HACCP、GMP 认证的分别占 37.5%、15.5%。

获得"三品一标"认证的企业数量占比接近 60%，品牌建设成果突出。获得"三品"认证的企业占 57.3%。其中，通过绿色食品认证的占 22.3%，通过无公害农产品认证的占 21.8%，通过有机食品认证的占 13.2%。此外，16.5% 的果蔬加工企业产品获得中国地理标志认证。品牌建设方面，126 家企业获得中国名牌产品证书，占企业数量的 8.9%；193 家企业获得中国驰名商标，占 13.7%；645 家企业获得省级名牌产品或驰名商标等品牌认证，占 45.8%。

（四）研发能力发展态势较好，研发投入强度依然较低

企业注重研发机构建设。646 家建立了专门研发机构，占 45.8%，其中建有省级以上研发中心的占 13.2%。分区域看，中部地区果蔬加工企业研发机构设置更为完善。东、中、西部地区及东北地区果蔬加工企业建有研发机构的比例分别为 51.3%、54.9%、31.0% 和 38.0%。分规模看，规模越大的企业研发机构设置越完善。大、中、小、微型企业建有研发机构的比例分别为 78.9%、60.5%、40.1% 和 25.0%。

企业研发人员数量小幅增加。2016 年，参与本次调查的规模以上果蔬加工企业每千名员工中有研发人员 45 人，较 2015 年增加 2 人。分规模看，大、中、小型企业研发人员占比分别是 2.5%、2.5% 和 4.6%，较上年分别上升 0.1、0.1 和 0.3 个百分点，小型企业科研活跃度较高。

研发投入经费增幅较大，但研发强度仍处于较低水平。2016 年，果蔬加工企业平均

每家投入研发经费 201.8 万元，同比增长 9.8%。2016 年果蔬加工业整体研发投入强度为 0.2%。分区域看，东部地区研发经费投入强度有所下降，中、西部地区均有所提升。东部地区研发经费投入强度低于上年 0.18 个百分点，中、西部地区研发经费投入强度分别较上年同期提高 0.02 和 0.07 个百分点。

（五）行业与农户利益联结机制

带动农户数量基本保持不变，但各类带动方式变动趋势表现出差异性。2016 年，参与本次调查的规模以上果蔬加工企业中共有 445 家企业上报了"合同联结带动农户数"指标，其中大、中、小型企业分别为 23 家、143 家和 279 家。2016 年，445 家企业通过"合同联结"方式共带动农户 288 万户，同比下降 7.0%。此外，行业还通过"合作联结""股份合作联结"及"其他方式"等多种形式带动农户，2016 年总共带动 210.9 万户，同比提高 1.6%。

果蔬加工业对农户增收起到一定作用。445 家报告了"合同联结带动农户数"指标的企业中，有 384 家报告了"按合同价收购农产品比按市场价多向农户支付的金额"指标。2016 年总共向 267.3 万"合同联结"农户多支付了 24.6 亿元，平均每户多支付 946.1 元，同比增长 18.0%。但是通过"合同联结"方式带动农户总数减少了 20.2 万户，同比降低 7.2%。

另外通过"合作联结"方式返还利润，也是企业与农户合作的重要方式。2016 年，270 家企业通过"合作联结"方式带动 111.5 万户，同比增长 7.2%，返还总利润 10.3 亿元，平均每户返还利润 924.8 元，同比下降 2.5%。

四、主要产品贸易情况分析

2016 年，全国蔬菜制品、水果及坚果、果蔬罐头、果蔬汁、葡萄酒等果蔬加工商品累计进出口总额为 132.1 亿美元，同比增长 5.9%，增速较上年同期下降 3.3 个百分点。其中，累计出口金额 98.1 亿美元，同比增长 3.0%，增速较上年同期下降 1.8 个百分点；累计进口金额 34.0 亿美元，同比增长 15.4%，增速较上年同期下降 11.2 个百分点（图 8-4）。

（一）蔬菜加工业出口增长

2016 年，全国包括冷冻及暂时保藏的蔬菜、干制蔬菜在内的蔬菜加工业进出口总量为 144.5 万吨，占果蔬加工业主要产品进出口总量的 25.8%，同比增长 4.5%；累计进出口金额 44.7 亿美元，占果蔬加工业主要产品累计进出口总额的 33.8%，同比增长 12.5%。其中，出口数量为 141.7 万吨，同比增长 4.5%，出口金额为 44.3 亿美元，同比增长 12.5%；进口数量为 2.7 万吨，同比增长 4.7%，进口金额为 4 003.6 万美元，同比增长 3.3%。在蔬菜制品进出口中，冷冻及暂时保藏的蔬菜制品进出口数量较多，占蔬菜加工进出口总量的 75.5%；干制蔬菜的进出口额占比较大，占蔬菜加工进出口总额的 72.7%。

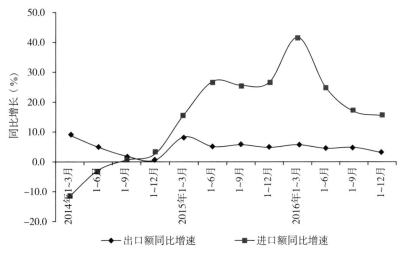

图 8-4　2014—2016 年果蔬加工进出口额累计同比增长率

按贸易方式看，蔬菜加工业进出口的主要贸易方式是一般贸易。2016 年，采用一般贸易方式出口的产品数量为 140.6 万吨，同比增长 4.6%，占全部出口数量的 99.2%；出口金额 43.7 亿美元，同比增长 14.4%，占全部出口金额的 95.7%。采用一般贸易方式进口的产品数量为 1.8 万吨，同比增长 17.5%，占全部进口数量的 66.8%，进口金额 2 290.7 万美元，同比增长 10.1%，占全部进口金额的 57.2%。

境外进出口情况。蔬菜加工产品前五大出口目的地按出口数量统计为日本、韩国、美国、越南和中国香港地区，中国香港地区取代英国成为第五位，2016 年分别出口 36.8 万吨、36.3 万吨、17.9 万吨、5.0 万吨和 4.8 万吨，出口数量合计占全部出口数量的 71.1%，比上年增加 1.1 个百分点；前五大出口目的地按出口金额统计为越南、日本、中国香港地区、美国和韩国，出口金额分别为 7.8 亿美元、7.5 亿美元、6.7 亿美元、5.0 亿美元和 3.6 亿美元，出口金额合计占全部出口金额的 69.1%，比上年增加 27.8 个百分点。蔬菜加工产品前五大进口来源地按进口数量统计为美国、新西兰、瑞典、朝鲜和印度，2016 年进口数量分别为 1.4 万吨、7 654.0 吨、1 366.3 吨、899.8 吨和 803.2 吨，进口数量合计占全部进口数量的 88.8%，比上年提高 3.8 个百分点；前五大进口来源地按进口金额统计为美国、新西兰、中国台湾地区、印度和越南，进口金额分别为 1 747.7 万美元、838.1 万美元、176.8 万美元、149.3 万美元和 141.7 万美元，进口金额合计占全部进口金额的 76.3%，比上年下降 1.1 个百分点。

境内进出口情况。蔬菜加工产品前五大出口地区按出口数量统计为山东、辽宁、浙江、福建和江苏，2016 年出口数量分别为 79.2 万吨、10.7 万吨、9.6 万吨、6.8 万吨和 6.2 万吨，出口数量合计占全国出口量的 79.4%，同比提高 1.0 个百分点；蔬菜加工产品前五大出口地区按出口金额统计为山东、湖北、河南、福建和江苏，出口金额分别为 14.2 亿美元、7.9 亿美元、7.7 亿美元、5.6 亿美元和 1.8 亿美元，出口金额合计占全国出口金额的 83.9%，同比增加 1.4 个百分点。蔬菜加工产品前五大进口地区按进口数量统计为浙江、上海、山东、广东和辽宁，2016 年进口数量分别为 7 893.6 吨、6 625.0 吨、

5 088.9 吨、2 345.4 吨和 1 743.0 吨，进口数量合计占全国进口量的 86.8%，比上年同期下降 0.4 个百分点；蔬菜加工产品前五大进口地区按进口金额统计为上海、浙江、广东、山东和辽宁，进口金额分别为 853.1 万美元、825.0 万美元、781.8 万美元、767.6 万美元和 353.1 万美元，进口金额合计占全国进口金额的 89.4%，比上年同期增加 1.0 个百分点。

（二）水果及坚果加工业进口保持较快增长

2016 年，全国包括冷冻及暂时保藏的水果和坚果、干果及坚果在内的水果及坚果加工业进出口总量为 118.5 万吨，占果蔬加工业主要产品进出口总量的 21.2%，同比增长 18.7%；累计进出口金额 24.6 亿美元，占果蔬加工业主要产品累计进出口总额的 18.7%，同比增长 1.3%。其中，出口数量为 76.3 万吨，同比增长 10.6%，出口金额为 17.6 亿美元，同比下降 5.1%；进口数量为 42.1 万吨，同比增长 36.7%，进口金额为 7.1 亿美元，同比增长 21.9%，水果及坚果加工业的进口数量和金额均保持较快增长。在水果及坚果加工业进出口中，以干果及坚果为主，其进出口数量和金额分别占水果及坚果加工业进出口量额的 80.2% 和 83.1%，占比较上年分别提高 2.0 和 0.4 个百分点。

按贸易方式看，水果及坚果加工业进出口的主要贸易方式是一般贸易。2016 年，采用一般贸易方式出口的产品数量为 70.2 万吨，同比增长 11.5%，占全部出口数量的 92.0%；出口金额 13.8 亿美元，同比下降 6.5%，占全部出口金额的 78.4%。采用一般贸易方式进口的产品数量为 27.2 万吨，同比增长 51.4%，占全部进口数量的 64.6%；进口金额 4.2 万美元，同比增长 35.5%，占全部进口金额的 59.8%。

境外进出口情况。水果及坚果加工产品前五大出口目的地按出口数量统计为伊朗、日本、埃及、伊拉克和德国，2016 年分别出口 12.8 万吨、5.8 万吨、5.0 万吨、4.6 万吨和 3.7 万吨，出口数量合计占全部出口数量的 41.7%，比上年同期上升 2.5 个百分点；前五大出口目的地按出口金额统计为伊朗、美国、日本、德国和荷兰，出口金额分别为 2.0 亿美元、1.9 亿美元、1.7 亿美元、1.6 亿美元和 1.0 亿美元，出口金额合计占全部出口金额的 46.4%，比上年同期上升 1.6 个百分点。水果及坚果加工产品前五大进口来源地按进口数量统计为塞内加尔、哈萨克斯坦、美国、阿根廷和泰国，进口数量分别为 11.9 万吨、7.7 万吨、3.9 万吨、3.6 万吨和 3.5 万吨，进口数量合计占全部进口数量的 72.7%，比上年同期上升 5.2 个百分点；前五大进口来源地按进口金额统计为美国、塞内加尔、泰国、蒙古和阿根廷，进口金额分别为 1.1 亿美元、9 907.1 万美元、9 415.4 万美元、7 564.78 万美元和 3 861.0 万美元，进口金额合计占全部进口金额的 58.7%，比上年同期上升 8.1 个百分点。

境内进出口情况。水果及坚果加工产品前五大出口地区按出口数量统计为山东、内蒙古、黑龙江、天津和辽宁，2016 年出口数量分别为 20.9 万吨、19.9 万吨、7.6 万吨、6.5 万吨和 5.1 万吨，出口数量合计占全国出口量的 78.5%，比上年同期上升 0.3 个百分点；水果及坚果加工产品前五大出口地区按出口金额统计为山东、内蒙古、吉林、黑龙江和辽宁，出口金额分别为 4.3 亿美元、2.9 亿美元、2.7 亿美元、2.2 亿美元和 1.1 亿美元，出口金额合计占全国出口金额的 75.9%，比上年同期上升 2.5 个百分点。水果及坚果加工产品前五大进口地区按进口数量统计为山东、新疆、天津、北京和广东，北京取代上海进入前五位，进口数量分别为 11.9 万吨、10.4 万吨、4.0 万吨、3.4 万吨和 3.2 万吨，进口数量合计占全国进口量的 80.0%，比上年同期下降 0.4 个百分点；水果及坚果加工产品前五大进口地区按进口金额统计为山东、吉林、上海、广东和新疆，进口金额分别为 1.5 亿美元、9 881.5 万美元、9 061.6 万美元、8 751.0 万美元和 6 165.3 万美元，进口金额合计占全国进口金额的 69.1%，比上年同期增加 3.6 个百分点。

（三）果蔬罐头行业进出口均下降

2016 年，全国果蔬罐头行业进出口总量为 218.4 万吨，占果蔬加工业主要产品进出口总量的 39.1%，同比下降 4.0%；累计进出口金额 24.5 亿美元，占果蔬加工业主要产品累计进出口总额的 18.6%，同比下降 8.3%。其中，出口数量为 214.6 万吨，同比下降 3.9%，出口金额为 24.0 亿美元，同比下降 8.2%；进口数量为 3.9 万吨，进口金额为 5 161.3 万美元，分别比上年同期下降 12.3% 和 13.0%。在果蔬罐头进出口中，蔬菜罐头的进出口比重较大，其进出口数量和金额分别占果蔬罐头制造业进出口量额的 73.1% 和 73.8%。

按贸易方式看，果蔬罐头行业进出口的主要贸易方式是一般贸易。2016 年，采用一般贸易方式出口的产品数量为 190.1 万吨，同比下降 3.9%，占全部出口数量的 88.6%；出口金额 20.7 亿美元，同比下降 8.3%，占全部出口金额的 86.3%。采用一般贸易方式进口的产品数量为 3.2 万吨，同比下降 11.7%，占全部进口数量的 81.4%；进口金额 4 147.8 万美元，同比下降 14.9%，占全部进口金额的 80.4%。

境外进出口情况。果蔬罐头产品前五大出口目的地按出口数量统计为美国、日本、俄罗斯联邦、也门和贝宁，2016 年分别出口 30.5 万吨、26.6 万吨、15.6 万吨、8.3 万吨和 8.2 万吨，出口数量合计占全部出口数量的 41.6%，与上年同期占比基本持平；前五大出口目的地按出口金额统计为日本、美国、俄罗斯联邦、韩国和德国，出口金额分别为 4.2 亿美元、3.5 亿美元、1.5 亿美元、1.3 亿美元和 8 789.9 万美元，出口金额合计占全部出口金额的 47.1%，比上年同期提高 2.5 个百分点。果蔬罐头产品前五大进口来源地按进口数量统计为南非、意大利、菲律宾、泰国和韩国，2016 年进口数量分别为 1.3 万吨、7 480.1 吨、5 689.9 吨、4 475.4 吨和 2 248.9 吨，进口数量合计占全部进口数量的 84.6%，比上年同期上升 4.7 个百分点；前五大进口来源地按进口金额统计为南非、菲律宾、意大利、泰国和韩国，进口金额分别为 1 773.7 万美元、694.7 万美元、672.3 万美元、576.5 万美元和 560.0 万美元，进口金额合计占全部进口金额的 82.9%，比上年同期上升 3.8 个百分点。

境内进出口情况。果蔬罐头产品前五大出口地区按出口数量统计为新疆、浙江、福建、天津和山东，2016 年出口数量分别为 42.3 万吨、33.0 万吨、30.1 万吨、21.9 万吨和 15.3 万吨，出口数量合计占全国出口量的 66.5%，比上年同期下降 1.5 个百分点；产品前五大出口地区按出口金额统计为福建、浙江、新疆、山东和天津，出口金额分别为 3.9 亿美元、3.5 亿美元、3.1 亿美元、2.5 亿美元和 1.8 亿美元，出口金额合计占全国出口金额的 61.7%，比上年同期下降 5.1 个百分点。果蔬罐头产品前五大进口地区按进口数量统计为广东、上海、福建、北京和江苏，进口数量分别为 1.1 万吨、7 553.1 吨、5 702.3 吨、3 820.1 吨和 3 246.5 吨，进口数量合计占全国进口量的 82.0%，比上年同期上升 4.0 个百分点；前五大进口地区按进口金额统计也为广东、上海、福建、北京和江苏，进口金额分别为 1 756.7 万美元、862.0 万美元、728.1 万美元、544.3 万美元和 389.8 万美元，进口金额合计占全国进口金额的 82.9%，比上年同期上升 3.8 个百分点。

（四）果蔬汁行业进口增加

2016 年，全国果蔬汁行业进出口总量为 71.1 万吨，占果蔬加工业主要产品进出口总量的 12.7%，同比增长 4.5%；累计进出口金额 9.1 亿美元，占果蔬加工业主要产品累计进出口总额的 6.9%，同比下降 1.8%。其中，出口数量为 58.7 万吨，同比增长 4.6%，出口金额为 6.7 亿美元，同比下降 3.8%；进口数量为 12.4 万吨，进口金额为 2.4 亿美元，均比上年同期提高 4.2%。在果蔬汁制造业进出口中，水果汁的进出口比重较大，其进出口数量和金额分别占果蔬汁制造业进出口量额的 97.9% 和 97.2%。

按贸易方式看，果蔬汁进出口的主要贸易方式是一般贸易。2016 年，采用一般贸易方式出口的产品数量为 53.1 万吨，同比增长 11.2%，占全部出口数量的 90.4%；出口金额 6.0 亿美元，同比增长 3.1%，占全部出口金额的 89.6%。采用一般贸易方式进口的产品数量为 10.7 万吨，同比增长 2.0%，占全部进口数量的 86.1%；进口金额 1.9 万美元，同比下降 3.1%，占全部进口金额的 80.5%。

境外进出口情况。果蔬汁前五大出口目的地按出口数量统计为美国、日本、俄罗斯联邦、南非和澳大利亚，2016 年分别出口 28.5 万吨、6.1 万吨、5.4 万吨、3.9 万吨和 2.8 万吨，出口数量合计占全部出口数量的 79.4%，比上年同期上升 0.8 个百分点；前五大出口目的地按出口金额统计也为美国、日本、俄罗斯联邦、南非和澳大利亚，出口金额分别为 3.2 亿美元、7 500.1 万美元、5 519.8 万美元、4 067.3 万美元和 3 201.6 万美元，出口金额合计占全部出口金额的 77.3%，比上年同期上升 0.4 个百分点。果蔬汁前五大进口来源地按进口数量统计为巴西、塞浦路斯、以色列、西班牙和泰国，2016 年进口数量分别为 3.5 万吨、1.4 万吨、1.4 吨、7 294.4 吨和 6 768.0 吨，进口数量合计占全部进口数量的 63.2%，比上年同期提高 2.7 个百分点；前五大进口地区按进口金额统计为巴西、韩国、以色列、美国和西班牙，进口金额分别为 6 988.6 万美元、2 975.7 万美元、2 607.6 万美元、2 049.0 万美元和 1 035.2 万美元，进口金额合计占全部进口金额的 65.0%，比上年同期上升 2.0 个百分点。

境内进出口情况。果蔬汁前五大出口地区按出口数量统计为山东、陕西、山西、辽宁和河北，2016 年出口数量分别为 19.9 万吨、16.0 万吨、7.1 万吨、3.4 万吨和 2.7 万吨，出口数量合计占全国出口量的 83.6%，比上年同期上升 0.6 个百分点；前五大出口地区按出口金额统计为山东、陕西、山西、辽宁和甘肃，出口金额分别为 2.3 亿美元、1.7 亿美元、7 471.9 万美元、3 586.0 万美元和 2 865.8 万美元，出口金额合计占全国出口金额的 81.2%，占比与上年持平。果蔬汁前五大进口地区按进口数量统计为上海、广东、北京、天津和浙江，2016年进口数量分别为4.0万吨、2.4万吨、1.8万吨、1.1万吨和9 471.9吨，进口数量合计占全国进口量的83.4%，比上年同期下降3.6个百分点；前五大进口地区按进口金额统计为上海、广东、北京、浙江和天津，进口金额分别为9 438.7万美元、4 094.5万美元、2 615.4万美元、1 751.1万美元和1 554.4万美元，进口金额合计占全国进口金额的80.8%，比上年同期下降6.6个百分点。

（五）葡萄酒行业进出口维持增长

2016年，全国葡萄酒行业进出口总量为6.5亿升，同比增长14.9%；累计进出口金额29.1亿美元，占果蔬加工业主要产品累计进出口总额的22.0%，同比增长18.4%。其中，出口数量为1 029.9万升，出口金额为5.4亿美元，分别比上年同期增长21.5%和30.7%；进口数量为6.4亿升，进口金额为23.7亿美元。

按贸易方式看，葡萄酒行业出口的主要贸易方式是保税区仓储转口货物，进口的主要贸易方式是一般贸易。2016年，采用保税区仓储转口货物方式出口的葡萄酒数量为908.5万升，同比增长23.0%，占全部出口数量的88.2%；出口金额5.4亿美元，同比增长30.4%，占全部出口金额的98.8%。采用一般贸易方式进口的葡萄酒数量为4.1亿升，同比增长18.0%，占全部进口数量的63.7%；进口金额10.1亿美元，同比增长21.0%，占全部进口金额的42.5%。

境外进出口情况。葡萄酒行业前五大出口目的地按出口数量统计为中国香港地区、法国、缅甸、西班牙和荷兰，2016年分别出口896.3万升、26.1万升、19.7万升、16.8万升和9.7万升，出口数量合计占全部出口数量的94.1%，比上年同期上升1.2个百分点；前五大出口目的地按出口金额统计为中国香港地区、法国、新加坡、澳大利亚和美国，出口金额分别为5.4亿美元、224.7万美元、105.9万美元、75.9万美元和62.4万美元，出口金额合计占全部出口金额的99.4%，占比与上年基本持平。葡萄酒行业前五大进口来源地按进口数量统计为法国、智利、澳大利亚、西班牙和意大利，2016年进口数量分别为2.0亿升、1.5亿升、1.0亿升、9 375.8万升和3 242.8万升，进口数量合计占全部进口数量的89.8%，比上年同期下降0.4个百分点；前五大进口来源地按进口金额统计为法国、澳大利亚、智利、西班牙和意大利，进口金额分别为10.0亿美元、5.7亿美元、2.7亿美元、1.6亿美元和1.3亿美元，进口金额合计占全部进口金额的90.0%，比上年同期上升6.3个百分点。

境内进出口情况。葡萄酒行业前五大出口地区按出口数量统计为广东、北京、上海、山东和河北，2016年出口数量分别为854.6万升、53.2万升、53.1万升、22.7万升和9.8万升，出口数量合计占全国出口量的96.5%，比上年同期提高0.5个百分点；前五大出口地区按出口金额统计为广东、上海、北京、云南和山东，出口金额分别为5.3亿美元、862.9万美元、213.8万美元、147.0万美元和81.4万美元，出口金额合计占全国出口金额的99.7%，比上年同期上升4.8个百分点。葡萄酒行业前五大进口地区按进口数量统计为上海、山东、广东、福建和浙江，2016年进口数量分别为1.5亿升、1.3亿升、1.3亿升、4 639.6万升和4 294.5万升，进口数量合计占全国进口量的78.2%，比上年同期上升1.9个百分点；前五大进口地区按进口金额统计为广东、上海、山东、北京和浙江，进口金额分别为 9.4 亿美元、5.9 亿美元、1.7 亿美元、1.5 亿美元和 1.3 亿美元，进口金额合计占全国进口金额的 84.1%，比上年同期上升 0.5 个百分点。

五、主要产品价格趋势分析

2016 年，我国鲜菜类居民消费价格指数波动幅度较大，12 月，我国鲜菜类居民消费价格指数（上年同月＝100）为 102.6，比上年同期下降 9.2 个百分点；鲜果类居民消费

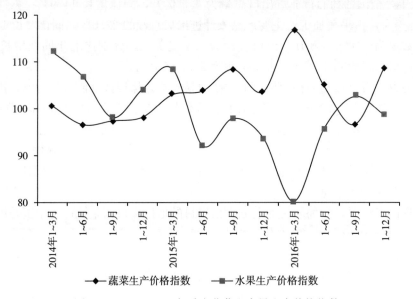

图 8-5　2014—2016 年季度蔬菜和水果生产价格指数

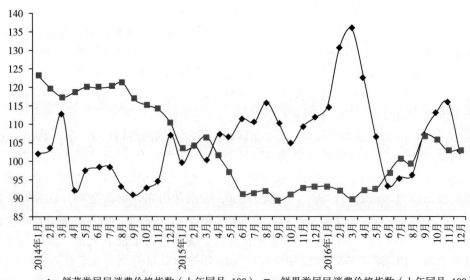

图 8-6　2014—2016 年鲜菜和鲜果月度同比居民消费价格指数

价格指数（上年同月＝100）为 103.2，比上年同期提高 10.1 个百分点。从农产品生产价格指数看，蔬菜和水果生产价格指数波动幅度均较大，蔬菜生产价格指数为 108.9，比上年同期上升 5.3 个百分点；水果生产价格指数为 98.6，比上年同期下降 4.8 个百分点（图 8-5，图 8-6，图 8-7）。

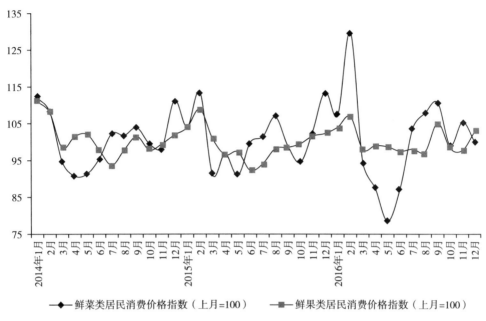

图 8-7　2014—2016 年鲜菜和鲜果月度环比居民消费价格指数

根据国家统计局 50 个城市主要食品平均价格监测数据显示，2016 年大白菜价格总体维持在 2.5～4.6 元/千克，年度平均价格为 3.2 元/千克，月度价格呈现先上涨后下降的趋势，3 月份价格最高，达到 4.6 元/千克；土豆价格总体维持在 3.7～5.9 元/千克之间，年度平均价格为 4.5 元/千克，月度价格波动与大白菜类似，1～4 月价格呈现上涨态势，随后价格回落，年末价格稍高于年初，价格波动不显著；黄瓜、芹菜和豆角的波动趋势相似，价格均在 1～2 月出现上涨，2 月开始大幅下降，6 月价格又呈现上涨态势。但豆角的价格波动较大，价格维持在 6.6～16.9 元/千克，年度平均价格为 10.2 元/千克；黄瓜的价格总体维持在 3.8～10.4 元/千克，年度平均价格为 6.0 元/千克，与上年持平；芹菜的价格总体维持在 5.4～8.6 元/千克，年度平均价格为 6.9 元/千克；西红柿价格总体维持在 4.4～9.1 元/千克，年度平均价格为 6.8 元/千克，1～2 月价格上涨，2～7 月下降，而后价格又呈现上涨态势（图 8-8）。水果价格方面，苹果（富士苹果）价格总体维持在 11.1～12.4 元/千克，比上年略有下降，年度平均价格为 11.6 元/千克，1～2 月份价格平稳上升，升至全年最高水平，2～5 月价格有所下降，5 月价格达到全年最低水平，为 11.1 元/千克，比 2 月份下降 10.9％，6～9 月后价格回升，之后回落至年底的 11.1 元/千克；香蕉（国产）价格总体维持在 5.5～7.9 元/千克，年度平均价格为 6.5 元/千克，价格呈现先涨后跌趋势，9 月价格达到全年最高水平，随后价格下降，12 月价格最低，比 9 月下降（图 8-9）。

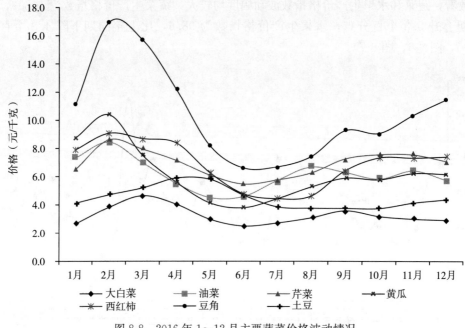

图 8-8　2016 年 1～12 月主要蔬菜价格波动情况

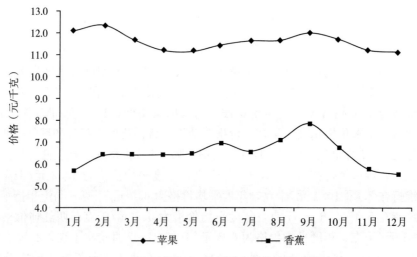

图 8-9　2016 年 1～12 月主要水果价格波动情况

六、面临的主要问题

一是加工专用原料品种亟待改良，综合利用率低。目前，我国普通品种和原料丰富，加工专用品种和原料缺乏，同时也缺乏品种的加工特性研究与品质评价，制约了加工专用原料和品种的发展。以国内黄桃种植为例，目前我国黄桃罐头加工所用桃原料与南非、希腊等国相比，种植品种落后，导致品质难以比肩，国际竞争力不足。此外，我国原料农产品综合利用率较低，据统计全国果蔬加工综合利用率不到 5%。北京市每天约有 2 万吨的毛菜进行再加工，其中近 40% 被当做垃圾处理。全市每年蔬菜供应为 770 多万吨，每 500 克蔬菜平均要产生 150 克左右的垃圾，全年垃圾总量达到 230 万吨，对环境造成了极大的污染。

二是加工产品结构单一，新产品开发严重不足。我国果蔬加工主要以初级加工为主，在新产品研发、口味多样化、包装个性化等方面落后于国外企业，产品同质化现象严重。以食用菌行业为例，目前我国食用菌产品加工率不足 10%。在产品深加工方面，仍局限于比较传统的即食、休闲食品，而具有高附加值的保健、医疗、美容类的深加工产品较少。菌类罐头产品类型虽然多种多样，但缺乏特色，产品在口味、包装方面的创新发展严重不足，导致对国内消费群体的吸引力度不够。食用菌罐头出口一直以双孢蘑菇罐头为主，占我国食用菌罐头出口总量的 70% 以上，产品较为单一，只能定位于中低端消费市场。

三是电商销售产品质量良莠不齐，监管亟待强化。近年来随着国内电商的迅猛发展，电商销售成为果蔬行业提高内销的重要增长点。由于网络销售渠道监管困难，导致部分商家鱼目混珠，以次充好，造成了不良的社会影响。2016 年 8 月，国家食品药品监督管理总局组织抽检天猫、淘宝、1 号店的蔬菜制品 56 批次，不合格率达 5.4%，主要是腌制脱水蔬菜添加剂超标。这些产品大多采取代加工模式，从原料采购到加工再到出厂进入消费者手中，中间环节较多，容易出现管理漏洞，监管难度大。

七、对策建议

第一，加快行业结构性改革，推动产业转型升级。根据产业发展需要，以市场需求为导向，制定扶持创新产业发展的政策措施；积极推进果蔬加工行业供给侧结构性改革，鼓励经营业绩良好的龙头企业遵循资源配置和市场规律，优化产业结构，实施兼并重组，促进优势资源整合；改变原料种植方式，改良加工专用品种；鼓励企业积极引入新技术、新设备和新工艺，研发多元化新产品；加快推进产地初加工、精深加工和副产物综合利用加工协调发展；将产业链延伸到食品、医药、保健、化工等领域。通过供给侧结构性改革，解决产品精深加工环节薄弱，加工程度低，创新产品少，加工技术落后等问题。

第二，加强产品质量监管，推进科普宣传引导。目前，为数不少的食品电商企业采用的代加工模式由于中间环节较多，容易出现问题。监管部门可建立电子商务产品质量信息共享公共服务平台和追溯体系来加强对电商企业销售的产品的监管力度；提高电商企业准入门槛，加强中间环节管理和合作商户的质量把控；通过组织高校和科研院所的专家向消费者开展科普教育，加深公众对电商产品安全与风险的认识，提高消费者安全意识。

八、热点事件

（一）2016年中国葡萄酒销量增幅居全球之首

随着快速增长的中产阶层、年轻一代消费习惯的改变、葡萄酒知识的普及以及中国电子商务的迅猛发展，中国已成为全世界最具吸引力的葡萄酒市场之一。根据国际葡萄与葡萄酒组织（OIV）公布的数据显示，2016年中国葡萄酒消费量初步统计达17.2亿升，比2015年增长6.9%，增幅位居全球之首。

随着近年来网购模式逐渐兴起，各大电商平台亦成为酒类商品的主要销售渠道之一。以京东为例，自2014年6月以来，京东正式推出自营进口葡萄酒海外直采业务，经过数年的发展，京东海外供应链以及葡萄酒自营采销模式正趋于成熟，2015年，京东海外直采引入了100多个进口葡萄酒品牌。然而，国产红酒厂商却面临市场份额不断萎缩的困境。国家统计局的数据显示，2013—2016年，全国葡萄酒产量分别按年下降14.8%、1.4%、1.1%、1.0%，已连续4年出现下滑。这种下滑的趋势仍在持续。

（二）农业部发布蔬菜行业展望报告

2016年4月22~23日，农业部市场预警专家委员会在北京举办中国农业展望大会，发布《中国农业展望报告（2016—2025）》，其中包括对蔬菜未来10年的展望预测。未来10年，尤其是"十三五"期间，中国蔬菜产业将在生产稳定发展的基础上，进一步向提升产品品质、增加种植效益和更加重视生态环境保护转变，降成本、增效益、提档次、促升级等进程将加快推进；生产布局将在传统优势区域集中的基础上，城市群协同供给能力稳步提升；蔬菜消费量将保持缓慢增长态势，绿色、有机、无公害产品等多元化需求更加明显；蔬菜价格季节性波动仍将是其主要特征，总体仍呈波动上涨态势，但耐贮性差的叶菜类蔬菜、居民消费需求多的大路菜等地产地销模式将加快发展，南北、东西调运等流通半径过大对菜价稳定的可能影响将持续降低；蔬菜国际竞争优势仍然明显，出口量将稳定增长，仍将继续保持贸易顺差。

（三）消费升级推动果汁和饮料类产品升级换代加快

随着中国进入中高速发展的经济新常态模式，消费需求升级也随之而来。企业顺应消费者对于健康和无添加食品的需求，不断寻找突破口，加快转型升级步伐。比如，农夫山泉的新品——茶π，在原位茶东方树叶的基础之上，增加不同果汁成分，定位为年轻群体的轻茶饮料，口感自成一派。而果汁是日常生活及超市购物不可或缺的产品。相较于传统兑水和添加剂的低价位的果汁，非浓缩还原（NFC）果汁最大程度保留果汁的营养和口味，成为一股行业新力量，将果汁升级带入了一个新的高度和时代。相较于发达国家，如美国整个社会和普通消费者已经对NFC果汁有很高的认可度和消费习惯，中高端的超市里几乎已经找不到浓缩果汁类产品，而目前中国消费者对果汁的认知尚处于初级阶段，如何快速有效地培养消费者认知度和忠诚度是NFC果汁面临的重要挑战。

第9章/精制茶加工

2016 年，我国精制茶加工业运行平稳，企业数量有所增加，盈利能力与上年基本持平。2016 年，中国茶叶种植面积增速减缓趋于合理，消费人群年轻化程度提高且人口占比明显增加。但受宏观经济环境与政策面影响，消费总量增速趋缓、低于产量增幅，市场存量增多、有待消化，价格保持平稳、增幅继续放缓，一二三产融合发展趋势明显。

一、主要原料及其生产情况[①]

茶园面积增速继续放缓。2016 年全国 18 个产茶省（自治区）茶园总面积接近 4 400 万亩，比上年增加近 100 万亩，增幅控制在 2.6% 以内，比上年低近 2 个百分点。其中，湖北、陕西、四川 3 省茶园面积增加较多，均超过 15 万亩。开采茶园面积 3 637 万亩，增加 250 万亩。

茶叶产量保持稳定增加。全国干毛茶产量约为 243 万吨，比上年增加 16 万吨，同比增长 7%，增速比上年同期降低约 2 个百分点。其中，中西部各省继续增产增收，贵州增产 4.9 万吨、四川增产 3.2 万吨、云南增产 1.5 万吨、湖南增产 1.2 万吨。

茶叶产值持续提高。全国干毛茶总产值达到 1 680 亿元，比上年增加 160 亿元，同比增长 10.5%，增速较上年回落 2.1 个百分点。贵州、四川的干毛茶产值分别增加 45 亿元、33 亿元，陕西、河南和湖北均增超 10 亿元。

名优茶增幅减缓。名优茶产量 107 万吨，同比增长 8.1%，比上年回调 2 个百分点；大宗茶产量 136 万吨，同比增长 6.3%，比上年回调 1.7 个百分点。名优茶产值 1 170 亿元，同比增长 12.5%，增幅较上年明显减缓；大宗茶产值 510 亿元，同比增长 6.2%，较上年有所增加。名优茶与大宗茶产量占比分别为 44% 和 56%，与上年相比变化不大；产值占比分别为 69.6% 和 30.4%，分别上升和下降 1.3%。

六大茶类继续增产。红茶、黑茶、白茶均增产 10% 以上，黄茶增产 70% 以上。茶类结构优化，比例更加均衡，绿茶、乌龙茶占总产量的比重持续下调，分别达到 63%、11%，红茶、黑茶、白茶、黄茶占比上升。

提质增效明显。茶园结构优化，无性系良种茶园面积比例达 58.6%，比上年提高 2 个百分点，有机茶园面积比例 7.2%，提高 1 个百分点。茶园平均亩产量 55.8 千克、提

---

① 中国茶叶流通协会，《2016 年中国茶叶经济形势简报》。

高 2 千克，亩产值 3 900 多元、比上年增加 270 多元。另据 2016 年农业部农产品质量安全例行监测：全年茶叶农药残留检测合格率 99.4％，比上年提高 1.8 个百分点。

二、行业经济运行情况

2016 年，精制茶加工业总体保持平稳。全国规模以上精制茶加工企业数量为 1 945 家，占规模以上农产品加工业企业数量的 2.4％，比 2015 年增加 258 家，比 2014 年增加 459 家；累计完成主营业务收入 2 204.4 亿元，同比增长 13.2％，比 2015 年同期增速提高 0.7 个百分点，比 2014 年同比增速提高 1.7 个百分点；累计实现利润总额 169.9 亿元，同比增长 6.0％，增速与上年基本持平（图 9-1）；主营业务收入利润率为 7.7％，比农产品加工业主营业务收入利润率高 1.1 个百分点。

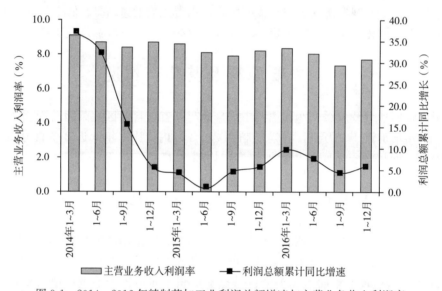

图 9-1　2014—2016 年精制茶加工业利润总额增速与主营业务收入利润率

三、企业调查情况

本次调查，全国共有 603 家精制茶加工企业填报年度统计调查表，其中有效样本中规模以上精制茶加工企业 446 家。2016 年，全部受调查企业主营业务收入同比增长 10.5％，利润总额同比增长 11.0％；基地的建设情况良好，至少建有一类生产基地的企业占 89％；农村一二三产业融合发展现状良好，68.2％的企业开展了电子商务，其电子商务收入占主营业务收入的比例同比增长 1.3％。在质量安全与品牌建设方面，企业质量安全体系建设基本健全，59.4％的企业通过 ISO 系列或质量体系认证，47.5 ％的企业获省级以上名牌产品或驰名商标等品牌认证。在科技进步与创新方面，43.9％的企业建有研发机构，整体研发经费的投入总额增加。通过"合同联结"带动户数同比增长 8.7％，平均每户返还利润同比增长 2.4％。其中通过"股份合作"的方式，平均每户所得的收益同比上升 10.2％。

（一）以小型企业和有限责任公司为主

企业规模以小型为主。2016年，参与本次调查的规模以上精制茶加工企业中，大型企业2家，占0.4%；中型企业71家，占15.9%；小型企业366家，占82.1%；微型企业7家，占1.6%。

注册登记类型以"有限责任公司"为主。2016年，参与本次调查的规模以上精制茶加工企业中有限责任公司299家，占67%；私营企业79家，占17.7%；股份有限公司48家，占10.8%；国有企业9家，占2%；股份合作企业5家，占1.1%；港澳台商投资企业2家，占0.4%；集体企业1家，占0.2%；联营企业1家，占0.2%；其他类型企业2家，占0.4%。

（二）主营业务收入和利润高速增长，生产基地建设率接近九成

主营业务收入和利润保持较高速增长。2016年，参与本次调查的规模以上精制茶加工业企业完成主营业务收入493.5亿元，同比增长10.5%，比全国规模以上精制茶加工企业主营业务收入增速低2.7个百分点；实现利润总额37.6亿元，同比增长11.0%，高于全国规模以上精制茶加工企业利润增速5.0个百分点。

产品产量平稳增长。2016年被调查企业的精制茶产量65 411.3吨，同比增长5.7%。其中，固体茶粉产量9 913.2吨，同比增长22.4%；茶饮料产量2 741吨，同比增长10.2%。

生产人员和研发人员均小幅增长。2016年被调查企业的从业人员总数13.76万人，同比增长2%。其中，生产人员4.8万人，同比增长2.3%；研发人员3 987人，占从业人员总数的2.9%，同比增长7.1%。

精制茶加工业的产能利用率整体维持不变，区域之间略有差异。2016年，参与本次调查的精制茶加工企业产能利用率的平均值为35.5%（产能利用率的中位数为27.4%），比2015年高0.2个百分点。分区域看，中部地区上升，东部与西部地区下降。东部地区精制茶加工业的产能利用率为32.8%，较上年下降2.0个百分点；中部地区产能利用率为39.4%，高于上年2.3个百分点；西部地区产能利用率为32.9%，较上年下降1.0个百分点。分规模看，大型企业和小型企业的产能利用率上升幅度较大，中型企业产能利用率小幅度下降。大、中、小型企业产能利用率分别为95.1%、29.4%、37%，大型企业和小型企业的产能利用率比上年分别增长67.4和32.4个百分点，中型企业的产能利用率下降7.9个百分点。

产业集中度基本与上年度持平，东北地区产业集中度上升幅度较大。2016年，参与本次调查的规模以上精制茶加工企业的主营业务收入基尼系数为0.525，2015年主营业务收入的基尼系数为0.528，表明精制茶加工业整体集中度降低。分区域看，东部地区2016年的基尼系数为0.486，2015年的基尼系数为0.483，产业集中度小幅增加；中部地区2016年的基尼系数为0.462，2015年的基尼系数为0.463，产业集中度有所降低；西部地区2016年的基尼系数为0.579，2015年的基尼系数为0.587，产业集中度降低；东北地区2016年的基尼系数为0.589，2015年的基尼系数为0.559，产业集中度增加。

生产基地建设率接近 90%。2016 年，参与本次调查的规模以上精制茶加工企业中，拥有自建生产基地或建有订单生产基地的精制茶加工企业占比达 89%。126 家仅有自建生产基地，占 28.3%；5 家仅有订单生产基地，占 1.1%；267 家兼有两类生产基地，占 59.9%。

开展电子商务交易比例较高，东、中部地区电子商务发展较好。2016 年，参与本次调查的规模以上精制茶加工企业中，304 家企业开展了电子商务交易，占 68.2%。分区域看，东、中部地区电子商务发展较快，西部和东北地区尚未有企业开展电子商务。东、中部地区开展电子商务的企业占比分别为 81.1%、72.7%。分规模看，中型企业参与度最高，大型企业参与度较低。2016 年，大、中、小、微型企业开展电子商务的比例分别为 50.0%、85.9%、65.0% 和 57.1%。电子商务销售收入占主营业务收入比例进一步上升。2016 年平均每家企业的电商销售收入 719.62 万元，占主营业务收入总额的 6.7%，较上年同期提高 1.3 个百分点。园区内开展电子商务的企业比例略高于非园区内企业。园区内 122 家企业中开展电子商务的企业有 91 家，占园区内企业总数的 74.6%；非园区内 324 家企业中开展电子商务的企业有 213 家，占非园区内企业总数的 65.7%。

（三）质量安全建设状况较好，"三品一标"认证超过八成

质量认证通过企业比例超过 50%，质检管理体系建设情况较好。2016 年，参与本次调查的规模以上精制茶加工企业中，383 家建有企业产品质量管理制度，占 85.9%；290 家企业建有专门质检机构，占 65%；128 家企业建有通过计量认证的质检机构，占 28.7%。其中，通过 ISO 9000 系列认证的企业占 51.1%，通过 ISO 14000 系列认证的占 10.8%，通过 ISO 22000 系列认证的占 20.0%；通过 HACCP、GMP 认证的分别占 22.4%、8.5%。

企业重视产品质量建设，"三品一标"认证企业数量接近八成。2016 年，参与本次调查的规模以上精制茶加工企业中，获得"三品"认证的企业占比达 78.7%。其中，通过无公害农产品认证的占 18.4%，通过绿色食品认证的占 20.4%，通过有机食品认证的占 39.9%。此外，33.9% 的精制茶加工企业生产销售的是中国地理标志认证产品。

（四）研发经费投入和研发投入强度均呈显著上升

企业注重研发机构建设。2016 年，参与本次调查的规模以上精制茶加工企业中，196 家建立了专门研发机构，占 43.9%，其中建有省级以上研发中心的有 48 家，占建有专门研发机构企业总数的 24.5%。分区域看，东、中部地区精制茶加工企业建有研发机构的占比分别为 68.7%、41.6%。分规模看，大型精制茶加工企业均建有研发机构，中、小、微型企业建有研发机构的占比分别为 63.4%、40.2% 和 28.6%。

研发人员规模小幅增长。2016 年，参与本次调查的规模以上精制茶加工企业中，每千名员工中有研发人员 37 人，较上年增加 2 人。分规模看，大、中、小、微型企业研发人员占比分别为 6.2%、1.5%、6% 和 13.0%，除大型企业较上年下降 0.3 个百分点之外，中型企业较上年无变化，小、微型企业较上年分别上升 0.4 和 0.6 个百分点。

研发经费投入大幅增加，研发投入强度小幅增加。2016 年，参与本次调查的规模以

上精制茶加工企业中，平均每家投入研发经费 215.8 万元，同比增长 30.2%。分区域看，东、中、西部地区研发经费投入强度均有上升。东部地区研发经费投入强度为 1.0%，高于上年 0.1 个百分点，中部地区研发经费投入强度为 1.85%，高于上年 0.2 个百分点，西部地区研发经费投入强度为 1.37%，高于上年 0.1 个百分点。

（五）行业与农户利益联结机制

带动农户数量增长接近 9%。2016 年，参与本次调查的规模以上精制茶加工企业中，共有 180 家企业报告了"合同联结带动农户数"指标，其中包括大、中、小型企业各 1 家、47 家、132 家。2016 年企业通过"合同联结"带动农户总数为 96.1 万户，2015 年带动户数是 88.4 万户，同比增长 8.7%。分规模看，各类企业通过"合同联结"带动农户数量均有所增加，特别是中型企业增幅最为显著。2016 年大型企业平均"合同联结带动农户"7.1 万户，同比增长 4.1%；中型企业平均带动 0.5 万户，同比增长 27.7%；小型企业平均带动 0.5 万户，同比增长 3.3%。

精制茶加工行业对农户增收贡献作用显著，股份合作联结带动农户收入增长显著。2016 年，参与本次调查的规模以上精制茶加工企业中，180 家报告了"按合同价收购农产品比按市场价多向农户支付的金额"指标。2015 年总共向 88.4 万"合同联结"农户多支付了 7.1 亿元，平均每户多支付 804.6 元；2016 年总共向 96.1 万"合同联结"农户多支付了 8.1 亿元，平均每户多支付 845.7 元。可以看到，通过"合同连接"方式带动农户总数同比增长 8.7%。另外通过"合作联结"方式返还利润，也是企业与农户合作的重要方式。2016 年，134 家企业通过"合作联结"方式带动 41.1 万户，高于上年 10.8 个百分点；返还的利润 3.5 亿元，平均每户返还利润 847.4 元，增加了 2.4 个百分点。

少数企业通过"股份合作联结"带动农户，促进农户增收。2016 年，47 家企业通过"股份合作联结"带动农户 3.6 万户，总共支付股份分红和保底收益 4 亿元，平均每家农户 11 233 元，同比上升了 10.2%。

四、主要产品贸易情况分析

（一）茶叶加工进出口增速下滑

2016 年，全国茶叶加工商品累计进出口量 35.1 万吨，同比增长 1.0%，增速较上年同期下降 6.4 个百分点。其中，累计出口量 32.9 万吨，同比增长 1.2%，增速较上年同期下降 6.6 个百分点；累计进口量 2.3 万吨，同比下降 1.4%，增速较上年同期下降 3.1 个百分点。全国茶叶加工商品累计进出口总额 16.0 亿美元，同比增长 7.3%，增速较上年同期下降 1.7 个百分点。其中，累计出口金额 14.8 亿美元，同比增长 7.5%，增速较上年同期下降 1.1 个百分点；累计进口金额 1.1 亿美元，同比增长 5.1%，增速较上年同期下降 9.5 个百分点（图 9-2）。

按贸易方式看，茶叶进出口主要的贸易方式是一般贸易。2016 年，采用一般贸易方

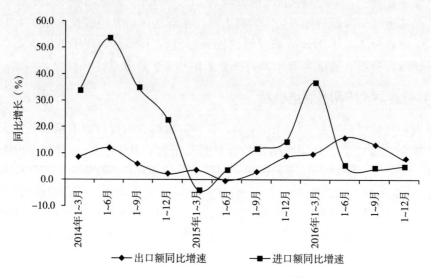

图 9-2　2014—2016 年茶叶加工进出口额同比增长率

式出口的茶叶数量为 31.9 万吨，同比增长 1.1%，增速较上年同期下降 6.7 个百分点，占全部出口数量的 97.2%；出口金额 14.0 亿美元，同比增长 8.8%，增速较上年同期上升 0.8 个百分点，占全部出口金额的 94.1%。采用一般贸易方式进口的茶叶数量为 1.8 万吨，同比下降 4.0%，增速较上年同期下降 2.4 个百分点，占全部进口数量的 77.1%；进口金额 7 355.3 万美元，同比增长 1.5%，增速较上年同期下降 13.7 个百分点，占全部进口金额的 65.7%。

　　境外进出口情况。茶叶产品前五大出口目的地按出口数量统计为摩洛哥、乌兹别克斯坦、塞内加尔、加纳和美国，加纳取代阿尔及利亚进入茶叶产品前五大出口目的地。2016 年分别出口 6.7 万吨、1.9 万吨、1.8 万吨、1.7 万吨和 1.7 万吨，出口数量合计占全部出口数量的 42.1%，同比分别增长 4.4%、-28.5%、5.8%、96.3% 和 2.1%；前五大出口目的地按出口金额统计为摩洛哥、中国香港地区、越南、美国和塞内加尔，2016 年出口金额分别为 2.3 亿美元、1.6 亿美元、1.1 亿美元、9 061.9 万美元和 7 832.1 万美元，出口金额合计占全部出口金额的 45.0%，同比增加 3.7 个百分点。茶叶产品前五大进口来源地按进口数量统计为斯里兰卡、印度、中国台湾地区、印度尼西亚和肯尼亚，2016 年进口数量分别为 8 525.9 吨、5 486.5 吨、2 715.8 吨、1 651.3 吨和 761.6 吨，进口数量合计占全部进口数量的 84.2%，同比提高 1.2 个百分点；前五大进口来源地按进口金额统计为斯里兰卡、中国台湾地区、印度、印度尼西亚和波兰，2016 年进口金额分别为 4 236.1 万美元、2 787.3 万美元、1 904.2 万美元、314.8 万美元和 236.7 万美元，进口金额合计占全部进口金额的 84.7%。

　　境内进出口情况。茶叶产品前五大出口地区按出口数量统计为浙江、安徽、湖南、福建和湖北，2016 年出口数量分别为 16.2 万吨、6.0 万吨、2.9 万吨、2.0 万吨和 1.3 万吨，同比分别增长 -4.8%、-1.0%、5.9%、17.9%、12.9%，出口数量合计占全国出口量的 86.9%，比上年同期下降 1.8 个百分点；茶叶产品前五大出口地区按出口金额统计为浙江、安徽、福建、湖北和湖南，出口金额分别为 4.8 亿美元、2.6 亿美元、2.2 亿美元、1.2 亿美元和 0.8 亿美元，同比分别增长－9.7%、5.5%、35.1%、36.1%、3.8%，出口金额合计占全国出口金额的 77.9%，比上年同期下降 2.1 个百分点。茶叶产品前五大进口地区按进口数量统计为上海、广东、福建、安徽和浙江，安徽取代江苏进入前五位，2016 年进口数量分别为 4 407.2 吨、4 380.3 吨、4 192.4 吨、2 149.0 吨和 2 122.6 吨，同比分别增长 15.9%、7.7%、－20.1%、25.5%、14.1%，进口数量合计占全国进口量的 75.9%，比上年同期提高 0.5 个百分点；茶叶产品前五大进口地区按进口金额统计为上海、广东、福建、广西和安徽，进口金额分别为 2 953.4 万美元、2 565.8 万美元、1 880.1 万美元、787.5 万美元和 777.6 万美元，同比分别增长 17.9%、13.6%、－4.2%、74.6%、20.8%，进口金额合计占全国进口金额的 80.1%，比上年同期增加 1.8 个百分点。

（二）绿茶出口保持稳定，进口继续下降

2016 年，全国绿茶进出口总量达到 27.2 万吨，占茶叶产品进出口总量的 77.5%，同比下降 0.8%；累计进出口总额为 10.7 亿美元，占茶叶产品进出口总额的 67.2%，同比增长 5.8%，增速较上年同期增长 0.3 个百分点。其中，绿茶累计出口量 27.1 万吨，同比下降 0.5%，增速较上年同期下降 9.7 个百分点，累计出口金额 10.6 亿美元，同比增长 5.9%，增速较上年同期提高 0.4 个百分点；累计进口量 1 606.2 吨，同比下降 34.3%，累计进口金额 815.6 万美元，同比下降 3.2%。

按贸易方式看，绿茶进出口主要的贸易方式是一般贸易。2016 年，采用一般贸易方式出口的绿茶数量为 27.0 万吨，同比下降 0.4%，占全部出口数量的 99.6%，出口金额 10.5 亿美元，同比增长 6.7%，占全部出口金额的 98.6%。采用一般贸易方式进口的绿茶数量为 1 267.3 吨，同比下降 37.7%，占全部进口数量的 78.9%；进口金额 548.8 万美元，同比下降 3.2%，占全部进口金额的 67.3%。

境外进出口情况。绿茶产品前五大出口目的地按出口数量统计为摩洛哥、乌兹别克斯坦、塞内加尔、加纳和毛里塔尼亚，2016 年分别出口 6.7 万吨、1.9 万吨、1.8 万吨、1.7 万吨和 1.4 万吨，出口数量合计占全部出口数量的 49.6%；前五大出口目的地按出口金额统计为摩洛哥、塞内加尔、加纳、中国香港地区和越南，2016 年出口金额分别为 2.3 亿美元、7 700.8 万美元、7 437.6 万美元、6 493.9 万美元和 6 000.4 万美元，出口金额合计占全部出口金额的 47.0%，同比提高 0.6 个百分点。绿茶产品前五大进口来源地按进口数量统计为印度尼西亚、中国台湾地区、印度、中国和越南，2016 年进口数量分别为 484.1 吨、417.8 吨、370.0 吨、143.3 吨和 81.6 吨；前五大进口来源地按进口金额统计为中国台湾地区、中国、印度尼西亚、斯里兰卡和印度，2016 年进口金额分别为 342.6 万美元、113.1 万美元、68.7 万美元、67.1 万美元和 55.1 万美元，进口金额合计占全部进口金额的 79.3%。

境内进出口情况。绿茶产品前五大出口地区按出口数量统计为浙江、安徽、湖南、湖北和江西，湖北取代福建进入前五位。2016 年出口数量分别为 15.4 万吨、5.7 万吨、2.4

万吨、1.2万吨和0.8万吨，出口数量合计占全国出口量的93.9%，比上年同期下降1.7个百分点；绿茶产品前五大出口地区按出口金额统计为浙江、安徽、湖北、福建和湖南，出口金额分别为4.6亿美元、2.3亿美元、9 696.1万美元、9 641.6万美元和6 204.8万美元，出口金额合计占全国出口金额的88.7%，比上年同期下降2.6个百分点。绿茶产品前五大进口地区按进口数量统计为浙江、上海、福建、江苏和广东，江苏取代云南进入前五位，2016年进口数量分别为898.5吨、287.6吨、228.5吨、82.3吨和48.3吨，进口数量合计占全国进口量的96.2%；绿茶产品前五大进口地区按进口金额统计为上海、浙江、福建、广东和江苏，进口金额分别为341.0万美元、160.5万美元、133.5万美元、60.2万美元和41.7万美元，进口金额合计占全国进口金额的90.3%。

（三）红茶进口及出口均有增加，增速有所放缓

2016年，全国红茶进出口总量达到5.2万吨，占茶叶产品进出口总量的14.8%，同比增长11.7%，增速较上年同期提高7.1个百分点；累计进出口总额为3.4亿美元，占茶叶产品进出口总额的21.3%，同比增长19.3%，增速比上年同期下降13.2个百分点。其中，红茶累计出口量3.3万吨，同比增长17.9%；累计出口金额2.6亿美元，同比增长24.2%，增速比上年同期下降18.3个百分点。红茶累计进口量1.9万吨，同比增长2.5%；累计进口金额8 176.4万美元，同比增长6.1%，增速比上年同期下降5.6个百分点。

按贸易方式看，红茶进出口主要的贸易方式是一般贸易。2016年，采用一般贸易方式出口的红茶数量为2.5万吨，同比增长21.1%，增速较上年提高20.4个百分点，占全部出口数量的76.0%，占比较上年提高2.1个百分点；出口金额1.9亿美元，同比增长39.8%，占全部出口金额的74.1%，占比较上年提高8.3个百分点。采用一般贸易方式进口的红茶数量为1.5万吨，同比增长0.5%，占全部进口数量的79.3%；进口金额5 439.0万美元，同比下降0.2%，占全部进口金额的66.5%，占比较上年下降4.2个百分点。

境外进出口情况。红茶产品前五大出口目的地按出口数量统计为美国、中国香港地区、缅甸、巴基斯坦和德国，2016年分别出口9 010.4吨、3 781.3吨、3 702.4吨、2 726.6吨和2 404.8吨，出口数量合计占全部出口数量的65.3%，同比下降2.1个百分点；前五大出口目的地按出口金额统计为中国香港地区、越南、美国、缅甸和澳大利亚，出口金额分别为6 802.1万美元、3 866.6万美元、3 694.2万美元、2 577.1万美元和1 456.6万美元，出口金额合计占全部出口金额的71.8%，同比增加0.7个百分点。红茶产品前五大进口来源地按进口数量统计为斯里兰卡、印度、印度尼西亚、中国台湾地区和肯尼亚，进口数量分别为8 464.0吨、5 116.5吨、1 167.2吨、936.2吨和761.6吨，进口数量合计占全部进口数量的85.2%；前五大进口来源地按进口金额统计为斯里兰卡、印度、中国台湾地区、印度尼西亚和波兰，进口金额分别为4 129.3万美元、1 849.1万美元、727.8万美元、246.1万美元和202.2万美元，进口金额合计占全部进口金额的87.5%。

境内进出口情况。红茶产品前五大出口地区按出口数量统计为浙江、云南、重庆、湖

南和上海，重庆取代湖北进入前五位，2016 年出口数量分别为 5 100.2 吨、50 72.1 吨、4 314.4 吨、4 195.6 吨和 3 659.2 吨，出口数量合计占全国出口量的 67.4%，与上年基本持平；红茶产品前五大出口地区按出口金额统计为上海、福建、广东、安徽和云南，广东和安徽取代江西和湖北进入前五位，出口金额分别为 4 477.1 万美元、3 478.7 万美元、2 888.0 万美元、2 236.5 万美元和 2 043.0 万美元，出口金额合计占全国出口金额的 59.0%，比上年同期下降 6.7 个百分点。红茶产品前五大进口地区按进口数量统计为广东、上海、福建、安徽和江苏，进口数量分别为 4 202.4 吨、3 557.3 吨、3 034.6 吨、2 149.0 吨和 1 778.0 吨，进口数量合计占全国进口量的 76.3%；红茶产品前五大进口地区按进口金额统计为广东、上海、福建、安徽和江苏，进口金额分别为 2 309.9 万美元、1 871.5 万美元、979.6 万美元、777.6 万美元和 566.9 万美元，进口金额合计占全国进口金额的 79.6%。

（四）乌龙茶出口略有上升，进口平稳增加

2016 年，全国乌龙茶进出口总量达到 1.7 万吨，占茶叶产品进出口总量的 4.8%，同比增长 4.4%；累计进出口总额 1.1 亿美元，占茶叶产品进出口总额的 6.9%，同比增长 7.0%。其中，乌龙茶累计出口量 1.6 万吨，同比增长 3.8%，增速较上年同期提高 3.9 个百分点；累计出口金额 8 979.4 万美元，同比增长 6.3%，增速比上年同期提高 11.5 个百分点。乌龙茶进口从高速增长变为平稳增长，累计进口量 1 521.8 吨，同比增长 11.3%，增速较上年同期下降 73.9 个百分点；累计进口金额 1 790.9 万美元，同比增长 10.7%，增速较上年同期下降 88.7 个百分点。

按贸易方式看，乌龙茶进出口主要的贸易方式是一般贸易。2016 年，采用一般贸易方式出口的乌龙茶数量为 1.6 万吨，同比增长 4.0%，占全部出口数量的 99.6%；出口金额 8 898.7 万美元，同比增长 7.3%，占全部出口金额的 99.1%。采用一般贸易方式进口的乌龙茶数量 825.4 吨，同比增长 24.9%，占全部进口数量的 54.2%；进口金额 1 212.4 万美元，同比增长 35.8%，占全部进口金额的 67.7%。

境外进出口情况。乌龙茶产品前五大出口目的地按出口数量统计为日本、中国香港地区、泰国、俄罗斯联邦和越南，2016 年分别出口 7 818.9 吨、2 567.2 吨、2 444.0 吨、747.9 吨和 705.6 吨，出口数量合计占全部出口数量的 89.5%，占比较上年提高 1.4 个百分点；前五大出口目的地按出口金额统计为日本、中国香港地区、越南、泰国和马来西亚，出口金额分别为 2 894.3 万美元、1 969.1 万美元、936.5 万美元、772.7 万美元和 659.0 万美元，出口金额合计占全部出口金额的 80.5%，同比减少 2.2 个百分点。乌龙茶产品前五大进口来源地按进口数量统计为中国台湾地区、泰国、日本、缅甸和越南，进口数量分别为 1 304.6 吨、165.0 吨、26.6 吨、8.0 吨和 6.1 吨；前五大进口来源地按进口金额统计为中国台湾地区、日本、泰国、新西兰和缅甸，进口金额分别为 1 650.5 万美元、47.5 万美元、28.2 万美元、23.6 万美元和 16.1 万美元，进口金额合计占全部进口金额的 98.6%，同比增加 0.5 个百分点。

境内进出口情况。乌龙茶产品前五大出口地区按出口数量统计为福建、广东、浙江、湖南和湖北，2016 年出口数量分别为 1.2 万吨、1 852.4 吨、1 406.3 吨、355.3 吨和

134.2 吨，出口数量合计占全国出口量的 98.5％，比上年同期提高 1.6 个百分点；乌龙茶产品前五大出口地区按出口金额统计为福建、广东、江西、浙江和湖南，湖南取代贵州进入前五位，出口金额分别为 6 293.3 万美元、1 138.6 万美元、592.5 万美元、487.6 万美元和 119.6 万美元，出口金额合计占全国出口金额的 96.1％，比上年同期提高 4.1 个百分点。乌龙茶产品前五大进口地区按进口数量统计为福建、上海、广西、广东和浙江，进口数量分别为 882.2 吨、379.0 吨、129.4 吨、84.3 吨和 9.7 吨，进口数量合计占全国进口量的 97.6％；乌龙茶产品前五大进口地区按进口金额统计为福建、上海、广西、广东和天津，进口金额分别为 726.6 万美元、500.5 万美元、235.0 万美元、145.9 万美元和 54.8 万美元，进口金额合计占全国进口金额的 92.8％。

（五）花茶进出口额均有所下降

2016 年，全国花茶进出口总量达到 6 014.9 吨，占茶叶产品进出口总量的 1.7％，同比下降 3.6％，增速较上年同期下降 8.9 个百分点；累计进出口总额 5 124.8 万美元，同比下降 6.7％，增速较上年同期下降 18.2 个百分点，占茶叶产品进出口总额的 3.2％。其中，花茶累计出口量 5 803.9 吨，同比下降 4.0％，增速较上年同期下降 8.6 个百分点；累计出口金额 4 773.6 万美元，同比下降 6.7％，增速较上年同期下降 15.3 个百分点。花茶累计进口量 211.0 吨，同比增长 7.7％；累计进口金额 351.2 万美元，同比下降 7.1％，增速较上年同期下降 70.7 个百分点。

按贸易方式看，花茶进出口主要的贸易方式是一般贸易。2016 年采用一般贸易方式出口的花茶数量为 5 656.0 吨，占全部出口数量的 97.5％；出口金额 4 510.2 万美元，占全部出口金额的 94.5％。采用一般贸易方式进口的花茶数量为 90.4 吨，同比下降 40.8％，占全部进口数量的 42.8％；进口金额 129.2 万美元，同比下降 48.6％，占全部进口金额的 36.8％。

境外进出口情况。花茶产品前五大出口目的地按出口数量统计为日本、美国、摩洛哥、中国香港地区和俄罗斯联邦，2016 年分别出口 1 743.2 吨、667.4 吨、590.8 吨、360.1 吨和 353.9 吨，出口数量合计占全部出口数量的 64.0％，同比下降 0.2 个百分点；前五大出口目的地按出口金额统计为日本、美国、德国、中国香港地区和马来西亚，出口金额分别为 1 185.1 万美元、1 166.8 万美元、335.8 万美元、281.5 万美元和 214.4 万美元，出口金额合计占全部出口金额的 66.7％，同比减少 0.3 个百分点。花茶产品前五大进口来源地按进口数量统计为德国、中国台湾地区、波兰、斯里兰卡和南非，进口数量分别为 100.6 吨、25.4 吨、17.7 吨、11.3 吨和 9.9 吨，进口数量合计占全部进口数量的 78.1％，同比下降 15.3 个百分点；前五大进口来源地按进口金额统计为德国、中国台湾地区、斯里兰卡、波兰和中国香港地区，进口金额分别为 122.6 万美元、50.6 万美元、34.1 万美元、22.4 万美元和 21.2 万美元，进口金额合计占全部进口金额的 71.4％，同比下降 17.3 个百分点。

境内进出口情况。花茶产品前五大出口地区按出口数量统计为福建、浙江、湖南、广东和江西，出口数量分别为 1 840.1 吨、1 833.0 吨、683.5 吨、425.6 吨和 362.2 吨，出口数量合计占全国出口量的 88.6％，比上年同期增加 0.6 个百分点；花茶产品前五大出口地区按出口金额统计为福建、浙江、广东、湖南和上海，上海取代江西位居第五位，出口金额分别为 2 113.4 万美元、1 031.9 万美元、349.0 万美元、321.4 万美元和 216.5 万美元，出口金额合计占全国出口金额的 84.5%，比上年同期增加 2.4 个百分点。花茶产品前五大进口地区按进口数量统计为上海、浙江、福建、广东和河南，进口数量分别为 153.3 吨、16.9 吨、15.8 吨、11.6 吨和 7.1 吨，进口数量合计占全国进口量的 97.1%；花茶产品前五大进口地区按进口金额统计为上海、浙江、广东、福建和天津，进口金额分别为 224.1 万美元、44.3 万美元、32.2 万美元、25.6 万美元和 16.9 万美元，进口金额合计占全国进口金额的 97.7%。

五、主要产品价格趋势分析

2016 年季度茶叶生产价格指数分别为 98.6、98.2、100.3 和 102.0，相较 2014 年第一季度到 2015 年第四季度茶叶生产价格指数呈现的下降趋势，2016 年茶叶生产价格指数呈现回升态势（图 9-3）。2016 年除极个别省份外，全国各茶叶主产区春茶茶青价格稳中微涨。与此同时，个别地区鲜叶价格出现微降。贵州省由于茶园面积增加，采摘时间提前，采茶天数增加，全省茶叶产量明显增加，茶青收购价格同比下降 5%。

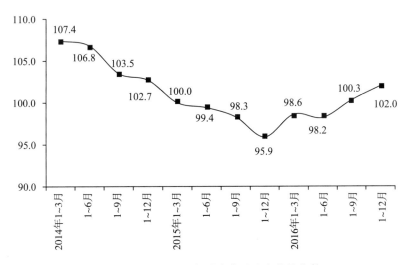

图 9-3　2014—2016 年季度茶叶生产价格指数

全国春茶成品茶价格稳中略升。广西早春茶价格总体上涨 10% 左右；江西春茶销售价格也略有上升；广东单丛茶销售较旺，中低档产品价格均比上年有 20%～30% 的涨幅。湖南、河南、福建等地春茶销售价格与上年基本持平。个别茶区销售价格稳中略降。安溪色种类茶叶与早期铁观音上市后价格保持稳定，后期高山茶区铁观音及大宗茶较上年同期略有回调。武夷山茶区受 5 月初短时暴雨天气影响，品种茶价格稳中略降，大红袍价格与上年基本持平（图 9-4）。

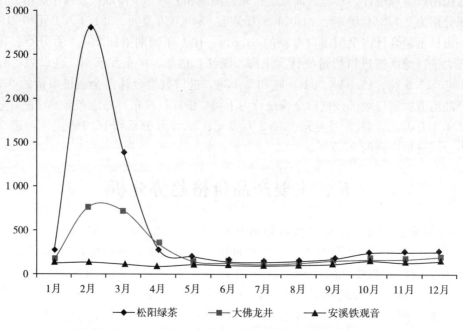

图 9-4　2016 年 1～12 月中国茶叶指数之地方名茶指数

六、热点事件

（一）新式茶饮异军突起，传统茶企零售变革时代到来

喜茶扩张突破 1 500 家店，获 IDG 资本等 1 亿元融资；嫩绿茶、因味茶门店数量迅速增加，获刘强东 5 亿元人民币融资；大益茶庭、放牛斑等店面扩张之路风起云涌；星巴克宣布旗下高端茶品牌 Teavana 进入中国。新式茶饮不仅受到广大年轻消费群体喜爱，也受到资本市场青睐。在传统茶萎靡的大背景下，新式茶饮的异军突起，受到广大年轻消费群体的关注与喜爱及资本的青睐。2016 年如奶茶妹妹变身小天董投资的因味茶、消费者常在门口排长队且获亿元融资的喜茶等，新式茶饮品牌的兴起为茶饮行业发展注入了新的活力。不仅如此，大益、天福茶业、正山堂、郑福星等传统茶企也迈出变革步伐。新式茶饮成为茶界一股清新的力量，并为传统茶饮的转型升级开辟了一条新道路。

（二）资本注入茶业，推动产业规模化发展

中国的茶企虽多，但大多数是中小型茶企，缺少规模与资本，没有形成大品牌。目前中国茶产业的规模超过 3 000 亿元，而国际市场则超过万亿，饮茶的人有 2 亿人，未来，这些数字还有望继续增大。2016 年茶类企业获得资本市场更多青睐。4 月，醉品·茶帮通获顺为资本领投亿元 B 轮融资；7 月，因味茶获刘强东 5 亿元融资；8 月，喜茶获 IDG 资本等 1 亿元融资；9 月，小茶一丛宣布获得 800 万元天使轮融资。资本发力注入茶业，推

动茶产业向规模化、现代化快速发展。

虽然现阶段，传统茶企对走资本市场的主观积极性还不高，但随着各类强势资本关注并投入茶行业，同时为茶行业引入优秀的团队、先进的理念和经营模式，将推动茶行业更加规范、健康、繁荣地发展，也将促进传统企业对资本市场的关注与重视。

（三）茶产业转型升级，供给侧改革提上日程

2016年，随着国家结构性政策的调整，供给侧改革的深化推进，茶行业作为一个"边缘"的传统行业，在新形势下要消化过剩产能，成功升级转型，度过卖茶难关，同样必须从"供给侧"进行改革，提高茶叶品质、优化各类存量，塑造茶叶品牌。2016年，农业部部长韩长赋也做出重要批示："要下决心，把我国茶叶做成优质高效、品牌高价、世界皆知、全球畅销的大产业。这里关键是控制总量，改良品种，大力推进标准园建设，加快向有机化发展，大力培育大企业、大品牌；要指定茶叶生产优势区、最宜区，用最干净的土壤种茶叶……"。国家政策指导、地方政府扶持、科研科技创新、企业发展战略共同发力促进产业转型升级，茶产业供给侧改革逐步提上日程。

（四）各地茶交所不断涌现，促进产融互动

2016年1月至11月，全国各地涌现多家茶交所，交易成绩各有突破，为茶产业经济的金融化提速。蒙顶山茶交所自2015年12月8日上线后，2016年上半年交易额近400亿元；9月5~6日，大圆普洱交易中心日交易额连续突破10亿元；陆羽茶交所的合作茶企怡清源，2016年挂牌4款产品，已实现70吨的销售。自2016年9月"绿色金融"首次正式纳入G20峰会的重要议题后，国家层面和全世界重要经济体都在关注"绿色金融"发展。"绿色金融"的重要作用之一，就是引导金融资源流向资源节约技术的开发和生态环境的保护，注重绿色产业的发展。

虽然茶产业是中国传统而长久的绿色产业，也需要金融的服务与产品来促进行业绿色、创新、协调发展，但茶产业的金融化也是近期才初见端倪。目前，业内可见的，主要有茶交所推动"互联网＋茶产业＋金融＋现代物流"的创新商业模式。2016年，蒙顶山茶交所、大圆普洱交易中心、陆羽茶交所等成立，受到业内广泛关注。同时，茶交所还在广东、福建、北京、江苏等地先后涌现，大有在全国遍地开花势头。

（五）茶旅全新升级，庄园模式厚积薄发受热捧

8月，安溪县出台《安溪县现代茶叶庄园建设扶持补助办法》，鼓励企业兴建茶叶庄园；年初，浙江省政府也已下发《关于促进茶产业传承发展的指导意见》，指出将引导建设一批茶庄园，到2020年全省建成20个左右茶业特色强镇。2016年6月初，大益茶业集团、云南金孔雀旅游集团及云南省农业科学院茶叶研究所，三方在"茶旅同行"上战略联手，云茶庄园正式更名为"大益庄园"；经过10年时间的积淀，柏联普洱借鉴波尔多葡萄酒庄园模式，在景迈山打造普洱茶庄园，集普洱茶种植、生产、营销、文化、旅游、科研为一体等。

目前，福建、云南、浙江、山东等产茶区都兴起茶庄园的规划和建设，中国茶庄园开

始厚积薄发受热捧。随着服务业成为第一大产业的优势在不断显现，旅游领衔"五大幸福产业"之首，既拉动了消费增长，也促进了消费升级。与此同时，国内各茶产区政府、品牌茶企纷纷联动着力打造"茶＋旅游"新业态，建设生态茶园茶庄，打造源头基地，助推茶业变革升级。茶旅模式大大地激活了国内主要茶产区经济，中国茶庄园对标欧洲酒庄模式，厚积薄发、前景可期。

第10章 水产品加工

2016 年，我国水产品加工业发展稳中向好，主营业务收入和利润增速均有所回升。2016 年是"十三五"规划开局之年，中国经济正处于新旧动能转换、经济转型升级的关键时期。在政府"保环境、调结构、强动力"的发展思路影响下，水产品生产总体平稳，转方式调结构有序推进，水产品加工业在保持生产数量稳定的同时，正在不断提升品质。

一、原料及主要产品产量情况

2016 年全国水产品总产量 6 901.3 万吨，同比增长 3.0%。其中，养殖产量 5 142.4 万吨，同比增长 4.1%；捕捞产量 1 758.9 万吨，同比降低 0.2%，养殖产品与捕捞产品的产量比例为 74.5∶25.5；海水产品产量 3 490.2 万吨，同比增长 2.4%，淡水产品产量 3 411.1 万吨，同比增长 3.7%，海水产品与淡水产品的产量比例为 50.6∶49.4[①]。截至 2016 年年底，全国水产加工企业 9 694 个，水产冷库 8 595 座。水产加工品总量 2 165.4 万吨，同比增长 3.5%，其中，海水加工产品 1 775.1 万吨，淡水产品 390.4 万吨，同比分别增长 3.3% 和 4.4%。用于加工的水产品总量 2 635.8 万吨，同比增长 15.9%，其中，海水产品 2 066.4 万吨，淡水产品 569.4 万吨，同比分别增长 20.7% 和 1.3%。

二、行业经济运行情况

（一）行业总体情况

2016 年，全国规模以上水产品加工业企业数量为 2 242 家，占规模以上农产品加工企业数量的 2.8%，比 2015 年增加 72 家，比 2014 年增加 115 家。累计完成主营业务收入 5 659.4 亿元，占规模以上农产品加工企业主营业务收入的 2.8%，同比增长 6.9%，比 2015 年同期增速提高 5.1 个百分点。累计实现利润总额 320.9 亿元，占规模以上农产品加工业企业利润总额的 2.4%，同比增长 9.2%，比 2015 年同期增速上升 6.7 个百分点。水产品加工业主营业务收入利润率为 5.7%，比上年提高 0.2 个百分点，低于农产品加工业总体水平 0.9 个百分点，水产品加工业主营业务收入利润率近 3 年来基本保持在 5%～

---

① 出自《2016 年全国渔业经济统计公报》。

6%的范围内（图10-1，图10-2，图10-3）。

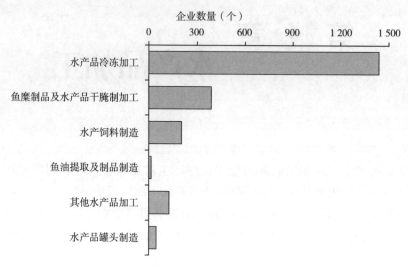

图 10-1　2016 年水产品加工业分行业企业数量

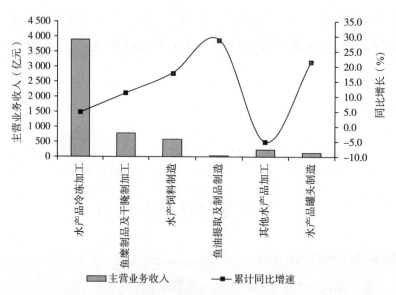

图 10-2　2016 年水产品加工业分行业主营业务收入

（二）水产品冷冻加工业企业数量显著增加

2016 年，全国规模以上水产品冷冻加工企业 1 450 家，占规模以上水产品加工企业数量的 64.7%，比 2015 年增加 34 家，比 2014 年增加 42 家。完成主营业务收入3 894.4亿元，占规模以上水产品加工业主营业务收入的 68.8%，同比增长 4.8%，比2015 年同期增速提高 6.2 个百分点。累计实现利润总额 209.7 亿元，占规模以上水产品加工业利润总额的 65.4%，同比增长 6.1%，比 2015 年同期增速提高 5.6 个百分点。

水产品冷冻加工业主营业务收入利润率为 5.4%，比水产品加工业主营业务收入利润率低 0.3 个百分点。

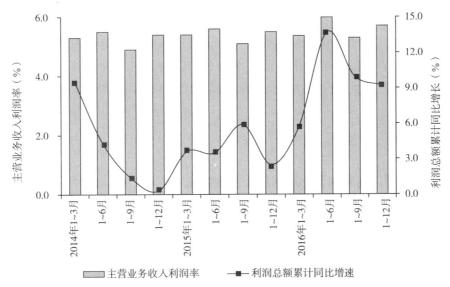

图 10-3　2014—2016 年水产品加工业利润总额增速与主营业务收入利润率

（三）鱼糜制品及水产品干腌制加工业营收增速加快

2016 年，全国规模以上鱼糜制品及水产品干腌制加工企业 394 家，占规模以上水产品加工企业数量的 17.6%，比 2015 年增加 17 家，比 2014 年增加 34 家。完成主营业务收入 785.9 亿元，占规模以上水产品加工企业主营业务收入的 13.9%，同比增长 11.2%，比 2015 年同期增速上升 9.3 个百分点。累计实现利润总额 46.1 亿元，同比增长 6.6%，比 2015 年同期下降 2.3 个百分点。主营业务收入利润率为 5.9%，比上年下降 0.2 个百分点，比水产品加工业主营业务收入利润率高 0.2 个百分点。

（四）水产饲料制造业效益显著提升

2016 年，全国规模以上水产饲料制造企业 208 家，占规模以上水产品加工企业数量的 9.3%，比 2015 年增加 19 家，比 2014 年增加 28 家。完成主营业务收入 581.9 亿元，占规模以上水产品加工企业主营业务收入的 10.3%，同比增长 17.8%，比 2015 年同期下降 2.4 个百分点。累计实现利润总额 41.1 亿元，同比增长 42.8%，比 2015 年同期提高 40.6 个百分点。主营业务收入利润率为 7.1%，比上年提高 1.3 个百分点，比水产品加工业主营业务收入利润率高 1.4 个百分点。

三、企业调查情况

本次调查，全国共有 484 家水产品加工企业填报年度统计调查表，有效样本中规模以上水产品加工企业 408 家。2016 年，参与本次调查的规模以上水产品加工企业主营业务收入同比增长 7.4%，利润总额同比增长 6.6%；基地建设情况良好，至少建有一类生产基地的企业占比达 67.0%；电子商务有序发展，40.2% 的企业开展了电子商务，其电子商务收入占主营业务收入的比例较上年提高 9.2 个百分点。在质量安全与品牌建设方面，企业质量安全体系建设基本健全，68.9% 的企业通过 ISO 系列或质量体系认证，41.9% 的企业获省级以上名牌产品或驰名商标等品牌认证。在科技进步与创新方面，44.1% 的企业建立了研发机构，企业研发人员占比小幅提高，整体研发经费投入增加。通过"合同联结"带动农户数同比增长 0.6%，平均每户返还利润同比增长 24.8%。其中通过"股份合作"的方式，平均每户所得的收益同比上升 9.7%，行业带动农户数量稳步增长。

（一）以小型企业和水产品冷冻加工企业为主

企业规模以小型为主。2016 年，参与本次调查的规模以上水产品加工企业中，大型企业 25 家，占 6.1%；中型企业 100 家，占 24.5%；小型企业 275 家，占 67.4%；微型企业 8 家，占 2.0%。

注册登记类型以有限责任公司为主。有限责任公司 280 家，占 68.6%；私营企业 70 家，占 17.2%；股份有限公司 22 家，占 5.4%；国有企业 2 家，占 0.5%；股份合作企业 1 家，占 0.2%；港澳台商投资企业等其他类型企业 33 家，占 8.1%。

水产品冷冻加工企业居多。2016 年，参与本次调查的规模以上水产品加工企业中，水产品冷冻加工企业 258 家，占 63.2%；鱼糜制品及水产品干腌制加工企业 32 家，占 7.9%；水产品罐头制造企业 18 家，占 4.4%；水产饲料制造企业 5 家，占 1.2%；鱼油提取及制品制造企业 2 家，占 0.5%；其他水产品加工企业 93 家，占 22.8%。

（二）行业发展情况

水产品加工业经营状况良好，主营业务收入和利润保持中高速增长。2016 年，参与本次调查的规模以上水产品加工企业完成主营业务收入 860.5 亿元，同比增长 7.4%，比全国规模以上水产品加工企业主营业务收入增速略高 0.5 个百分点；实现利润总额 61 亿元，同比增长 6.6%，低于全国规模以上水产品加工企业利润增速 2.6 个百分点。

从业人员呈现上升态势，生产人员基本持平，研发人员小幅增长。2016 年被调查企业的从业人员总数 16.5 万人，同比增长 1.4%。其中，生产人员 11.9 万人，同比增长 0.1%；研发人员 6 444 人，占从业人员总数的 4.4%，同比增长 5.0%。

产能利用率小幅提高。2016 年，水产品加工企业产能利用率的平均值为 33.4%（产能利用率的中位数为 23.3%），较上年提高 0.8 个百分点。分区域看，西部地区产能利用率增长较快，东部和东北地区小幅上升，中部地区下降。其中，东、中、西部地区及东北地区企业的产能利用率分别为 35.9%、33.1%、33.1% 和 25.4%，除中部地区较上年下降 1.5 个百分点外，其他地区分别较上年提高 0.9、7.2 和 1.0 个百分点。分规模看，微型企业的产能利用率上升较快，小型企业小幅下降。大、中、小、微型企业产能利用率分别为 52.6%、32.2%、33.4% 和 25.3%，除小型企业较上年下降 0.3 个百分点外，其他类型企业较上年同期分别提高 1.2、3.8 和 7.0 个百分点。

水产品加工业的产业集中度有所降低。2016 年，被调查企业的主营业务收入基尼系数为 0.614，2015 年主营业务收入的基尼系数为 0.619，水产品加工业整体集中度有所降低。2016 年，东部地区产业集中度基本保持不变，中部地区与东北地区产业集中度下降，西部地区产业集中度上升。东部地区 2016 年的基尼系数为 0.641，与上年度基本持平；中部地区 2015 年的基尼系数为 0.535，2016 年的基尼系数为 0.515，产业集中度下降；西部地区 2015 年的基尼系数为 0.603，2016 年的基尼系数为 0.618，产业集中度上升；东北地区 2015 年的基尼系数为 0.489，2016 年的基尼系数为 0.451，产业集中度下降明显。

自建或订单水产养殖面积增幅较大。2016 年，水产品加工企业拥有自建生产基地或建有订单生产基地的水产品加工企业占 67.0%。其中，79 家有自建生产基地，占 19.4%；28 家有订单生产基地，占 6.9%；166 家兼有两类生产基地，占 40.7%。自建基地水产养殖面积达到 2 843.3 万亩，较上年增加 115.7 万亩，同比增长 4.2%；订单基地水产养殖面积为 2 457.3 万亩，较上年增加 210.3 万亩，同比增长 9.4%；其他方式带动水产养殖面积为 513.5 万亩，较上年增加 23.2 万亩，同比增长 1.0%。

电子商务交易发展水平良好，电子商务实现主营业务收入的增速较快。被调查企业中，164 家企业开展了电子商务交易，占 40.2%。分区域看，东、中、西部地区及东北地区开展电子商务的企业占比分别为 35.3%、27.2%、34.4% 和 44.0%，东北地区的电商参与度最高，中部地区最低。分规模看，大、中、小、微型企业开展电子商务的占比分别为 80.0%、47.0%、33.5% 和 62.5%，大型企业参与度高，小型企业参与度低。电商销售收入占主营业务收入比例进一步上升。2016 年平均每家企业的电商销售收入 1 591.5 万元，同比增长 40.9%，占主营业务收入总额的 9.2%，较上年同期提高 1.1 个百分点。园区内开展电子商务的企业比例高于非园区内企业。园区内 164 家企业中开展电子商务的企业有 74 家，占园区内企业总数的 45.1%；非园区内 244 家企业中开展电子商务的企业有 90 家，占非园区内企业总数的 36.9%。

（三）质量安全与品牌建设处于较好水平

质检管理体系建设处于农产品加工行业的中等水平。2016 年，参与本次调查的规模以上水产品加工企业中，328 家水产品加工企业建有企业产品质量管理制度，占调查企业总数的 80.4%；269 家企业建有专门质检机构，占 65.9%；145 家企业建有通过计量认证的质检机构，占 35.5%。通过 ISO 9000 系列认证的企业占 44.6%，通过 ISO 14000 系列认证的占 15.7%，通过 ISO 22000 系列认证的占 36.5%，通过 HACCP、GMP 认证的分别占 53.9%、17.6%。

"三品一标"认证的水产养殖面积基本与上年度持平，"三品"认证的企业数量超过四成。获得"三品一标"认证的水产养殖面积达到 294.6 万亩。获得"三品"认证的水产品加工企业占比达 40.8%。其中，通过无公害农产品认证的占 20.3%，通过绿色食品认证的占 13.7%，通过有机食品认证的占 7.8%。此外，13.0% 的水产品加工企业生产销售的是"农产品地理标志认证产品"。

（四）科技进步与研发能力建设

企业较为注重研发机构建设。被调查企业中，180家建立了专门研发机构，占44.1%，其中建有省级以上研发中心的有30家。分区域看，东、中、西部地区及东北地区水产品加工企业建有研发机构的占比分别为44.2%、52.7%、64.3%和30.4%。分规模看，大、中、小型企业建有研发机构的占比分别为76.0%、67.0%和34.2%。调查的微型水产加工企业均未设立研发机构。

研发人员规模小幅增加。2016年，水产品加工业每千名员工中有研发人员43人，较上年增加2人。分规模看，大、中、小、微型企业研发人员占比分别为3.9%、4.6%、3.8%和4.7%，较上年分别提高0.1、0.1、0.3和0.4个百分点。

研发投入经费小幅增加，研发投入强度基本持平。被调查的水产品加工企业平均每家投入研发经费364.1万元，同比增长2.2%。分区域看，东部地区与中部地区研发经费投入强度略有下降，西部地区与东北地区维持稳定。东部地区研发经费投入强度1.2%，低于上年0.5个百分点；中部地区研发经费投入强度0.7%，低于上年0.1个百分点；西部地区与东北地区分别维持在0.6%与0.5%。

（五）行业与农户利益联结机制

带动农户数量小幅增长。本次调查共有118家企业报告了"合同联结带动农户数"指标，其中大、中、小、微型企业分别为13家、42家、62家和1家。2016年这些企业通过"合同联结"带动农户总数为240.8万户，高于上年2.2个百分点。分规模看，企业通过"合同联结"带动农户数量均有所改变，特别是微型企业增幅最为显著。2016年大型企业平均"合同联结带动农户"0.7万户，低于上年0.4个百分点；中型企业平均带动0.5万户，高于上年1.6个百分点；小型企业平均带动0.1万户，低于上年0.6个百分点；微型企业平均带动26户，高于上年30个百分点。

对农户增收贡献作用显著。118家报告了"合同联结带动农户数"指标的企业中，有101家报告了"按合同价收购农产品比按市场价多向农户支付的金额"指标。这101家企业，2015年总共向32.7万"合同联结"农户多支付了13亿元，平均每户支付3 936.2元；2016年总共向32.9万"合同联结"农户多支付了13.6亿元，平均每户支付4 130.0元。平均支付金额同比有所上升，同时可以看到，通过"合同联结"方式带动农户总数增加了0.2万户，高于上年0.6个百分点。另外通过"合作联结"方式返还利润，也是企业与农户合作的重要方式。2016年，61家企业通过"合作联结"方式带动12万户，同比增长2.5%；返还利润3.6亿元，平均每户返还利润3 033.1元，同比增长24.8%。少数企业通过"股份合作联结"带动农户，促进农户增收。2016年，16家企业通过"股份合作联结"带动农户1.1万户，总共支付股份分红和保底收益1.1亿元，平均每家农户10 671.1元，同比增长9.7%。

四、主要产品贸易情况分析

2016 年，全国水产品加工商品进出口均有增加，全年累计进出口总额为 172.0 亿美元，同比增长 3.1%，增速较上年同期提高 9.5 个百分点；累计进出口总量 522.7 万吨，同比增长 1.3%，增速较上年同期提高 7.8 个百分点。其中，累计出口金额 121.8 亿美元，同比增长 2.1%，增速较上年同期提高 8.1 个百分点；累计出口量 275.3 万吨，同比增长 4.7%，增速较上年同期提高 9.8 个百分点。累计进口金额 50.3 亿美元，同比增长 5.5%，增速较上年同期提高 12.8 个百分点；累计进口量 247.3 万吨，同比下降 2.3%，降幅收窄 5.5 个百分点。在水产品加工贸易中，冷冻加工水产品的进出口总额和进出口总量居首位（图 10-4）。

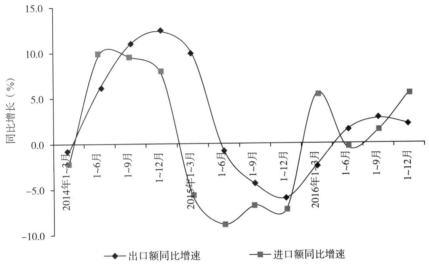

图 10-4　2014—2016 年水产品加工进出口额累计同比增长率

（一）冷冻加工水产品进出口增加

2016 年，全国冷冻加工水产品累计进出口总量 431.5 万吨，占水产品加工业进出口总量的 82.6%，同比增长 4.4%；累计进出口金额 127.4 亿美元，占水产品加工业进出口金额的 74.1%，同比增长 3.5%，增速较上年同期提高 11.8 个百分点。其中，冷冻加工水产品累计出口量 219.3 万吨，同比增长 5.7%，出口金额 84.2 亿美元，同比增长 2.1%，增速较上年同期提高 11.0 个百分点；累计进口量 212.2 万吨，同比增长 3.1%，进口金额 43.2 亿美元，同比增长 6.4%，增速较上年同期提高 13.5 个百分点。

按贸易方式看，冷冻加工水产品出口的主要贸易方式是一般贸易方式。采用一般贸易方式出口 134.1 万吨，同比增长 12.2%，占全部冷冻加工水产品出口数量的 61.1%；采用一般贸易方式出口金额 50.1 亿美元，同比增长 4.2%，占全部冷冻加工水产品出口金额的 59.5%。冷冻加工水产品进口的主要贸易方式是进料加工贸易，采用进料加工贸易方式进口的数量为 70.9 万吨，同比增长 2.6％，占全部冷冻加工水产品进口数量的 33.4％，采用进料加工贸易方式进口金额 13.3 亿美元，同比增长 0.4％，占全部冷冻加工水产品进口金额的 30.8％。

境外进出口情况。冷冻加工水产品前五大出口目的地按出口数量统计为美国、韩国、日本、泰国和德国，2016 年分别出口 27.6 万吨、23.7 万吨、23.7 万吨、15.0 万吨和 13.0 万吨，合计占全部冷冻加工水产品出口数量的 46.9％，占比与上年持平；前五大出口目的地按出口金额统计为日本、美国、韩国、中国香港地区和中国台湾地区，2016 年出口金额分别为 13.1 亿美元、12.4 亿美元、5.8 亿美元、5.3 亿美元和 5.2 亿美元，合计占全部冷冻加工水产品出口金额的 49.6％，同比下降 1.7 个百分点。冷冻加工水产品前五大进口来源地按进口数量统计为俄罗斯联邦、美国、挪威、中国台湾地区和加拿大，2016 年分别进口了 89.6 万吨、34.3 万吨、16.1 万吨、8.0 万吨和 7.8 万吨，合计占全部冷冻加工水产品进口数量的 73.4％，占比与上年持平；前五大进口来源地按进口金额统计为俄罗斯联邦、美国、挪威、加拿大和阿根廷，2016 年进口金额分别为 12.8 亿美元、7.1 亿美元、3.5 亿美元、3.0 亿美元和 2.1 亿美元，合计占全部冷冻加工水产品进口金额的 66.1％，同比下降 0.7 个百分点。

境内进出口情况。冷冻加工水产品前五大出口地区为山东、福建、辽宁、浙江和广东，2016 年出口数量分别为 63.8 万吨、51.0 万吨、41.9 万吨、24.4 万吨和 16.1 万吨，除辽宁同比下降 0.8％外，其他四省同比分别增长 1.8％、19.9％、15.2％和 0.5％，出口数量合计占全部冷冻加工水产品出口数量的 89.9％，，比上年同期增长 1.0 个百分点；前五大出口地区出口金额分别为 24.3 亿美元、21.3 亿美元、13.7 亿美元、8.4 亿美元和 8.0 亿美元，同比分别增长 -0.6％、16.8％、-1.3％、4.3％和 -1.8％，出口金额合计占全部冷冻加工水产品出口金额的 89.8％，比上年同期增长 1.6 个百分点。冷冻加工水产品前五大进口地区为山东、辽宁、福建、浙江和广东，2016 年进口数量分别为 89.4 万吨、85.2 万吨、10.8 万吨、8.2 万吨和 4.4 万吨，同比分别增长 -5.9％、12.3％、32.3％、2.6％和 -26.2％，进口数量合计占全部冷冻加工水产品进口数量的 93.3％；前五大进口地区进口金额分别为 19.3 亿美元、14.0 亿美元、1.6 亿美元、1.9 亿美元和 1.3 亿美元，同比分别增长 0.5％、15.5％、27.1％、30.7％和 -34.6％，进口金额合计占全部冷冻加工水产品进口金额的 88.4％。

（二）干熏腌渍水产品出口增长率由负转正

2016 年，全国干熏腌渍水产品累计进出口总量为 27.1 万吨，占水产品加工业进出口总量的 5.2％，同比增长 10.4％；累计进出口金额 7.5 亿美元，占水产品加工业进出口金额的 4.4％，同比增长 1.1％。其中，干熏腌渍水产品累计出口量 11.1 万吨，同比增长 6.4％，出口金额 6.1 亿美元，同比增长 1.1％；累计进口量 15.9 万吨，同比增长 13.4％，进口金额 1.4 亿美元，同比增长 1.1％。

按贸易方式看，干熏腌渍水产品出口的主要贸易方式是进料加工贸易。采用进料加工贸易方式出口的干熏腌渍水产品数量为 5.5 万吨，同比增长 18.3％，占全部干熏腌渍水产品出口数量的 49.5％，出口金额为 2.8 亿美元，同比增长 8.3％，占全部干熏腌渍水产品出口金额的 46.0%；干熏腌渍水产品加工进口的主要贸易方式是一般贸易方式，采用一般贸易方式进口的数量为 11.0 万吨，同比增长 15.0%，占全部干熏腌渍水产品进口数量的 69.2%，进口金额为 9 251.1 万美元，同比增长 2.9%，占全部干熏腌渍水产品进口金额的 64.2%。

境外进出口情况。干熏腌渍水产品五大出口目的地按出口数量统计为日本、中国台湾地区、韩国、美国和巴西，2016 年分别出口 2.3 万吨、1.6 万吨、1.4 万吨、1.2 万吨、1.1 万吨，出口数量合计占全部干熏腌渍水产品出口数量的 70.0%，同比下降 0.9 个百分点；前五大出口目的地按出口金额统计为日本、中国台湾地区、韩国、美国和巴西，2016 年出口金额分别为 1.2 亿美元、1.1 亿美元、9 159.5 万美元、4 990.5 万美元、4 423.5 万美元，出口金额合计占全部干熏腌渍水产品出口金额的 68.7%，同比下降 1.0 个百分点。干熏腌渍水产品前五大进口来源地按进口数量统计为印度尼西亚、韩国、菲律宾、越南和马来西亚，2016 年分别进口 13.6 万吨、1.3 万吨、2 713.9 吨、1 587.6 吨和 1 287.8 吨，进口数量合计占全部干熏腌渍水产品进口数量的 97.3%，同比下降 0.4 个百分点；前五大进口来源地按进口金额统计为印度尼西亚、韩国、朝鲜、加拿大和越南，2016 年进口金额分别为 1.1 亿美元、769.1 万美元、501.8 万美元、468.2 万美元和 431.4 万美元，进口金额合计占全部干熏腌渍水产品进口金额的 90.5%，同比下降 2.9 个百分点。

境内进出口情况。干熏腌渍水产品前五大出口地区为辽宁、山东、福建、吉林和江苏，2016 年出口数量分别为 5.9 万吨、2.3 万吨、1.4 万吨、6 905.1 吨和 4 007.2 吨，同比分别增长 8.0%、0.2%、1.6%、18.2% 和 11.5%，出口数量合计占全部干熏腌渍水产品出口数量的 96.1%；前五大出口地区出口金额分别为 2.4 亿美元、1.3 亿美元、1.1 亿美元、6 461.2 万美元和 1 936.9 万美元，同比分别增长 2.7%、2.1%、-11.5%、9.7% 和 17.7%，出口金额合计占全部干熏腌渍水产品出口金额的 92.9%。干熏腌渍水产品前五大进口地区为福建、浙江、上海、广西和山东，2016 年进口数量分别为 7.0 万吨、3.5 万吨、1.4 万吨、1.0 万吨和 9 331.8 吨，同比分别增长 3.1%、16.6%、-10.8%、217.4% 和 39.3%，进口数量合计占全部干熏腌渍水产品进口数量的 87.0%；前五大进口地区进口金额分别为 5 497.2 万美元、3 382.4 万美元、1 297.2 万美元、831.0 万美元和 675.6 万美元，同比分别增长 -10.2%、8.6%、-30.3%、223.5% 和 36.2%，进口金额合计占全部干熏腌渍水产品进口金额的 81.1%。

（三）冻干腌贝参蛤类水产品进口量大幅下降

2016 年，冻干腌贝参蛤类水产品累计进出口总量为 64.1 万吨，占水产品加工业进出口总量的 12.3%，同比下降 18.0%；累计进出口金额 37.1 亿美元，占水产品加工业进出口金额的 21.6%，同比增长 2.0%。其中，冻干腌贝参蛤类水产品累计出口量 44.8 万吨，与上年基本持平，出口金额 31.5 亿美元，同比增长 2.3%；累计进口量 19.3 万吨，同比下降 42.1%，进口金额 5.7 亿美元，同比增长 0.2%。

按贸易方式看，冻干腌贝参蛤类水产品出口的主要贸易方式是一般贸易。采用一般贸易方式出口的冻干腌贝参蛤类水产品数量为 41.5 万吨，同比增长 5.5%，占全部冻干腌贝参蛤类水产品出口数量的 92.6%，出口金额为 28.8 亿美元，同比增长 2.8%，占全部冻干腌贝参蛤类水产品出口金额的91.3%。冻干腌贝参蛤类水产品进口的主要贸易方式是一般贸易方式，采用一般贸易方式进口的数量为8.4万吨，同比下降33.3%，占全部冻干腌贝参蛤类水产品进口数量的24.9%；进口金额为2.1亿美元，同比增长2.0%，占全部冻干腌贝参蛤类水产品进口金额的31.2%。

境外进出口情况。冻干腌贝参蛤类水产品前五大出口目的地按出口数量统计为泰国、韩国、美国、日本和菲律宾，2016年分别出口了6.5万吨、5.6万吨、4.9万吨、4.3万吨、3.2万吨，出口数量合计占全部冻干腌贝参蛤类水产品出口数量的54.6%，比上年同期下降0.5个百分点；前五大出口目的地按出口金额统计为泰国、美国、中国香港地区、中国台湾地区和韩国，2016年出口金额分别为4.7亿美元、4.2亿美元、3.4亿美元、3.2亿美元和2.7亿美元，出口金额合计占全部冻干腌贝参蛤类水产品出口金额的57.5%，比上年同期下降7.3个百分点。冻干腌贝参蛤类水产品前五大进口来源地按进口数量统计为印度尼西亚、日本、韩国、美国和新西兰，2016年分别进口了5.1万吨、4.7万吨、2.2万吨、2.0万吨和1.8万吨，进口数量合计占全部冻干腌贝参蛤类水产品进口数量的81.8%，同比上升10.2个百分点；前五大进口来源地按进口金额统计为日本、印度尼西亚、美国、新西兰和韩国，2016年进口金额分别为2.0亿美元、1.2亿美元、6 400.4万美元、5 048.1万美元和4 313.2万美元，进口金额合计占全部冻干腌贝参蛤类水产品进口金额的84.6%，同比上升11.8个百分点。

境内进出口情况。冻干腌贝参蛤类水产品前五大出口地区为福建、山东、浙江、辽宁和河北，2016年出口数量分别为17.3万吨、12.3万吨、4.7万吨、3.9万吨和3.0万吨，同比分别增长-1.7%、10.8%、9.0%、1.6%和-1.0%，出口数量合计占全部冻干腌贝参蛤类水产品出口数量的92.0%，比上年同期上升2.8个百分点；前五大出口地区出口金额分别为14.8亿美元、6.1亿美元、1.8亿美元、2.9亿美元和2.4亿美元，同比分别增长-2.3%、28.1%、-3.4%、0.1%和-15.3%，出口金额合计占全部冻干腌贝参蛤类水产品出口金额的89.2%，同比下降0.3个百分点。冻干腌贝参蛤类水产品前五大进口地区为福建、山东、辽宁、河北和广东，2016年进口数量分别为6.4万吨、6.2万吨、4.7万吨、8 614.5吨和3 105.8吨，除河北同比增长28.3%之外，其他四省同比分别下降36.5%、41.2%、28.3%和62.7%，进口数量合计占全部冻干腌贝参蛤类水产品进口数量的95.7%；前五大进口地区进口金额分别为1.4亿美元、1.8亿美元、1.7亿美元、2 271.2万美元和1 069.1万美元，除广东同比下降40.8%之外，其他四省同比分别增长0.7%、4.6%、33.6%和78.6%，进口金额合计占全部冻干腌贝参蛤类水产品进口金额的93.8%。

五、主要产品价格趋势分析

（一）活鲤鱼价格呈现倒"U"形走势

根据国家统计局50个城市主要食品平均价格监测数据显示，2016年活鲤鱼价格基本稳定在15.0～16.2元/千克，年度平均价格为15.7元/千克。从月度价格波动情况看，受春节节日效应影响，活鲤鱼价格从 1 月的 15.05 元/千克迅速增至 2 月中旬的 16.18 元/千克，达到年内高点，增速达 7.5％，年后价格出现回落，接着 5~8 月价格呈上升趋势；8月中旬之后价格开始下滑，直至 12 月下旬价格下跌至 15.13 元/千克，与年初价格大致相同（图 10-5）。

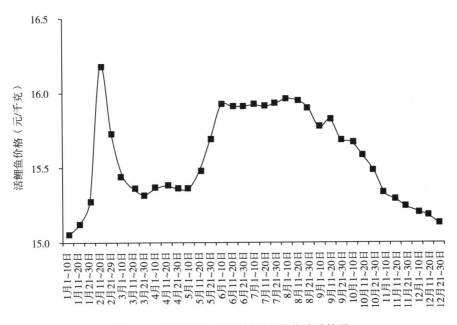

图 10-5　2016 年 1~12 月活鲤鱼价格波动情况

（二）活草鱼价格比上年略有提高

根据国家统计局 50 个城市主要食品平均价格监测数据显示，2016 年活草鱼价格基本稳定在 15.4~16.8 元/千克，年度平均价格为 16.2 元/千克，平均价格比上年提高 0.2 元/千克。从月度价格波动情况看，由于 2 月下旬年关将至，1~2 月价格呈迅速上升趋势；之后价格开始下滑，3 月下旬至 8 月下旬，价格呈逐月上升态势，8 月底价格达到全年最高水平，为 16.77 元/千克，比年初上涨 9.3％；9 月中旬开始价格一路下滑，下跌至 12月的 15.8 元/千克（图 10-6）。

（三）带鱼价格总体呈现上升趋势

根据国家统计局 50 个城市主要食品平均价格监测数据显示，2016 年带鱼价格基本稳定在 32.6~36.1 元/千克，年度平均价格为 34.6 元/千克，同比增长 6.5％。从月度价格波动情况看，1 月上旬价格为 32.6 元/千克，为全年最低水平，1~2 月价格呈现迅速上升趋势，为 35.1 元/千克，比 1 月上旬上升了 3.0％；之后价格开始下滑，直至 3 月上旬价格下降至 33.7 元/千克；3 月到年底价格呈现震荡上升趋势，涨至 12 月下旬的 36.1 元/千克，达到全年最高水平，比年初价格提高 10.7％（图 10-7）。

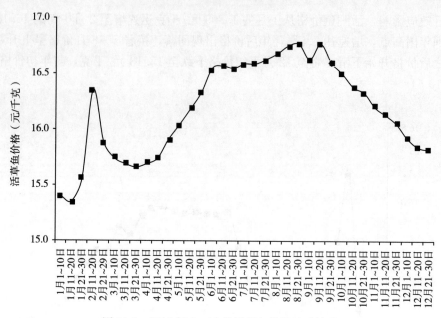

图 10-6　2016 年 1～12 月活草鱼价格波动情况

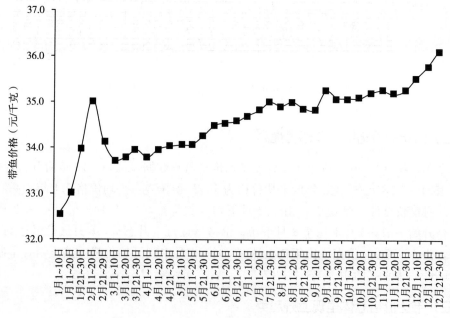

图 10-7　2016 年 1～12 月带鱼价格波动情况

六、热点事件

（一）寒潮、暴雨、台风等自然灾害频发，水产养殖损失惨重

2016 年 1 月，华南地区遭遇了一场百年寒潮，重创了多地的水产养殖业。据统计，

自 1 月 22 日受寒潮影响以来，截至 1 月 29 日 16 时，湛江市水产养殖损失 28 606.3 万元，损失产量 14 323.4 吨，其中网箱养殖损失 11 986 万元、池塘养殖损失 16 540.5 万元、水产苗种损失 59.8 万元、珍珠养殖损失 20 万元。7 月，正值生产旺季时，一场特大暴雨再次袭击华中及华东地区，湖北、湖南、江苏、安徽等地受灾严重，无数水产人的辛苦成果付诸东流。据统计，截至 7 月 14 日，湖北省累计 394.48 万亩养殖水面受灾，其中精养池塘受灾 186.89 万亩，超过精养鱼池总面积的 30％；稻田综合种养受灾面积达 107.11 万亩，占种养总面积的 29.8％；水产品逃逸及死亡损失 37.67 万吨，其中成鱼 32.83 万吨，小龙虾 3.97 万吨。直接经济损失达 63.17 亿元。10 月，第 21 号强台风"莎莉嘉"给海南万宁当地的农业经济作物、水产养殖、房屋等造成了不同程度的损失。据初步统计，万宁受灾人口 333 854 人，倒塌房屋 61 间，直接经济损失 36 789 万元，其中水产养殖损失 2.3 万亩。

（二）水产养殖互助保险打开新局面

2016 年是水产养殖保险在淡水地区试行的第一年。为进一步提高渔业防灾减灾救灾能力，满足渔民群众风险保障要求，10 月 27 日，中国渔业互保协会和全国水产技术推广总站在杭州签署共同推进水产养殖互助保险发展合作协议。根据协议，双方将在构建组织体系、培养人才队伍、对接基层业务、争取政策资金支持等方面开展合作，以期构建覆盖水产养殖保险方案设计、承保展业、定损理赔、生产恢复全过程的组织构架和服务网络，探索出一条行之有效的合作机制和发展途径，将水产养殖互助保险发展成渔业防灾、减灾、救灾体系的重要内容。

（三）2016 年上半年原料价格上涨，饲料企业纷纷上调价格

2016 年 4～6 月，鱼粉价格每吨上涨超过 2 000 元，豆粕价格每吨上涨近 800 元，棉粕价格每吨上涨近 700 元。这几种原料，占到饲料成本的 40％左右。受 2015 年原料价格一路走低的影响，2016 年大部分厂家在年头原料备货比较少，成本压力空前。原料价格上涨是主要原因。2016 年养殖行情依然十分低迷。在大宗原料价格上涨的压力下，步入 6 月，华南部分水产饲料企业率先上调特种料价格，包括海大、通威、恒兴、旺海、粤海、澳华等。6 月 10 日凌晨，海大、粤海、恒兴特种料全面提价，提价幅度在 200～500 元/吨之间。据了解，此次涨价的品种主要有虾料和海水鱼料，涨价不仅仅局限于华南，而是全国市场。涨价幅度为：白虾料和海水鱼料均上涨 300 元/吨，混养料和罗虾料上涨 200 元/吨，大黄鱼和石斑鱼料上涨 500 元/吨。

（四）水产企业纷纷"触电"进军电商

随着"互联网＋"概念的深入，许多水产企业开始瞄准电商领域。纵观整个农牧行业，大北农算得上是农牧企业互联网转型的代表，从"智慧大北农"战略的提出到"农信互联"的成立，再到"猪联网"2.0 上线以及"渔联网"的推出。同样，从 2015 年 3 月 20 日宣布启动"互联网＋"行动计划的通威集团，目前也开始尝试在电商领域发力，2016 年 6 月 22 日上线的"365 渔业商城"就是通威的最新尝试。

对于水产行业来说，在产业链上游，生产资料投入及养殖环节尚未与互联网完成联结，产业链下游的供应商却找到了自己的市场空间，相关资源和企业瞄准消费者餐座上的"最后一公里"的供应链。整条产业链"互联网化"是未来现代农业发展的趋势。

第11章／制糖业

2016 年，我国制糖业发展有所放缓，主营业务收入及利润增速有所下降。其中，规模以上制糖业完成主营业务收入 1 242.4 亿元，同比增长 3.6%；实现利润总额 93.7 亿元，增速在上年快速增长之后企稳。从主要产品看，2016 年糖果产量 351.9 万吨，与上年同期基本持平。

一、原料及主要产品产量情况

由于甘蔗种植面积及产量下降，2016 年我国糖料种植面积及产量均有下降。2016 年，全国糖料种植面积 169.6 万公顷，比 2015 年减少 4.0 万公顷；全国糖料产量 12 341 万吨，比 2015 年减少 159 万吨，同比下降 1.3%。其中，甘蔗种植面积 152.7 万公顷，比 2015 年减少 7.3 万公顷；全国甘蔗产量 11 382 万吨，比 2015 年减少 314 万吨，同比下降 2.7%。甜菜种植面积 16.6 万公顷，比 2015 年增加 2.9 万公顷；全国甜菜产量 957 万吨，比 2015 年增加 153 万吨，同比增长 19.1%。

从产成品产量看，2016 年全国成品糖产量 1 433.2 万吨，同比下降 2.0%，产量有所下降。成品糖产量较大省份有广西、云南和广东，产量分别为 914.3 万吨、220.8 万吨和 116.1 万吨，同比分别下降 0.7%、11.1% 和 9.8%，以上 3 个省份成品糖产量占全国成品糖产量的 87.3%，其中广西成品糖产量占全国产量的 63.8%。2016 年全国糖果产量 351.9 万吨，与上年同期基本持平。糖果产量较大省份有福建、广东、湖南、湖北和山东，产量分别为 81.5 万吨、74.7 万吨、27.6 万吨、27.3 万吨和 26.3 万，除福建和湖北产量同比分别增长 9.5% 和 1.1% 外，其他省份产量同比分别下降 1.8%、2.5% 和 18.4%，以上五省糖果产量占全国产量的 67.5%。

二、行业经济运行情况

2016 年，制糖业运行有所放缓，全国规模以上制糖业企业数量 295 家，比 2015 年减少 2 家，比 2014 年减少 16 家，企业数量连续 3 年下降；完成主营业务收入 1 242.4 亿元，同比增长 3.6%，增速比上年同期下降 3.1 个百分点；累计实现利润总额 93.7 亿元，同比增长 5.0%，增速在上年快速增长之后企稳。制糖业主营业务收入利润率为 7.5%，比农产品加工业主营业务收入利润率高 0.9 个百分点，主营业务收入利润率达到近 4 年来最高（图 11-1，图 11-2）。

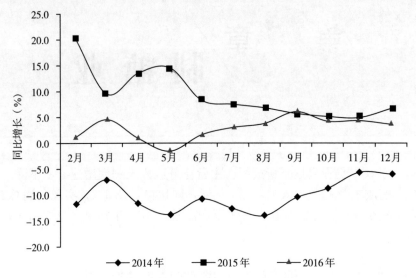

图 11-1　2014—2016 年规模以上制糖业主营业务收入累计同比增速

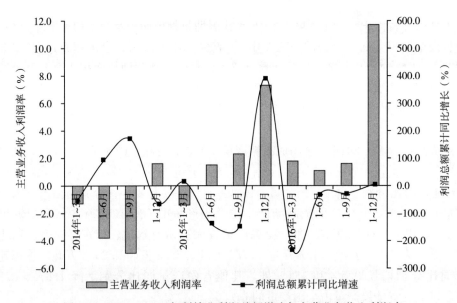

图 11-2　2014—2016 年制糖业利润总额增速与主营业务收入利润率

三、主要产品贸易情况分析

　　2016 年食糖进口大幅下降，累计进口食糖 306.9 万吨，同比下降 36.7％；进口额 11.7 亿美元，同比下降 33.9％。进口来源国以巴西为主，进口 178.0 万吨，占总进口量的 58.0％；其次是古巴和澳大利亚，分别进口 43.7 万吨、19.7 万吨，占总进口量的 14.2％、6.4％。

（一）糖加工出口显著增长，进口大幅下降

2016 年，全国糖加工商品累计进出口量为 321.1 万吨，同比下降 34.7%，增速较上年同期下降 74.0 个百分点。其中，累计出口量 14.9 万吨，同比增长 98.8%，增速较上年同期提高 36.6 个百分点；累计进口量 306.2 万吨，同比下降 36.8%，增速较上年同期下降 75.8 个百分点。全国糖加工商品累计进出口总额 12.5 亿美元，同比下降 31.1%，增速较上年同期下降 49.9 个百分点。其中，累计出口金额 8 318.1 万美元，同比增长 78.6%，增速较上年同期提高 55.6 个百分点；累计进口金额 11.7 亿美元，同比下降 34.0%，增速较上年同期下降 52.7 个百分点（图 11-3）。可以看出，糖加工产品的出口数量和金额较少但都增长较快；进口数量和金额较大，增速呈现负增长态势。

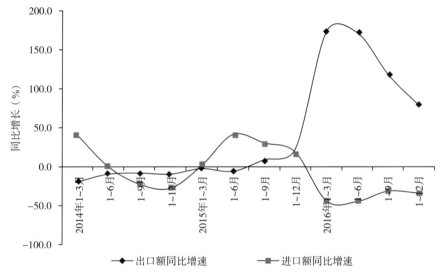

图 11-3 2014—2016 年糖加工商品进出口额同比增长率

按贸易方式看，糖加工商品出口主要的贸易方式是保税区仓储转口货物。2016 年，采用保税区仓储转口货物方式出口的糖加工商品数量为 10.3 万吨，同比增长 211.9%，占全部出口数量的 69.4%，出口金额 4 739.3 万美元，同比增长 231.2%，占全部出口金额的 57.0%；糖加工商品进口主要的贸易方式是一般贸易方式，2016 年，采用一般贸易方式进口的糖加工商品数量为 219.4 万吨，同比下降 17.4%，占全部进口数量的 71.7%，进口金额 8.1 亿美元，同比下降 18.8%，占全部进口金额的 69.5%。

境外进出口情况。糖加工商品前五大出口目的地按出口数量统计为菲律宾、蒙古、中国香港地区、韩国和日本，2016 年分别出口 6.3 万吨、3.3 万吨、2.4 万吨、7 510.3 吨和 4 315.7 吨，出口数量合计占全部出口数量的 88.7%，比上年同期上升 3.1 个百分点；前五大出口目的地按出口金额统计为菲律宾、蒙古、中国香港地区、美国和日本，2016 年出口金额分别为 2 845.6 万美元、1 623.9 万美元、1 291.5 万美元、451.0 万美元和 382.6 万美元，出口金额合计占全部出口金额的 79.3%，比上年同期上升 0.5 个百分点。糖加工商品前五大进口来源地按进口数量统计为巴西、古巴、澳大利亚、韩国和泰国，

2016 年进口数量分别为 198.9 万吨、43.7 万吨、19.7 万吨、19.6 万吨和 17.9 万吨，进口数量合计占全部进口数量的 97.9%，占比较上年提高 4.3 个百分点；前五大进口来源地按进口金额统计为巴西、古巴、韩国、泰国和澳大利亚，2016 年进口金额分别为 7.0 亿美元、1.8 亿美元、1.0 亿美元、8 847.8 万美元和 6 969.2 万美元，进口金额合计占全部进口金额的 97.5%，占比较上年提高 5.5 个百分点。

境内进出口情况。糖加工商品前五大出口地区按出口数量统计为广东、天津、辽宁、福建和广西，福建取代云南进入前五位，2016 年出口数量分别为 9 936.9 吨、3 302.7 吨、873.6 吨、451.1 吨和 255.2 吨，同比分别增长 43.3%、2 848.8%、220.9%、45 013.6% 和 169.6%，出口数量合计占全部出口量的 99.4%；糖加工商品前五大出口地区按出口金额统计为广东、天津、广西、辽宁和福建，福建替代云南位居第五位，出口金额分别为 5 603.9 万美元、1 624.0 万美元、438.3 万美元、353.3 万美元和 213.8 万美元，同比分别增长 32.7%、3 936.2%、205.1%、170.8% 和 554.2%，出口金额合计占全部出口金额的 99.0%，比上年同期上升了 0.2 个百分点。糖加工商品前五大进口地区按进口数量统计为广东、辽宁、山东、河北和福建，2016 年进口数量分别为 65.9 万吨、65.0 万吨、63.2 万吨、24.0 万吨和 22.0 万吨，除河北同比增长 150.4% 外，其他四省同比分别下降 24.5%、38.8%、55.5% 和 28.8%，进口数量合计占全部进口量的 78.4%，比上年同期下降 3.0 个百分点；糖加工商品前五大进口地区按进口金额统计为广东、山东、辽宁、河北和北京，进口金额分别为 2.6 亿美元、2.4 亿美元、2.4 亿美元、8 972.9 万美元和 7 876.1 万美元，除河北和北京同比增长 132.8% 和 4.2% 外，其他三省同比分别下降 17.8%、51.6% 和 38.6%，进口金额合计占全部进口金额的 77.3%，比上年同期下降 1.8 个百分点。

（二）砂糖出口增速加快，进口下降

2016 年，全国砂糖进出口总量达到 44.2 万吨，比上年减少 23.5 万吨，占糖加工产品进出口总量的 12.6%，占比较上年下降 1.6 个百分点；累计进出口总额为 2.2 亿美元，比上年减少 1.2 亿美元，占糖加工产品进出口总额的 16.6%，占比较上年下降 0.4 个百分点。其中，砂糖累计出口量 5.5 万吨，同比增长 242.8%；累计出口金额 2 552.0 万美元，同比增长 199.1%。砂糖累计进口量 38.7 万吨，同比下降 43.2%；累计进口金额 1.9 亿美元，同比下降 35.5%。可以看出，砂糖进口量远大于出口量，进口量和进口金额均有所下降，出口量和出口金额均大幅增长。

（三）绵白糖进出口量均大幅增长

2016 年，全国绵白糖进出口总量达到 1.5 万吨，累计进出口总额为 775.3 万美元。其中，绵白糖累计出口量 7 307.0 吨，同比增长 4 958.3%；累计出口金额 387.9 万美元，同比增长 2 660.0%。绵白糖累计进口量 7 300.3 吨，同比增长 250 856.8%；累计进口金额 387.4 万美元，同比增长 206 389.9%。可以看出绵白糖的进出口量额都有显著增长。

四、主要产品价格趋势分析

2016 年糖价创近 3 年新高。根据广西糖网数据中心的数据显示，2016 年中国食糖指数综合价格范围在 5 471～7 227，平均综合价格为 6 030.6，价格呈现逐月上涨态势，上半年食糖综合价格增长趋势较为平缓，进入 7 月开始综合价格增长幅度加大。2016 年现货价格范围在 5 251～7 013，现货平均价格为 5 823.9，价格变动趋势与综合价格基本一致。原糖价格指数范围在 12.7～23.5，原糖平均价格指数为 18.1，该指数年初小幅下跌，3 月开始大幅攀升，10～12 月原糖价格有所下降，但总体比 2015 年有较大上涨（图 11-4）。

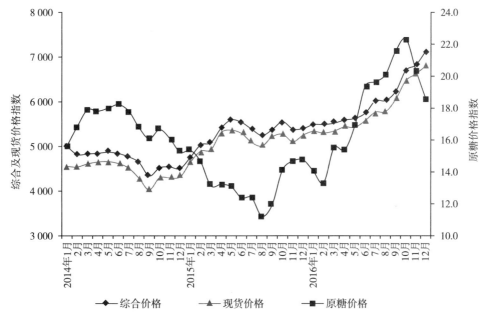

图 11-4　2014—2016 年中国食糖价格指数

说明：

1. 食糖指数综合价格数据计算方法是将全国各产区、各主销区的现货报价按不同的权重进行加权平均后得出，可有效过滤某天的突发因素，表现出全国食糖价格的长期变化情况。

2. 现货价格指数数据来源为广西糖网现货合同的当天收市价格。可有效表现出全国当天大批量的食糖成交价格情况。

3. 原糖价格指数数据来源为纽约期货交易所原糖的价格指数，可反映出纽约交易所原糖交易主力合约的长期走势。

五、热点事件

（一）全国种植业结构调整规划发布，提出糖料种植要"稳定面积、双提双增"

2016 年 4 月，农业部印发了《全国种植业结构调整规划（2016—2020 年）》（以下简称《规划》），指出我国种植业调整的必要性和紧迫性，明确种植业调整的总体思路、原则和目标，部署了种植业结构调整的主要任务。

《规划》在品种结构调整重点中对糖料作物指出了调整重点：一是稳定面积。通过完善甘蔗价格形成机制，集成配套以机械收割等为主的节本增效技术，调动农民种植甘蔗积极性。重点是稳定广西、云南等优势产区，适当调减不具备比较优势的甘蔗产区。到2020年，糖料面积稳定在 2 400 万亩左右，其中甘蔗面积稳定在 2 100 万亩左右。二是双提双增。着力提高单产、提高含糖率，增加产量、增加效益。加快选育高产高糖抗逆及适宜机械收割的新品种，大力推广甘蔗脱毒健康种苗，集成配套轻简高效栽培技术模式，提高单产、提高品质、增加效益。

《规划》还指出华南地区区域布局调整重点方向应是"两稳一扩"，即稳定水稻面积、稳定糖料面积、扩大冬种面积。其中，稳定糖料面积应推广应用脱毒健康种苗，加强"双高"蔗田基础设施建设，推动生产规模化、专业化、集约化，加快机械收获步伐，大力推广秋冬植蔗，深挖节本增效潜力，促进稳定发展。

（二）广西召开糖业发展会议部署糖业二次创业

2016 年 2 月 29 日至 3 月 1 日，广西糖业发展会议暨优质高产高糖（简称"双高"）糖料蔗基地建设现场会在来宾市武宣县召开。糖业发展会议贯彻落实中央和自治区关于广西糖业发展重大决策，分析研究当前糖业发展工作形势，认真总结 500 万亩"双高"基地建设推进情况。

会议要求扎实推进糖业发展各项工作。一是加强制度设计，充分发挥好糖业管理机构统筹协调作用。2016 年 2 月 17 日，自治区糖业发展办公室正式成立。自治区糖业办发挥职能作用，加快推进形成糖业发展新格局。二是根据自治区人民政府已经印发的《广西糖业二次创业总体方案（2015—2020 年）》，各级各部门要抓紧制定出台细化实施方案，明确责任分工，加快组织实施，强化督办落实。三是要加快印发、组织实施全区"双高"糖料蔗基地建设规划，加快推进全程机械化进程；同时充分发挥制糖企业积极性，全面推动制糖企业参与"双高"基地建设；要抓好 40 万亩"双高"基地糖料蔗价格指数保险试点工作，加快"双高"基地建设项目验收及资金拨付进度。四是研究、改革创新糖业管理体制和运行机制，尽快形成广西糖业产加销、农工贸一体化机制，大力发展循环经济和综合利用，加快甘蔗多样性产业发展，加快制糖企业技术改造，加快推进有条件的制糖企业集团实施战略重组，加快延伸糖业产业发展链条。五是加强打击走私，维护食糖市场正常秩序。

（三）中国首个糖料蔗价格指数保险试点启动

近年来，受生产成本上升和国外低价糖冲击双重影响，制糖企业效益迅速下滑甚至全面亏损，原料蔗收购价格不断下降，糖料蔗种植面积出现萎缩，影响到国家蔗糖产业可持续发展。为防范糖价波动带来的风险，增强特色农业发展活力，促进农民增收、企业增效，经多方调研论证，广西决定引入保险机制服务糖料蔗种植和制糖企业生产活动，从2015/2016 榨季开始启动糖料蔗价格指数保险试点工作。该保险是以白糖市场销售价格为参照标准，由保险公司对甘蔗种植经营户或糖企由于白糖价格波动造成损失给予一定补偿，以确保食糖生产各方预期收益。根据试点方案，此次试点糖料蔗面积为 40 万亩，保险对象为农户、农业生产经营组织和企业，保险期限为 10 个月。对蔗农的保险赔付以白糖平均销售价格为基准，当白糖平均销售价在 5 500 元/吨（不含）以下时，保险公司按照每亩糖料蔗 18 元的标准补偿种植户；当白糖平均销售价达到 5 500 元/吨（含）以上时，每上涨 100 元，每亩糖料蔗赔付金额增加 30 元，每亩糖料蔗最高赔付金额不超过 90 元；对糖厂的赔付标准为，当白糖平均销售价低于 5 400 元/吨（不含）时，白糖平均销售价每下降 100 元，保险公司按每亩 30 元的标准进行累加赔付，下不封底。

作为 WTO 允许的绿箱政策之一，发展价格保险已成为发达国家加大农业支持保护的通用手段，全球农业保险规模已从 2000 年的 50 亿美元增加到 2014 年的 500 亿美元。广西开展糖料蔗价格指数保险试点，是综合运用多种金融手段服务农业生产的有益探索，将为西部经济欠发达地区完善农村社会支持保护体系和农产品价格机制改革探索出有效路径，提供宝贵经验。

第三篇　地区篇

第12章 河北省年度调查统计数据分析报告

本次调查，河北省共有 1 174 家企业填报年度统计调查表，有效样本中，规模以上农产品加工企业 916 家。2016 年，河北省参与本次调查的规模以上农产品加工企业主营业务收入同比增长 5.7％，利润总额同比增长 3％，总体经营状况较好；就业人数同比下降 6.5％，员工结构有所调整，科研人员人数因此增长 1.8％；行业集中程度与上年基本持平，产能利用率基本维持不变；28.4％的企业开展了电子商务交易，其电子商务收入占主营业务收入的比例同比增长 0.1％；生产基地的建设情况良好，至少建有一类生产基地的企业占比达 53％；质量安全与品牌建设方面，企业质量安全体系建设基本健全，且超半数企业通过 ISO 系列或质量体系认证；30.6％的企业建立研发机构，企业研发人员总量和占比有小幅提高，整体研发经费的投入总额与投入强度均有小幅度的提高。植物油加工业和制糖业主营业务收入和利润增速排名靠前，主营业务收入增速均在 15％以上，利润增速均在 10％以上。河北省参与本次调查的规模以上农产品加工企业基础设施较为完善，但在电子商务和技术研发投入方面仍有待提高。

一、产业发展与效益

（一）样本企业基本情况

2016 年，河北省参与本次调查的规模以上农产品加工企业中粮食加工与制造企业共 247 家，占参与本次调查的规模以上加工企业的 26.9％；其他非食用类 175 家，占 19.1％；肉类加工业企业 78 家，占 8.5％（表 12-1）。分类型看，以有限责任公司主，占参与本次调查的规模以上加工企业的 62.8％。私营企业、股份有限公司、国有企业共占 31.8％。其中，私营企业 167 家，占 18.2％；国有企业 64 家，占 7.0％；股份有限公司 60 家，占 6.6％。

表 12-1　2016 年河北省规模以上农产品加工企业分行业占比情况[1]

行业名称	数量（家）	比例（%）	行业名称	数量（家）	比例（%）
粮食加工与制造业	247	26.9	烟草制造业	7	0.8
饲料加工业	61	6.7	水产品加工业	23	2.5
植物油加工业	19	2.1	中药制造业	14	1.5
水果加工业	61	6.7	其他食用类农产品加工业	52	5.7
蔬菜加工业	76	8.3	棉麻加工业	27	3.0
肉类加工业	78	8.5	皮毛羽丝加工业	21	2.3
乳品加工业	19	2.1	其他非食用类加工业	175	19.1
制糖业	7	0.8	木竹藤棕草加工业	19	2.1

（二）经营状况总体平稳增长

2016 年，河北省参与本次调查的规模以上农产品加工企业完成主营业务收入 2 000 亿元，同比增长 5.7%，高于全国规模以上农产品加工企业增速 0.4 个百分点。食用类加工企业快速增长。食用类农产品加工企业 674 家，完成主营业务收入 1 471.3 亿元，同比增长 6.7%，增速高于非食用类农产品加工企业 3.6 个百分点。制糖业、中药制造业、肉类加工业和植物油加工业主营业务收入增长较快，同比分别增长 18.8%、16.2%、17.1% 和 15.2%。分规模看，大型企业的主营业务收入增速快于其他规模企业。大型企业完成主营业务收入 606.7 亿元，同比增长 7.6%；中型企业完成主营业务收入 638.9 亿元，同比增长 4.4%；小型企业完成主营业务收入 743.3 亿元，同比增长 5.7%。

（三）企业利润增长低于全国平均水平

2016 年，河北省参与本次调查的规模以上农产加工企业实现利润总额 95.7 亿元，同比增长 3.0%，低于全国规模以上农产品加工企业利润增速 1.1 个百分点。分行业看，植物油加工业、水产品加工业、制糖业增长较快，同比分别增长 14.8%、13.0%、12.0%。分规模看，大型企业的利润增长好于其他类型企业。大型企业实现利润总额 29.0 亿元，同比增长 3.3%；中型企业实现利润总额 28.7 亿元，同比增长 1.6%；小型企业实现利润总额 37.5 亿元，同比下降 1.5%；微型企业实现利润总额 0.5 亿元，同比下降 15.0%。

（四）从业人员人数有所下降，大型企业工资水平较高

2016 年，河北省参与本次调查的规模以上农产品加工企业从业人员总数 28.0 万人，同比减少 6.5%。其中，生产人员数量为 19.2 万人，同比减少 7.4%，研发人员数 8 973 人，同比增长 1.8%。中型企业从业人数增加，其他规模企业从业人数不同程度减少。中型企业从业人员数量 10.4 万人，同比增长 6.9%；大型企业和小型企业从业人员数量同比分别减少 15.3% 和 9.7%。其中，中型企业生产人员 7.4 万人，同比增长 2.1%，研发

---

[1]　由于河北省蛋品加工企业仅 3 家，粮食原料酒制造企业仅 7 家，数据存在异常值，不具有代表性，故此处未报告。

人员 3 613 人，同比增长 13.2%。分规模看，大型企业工资水平较高。2016 年，参与本次调查的规模以上农产品加工企业工资总额为 68.3 亿元，同比增长 9.7%，人均工资 3.1 万元，同比增长 6.1%。其中，大型企业人均工资 4.1 万元，同比增长 5.1%；中型企业人均工资 2.6 万元，同比下降 4.0%；小型企业人均工资 2.7 万元，同比增长 12.5%。

（五）产能利用率基本与上年持平

2016 年，河北省参与调查的规模以上农产品加工企业产能利用率的平均值为 34.3%，与 2015 年产能利用率基本持平。分行业看，蔬菜加工业、植物油加工业、乳品加工业的产能利用率分别为 47.7%、38.0%、37.4%，较上年分别增长 2.4%、7.8%、6.7%，产能过剩情况有所改善。粮食加工与制造业、饲料加工业、其他食物类农产品加工业的产能利用率小幅度下降，分别为 35.0%、17.7%、42.0%，较上年分别减少 2.1%、6.6%、5.5%。

（六）主营产品出口总额增长较缓，食用类产品出口相对较好

2016 年，河北省参与调查的规模以上农产品加工企业产品出口额 82.2 万美元，同比增长 0.6%。食用类企业的主营产品出口额同比增长 1.9%，非食物类企业的主营产品出口额同比下降 8.1%。

（七）企业利用外资额和对外投资额双增长

2016 年，河北省参与调查的规模以上农产品加工企业实际利用外资额达 14.0 亿元，同比增长 1.1%；境外投资总额为 22.1 亿元，同比增长 18.1%。分行业看，蔬菜加工业、水果加工业、其他非食用类利用外资有所增长，同比分别增长 15.6%、1.8%、1.5%。饲料加工业、肉类加工业、乳品加工业、水产品加工业及中药制造业利用外资水平基本与上年持平。

二、农村一二三产业融合发展情况

（一）电子商务发展水平有待进一步提高

2016 年，河北省参与调查的规模以上农产品加工企业中有 260 家企业开展了电子商务交易，占 28.4 %。其中，在园区内的企业有 126 家开展了电子商务交易，企业数量占园区内企业数的 46.3%；非园区内企业开展了电子商务交易的 134 家，占比 20.8%。食用类加工企业开展电商交易比例高于非食用类企业。食用类农产品加工企业中，开展了电商交易占比 29.4%，非食用类农产品加工企业开展了电商交易的占 25.6%。分行业看，水产品加工企业积极试水电商。水产品加工业中开展电子商务交易的企业占 43.5%；中药制造业、水果加工业、植物油加工业开展电商交易的企业占比也较高，分别达 42.9%、37.7%、36.8%。开展电子商务较少的行业有烟草制造业（14.3%），饲料加工业（14.8%）和肉类加工业（19.2%）。

（二）电商收入比重小幅上升，小微型企业受益最广

2016 年，河北省参与调查的规模以上农产品加工企业电子商务收入总收入为 1.4 亿元，占其主营业务总收入的 0.2%，较 2015 年上升 0.1 个百分点。平均每家企业电子商务实现主营业务收入 53.8 万元。其中，小型和微型企业电子商务收入占主营业务收入比重相对较高，分别为 0.7%、2.4%，均高于上年 0.2 个百分点（图 12-1）。

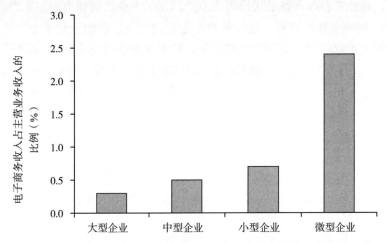

图 12-1　2016 年河北省分规模企业电子商务收入占主营业务收入情况

（三）生产基地建设情况较好，乳品加工业及中药制造业多数建有基地

2016 年，河北省参与调查的规模以上农产品加工企业中，有自建基地或订单基地的企业占比达 53%。其中，食用类农产品加工企业建有生产基地的比例达到 55.3%，乳品加工业（78.9%）、中药制造业（78.6%）、其他食物类农产品加工业（73.1%）企业有基地占比高于其他行业企业。分规模看，中型企业建有生产基地的比例较高，建有生产基地或订单基地的企业占比达 63.4%，高于其他规模企业。

三、质量安全与品牌建设

（一）质量管理体系建设仍有待完善

2016 年，河北省参与调查的规模以上农产品加工企业中，建有产品质量管理制度的企业 276 家，占 30.1%。其中，通过 ISO 9000 系列认证的企业占 38.1%；通过 ISO 14000 系列认证的企业占 10.2%；通过 ISO 22000 系列认证的企业占 18.5%；通过 HACCP 质量体系认证的企业占 20.2%；通过 GMP 质量体系认证的占 9.4%（图 12-2）。建有专门质检机构的企业 483 家，占 52.7%；建有通过计量认证的质检机构的企业 224 家，占 24.5%。食用类农产品加工企业中，有 32.8% 的企业建有产品质量管理制度，乳品加工业、植物油加工业、其他食物类农产品加工业建有产品质量管理制度的较多企业，

分别占 52.6%、42.1% 和 40.4%；56.7% 的企业建有专门的质检机构，中药制造业、水产品加工业、其他食物类农产品加工业占比居前三位，分别占 78.6%、73.9%、69.2%；26.3% 的企业建有通过计量认证的质检机构，中药制造业和植物油加工业建有通过计量认证的质检机构的较多，分别占 50% 和 40.9%。大中型企业的质量管理制度建设相对较好，建有企业产品质量管理制度的企业分别占 56.7% 和 41.9%。

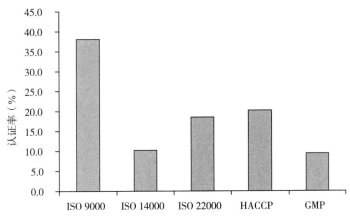

图 12-2 2016 年河北省农产品加工企业的质量安全标准认证情况

（二）超半数企业获得食品认证

2016 年，河北省参与调查的规模以上食用类农产品加工企业中，获得各类食品认证企业的共 446 家，占食用类企业数量的 66.2%。其中，获得有机食品认证的企业占食用类农产品加工企业数量的 38.7%，获得绿色食品认证的占 9.2%，获得无公害农产品认证的占 18.2%，还有 51 家企业获得"中国地理标志产品认证"，占食用类农产品加工企业数量的 7.6%。

四、科技进步与创新

（一）大型企业研发机构建设水平较高

2016 年，河北省参与调查的规模以上农产品加工企业中建立有专门研发机构的企业 280 家，占 30.6%，建有省级以上研发中心的占 3.6%。分规模看，大型企业建有研发机构的比例较高。其中，83.3% 的大型企业建有研发机构，中型企业中 46.2% 的企业建有研发机构，小型企业中仅占 25.2%。食用类农产品加工企业中，中药制造业、其他食物类农产品加工业、乳品加工业建有研发机构的企业较多，分别占 50.0%、50.0% 和 42.1%。

（二）企业研发人员人数依然偏低

2016 年，河北省参与调查的规模以上农产品加工企业研发人员人数的中位数是 5 人，平均数是 14.3 人，高于 2015 年的 9.3 人。研发人员占员工总数的 4.1％，较上年上升 0.3 个百分点。大、中、小、微型企业研发人员占比分别为 3.4％、3.8％、5.5％ 和 14.3％，较上年分别上升 0.2、0.1、0.4 和 1.9 个百分点。

（三）研发经费投入强度①较低，中型企业研发投入强度明显增加

2016 年，河北省参与调查的规模以上农产品加工企业中研发经费投入总额为 24.3 亿元，投入强度为 0.23％，较 2015 年上升 0.03％。不同规模企业研发投入都有所上升，中型企业研发投入强度显著增加。大型企业的研发投入强度为 1.9％，平均投入 6 521.9 万元；中型企业研发投入强度为 0.9％，平均投入 299.0 万元；小型企业研发投入强度为 0.3％，平均投入 94.4 万元；微型企业研发投入强度为 0.5％，平均投入 12.6 万元。其中，中型企业研发投入强度较 2015 年上升 0.7％，高于其他规模企业。

---

① 研发投入强度即企业研发经费的投入占企业主营业务收入的比例。

第13章 江苏省年度调查统计数据分析报告

本次调查，江苏省共有 3 537 家企业填报年度统计调查表，有效样本中，规模以上农产品加工企业 2 535 家。2016 年，江苏省参与本次调查的规模以上农产品加工企业主营业务收入同比增长 9.7％，利润总额同比增长 16.1％；就业人数同比增长 2.7％，从业人员人均工资同比增长 5.7％；行业集中程度与上年基本持平，产能利用率同比增长 1.9％，行业产能过剩情况总体上有所改善；主营业务出口总额同比增长 7.6％，出口贸易态势良好；22.4％的企业开展了电子商务交易，电子商务收入占主营业务收入的比例较上年有所增加；农村一二三产业融合发展现状良好，生产基地的建设情况良好，至少建有一类生产基地的企业占比达 49％；质量安全与品牌建设方面，企业质量安全体系建设基本健全，且超过半数企业通过 ISO 系列或质量体系认证，12.6％的企业获省级以上名牌产品或驰名商标等品牌认证；科技进步与创新方面，有 25.4％的企业建有研发机构，企业研发人员总量和占比有小幅提高，整体研发经费的投入总额与投入强度均有小幅度的提高。江苏省水产品及特色粮油在加工业上的表现整体较好。水产品加工业及粮食原料酒制造业在主营业务收入的增速上居领跑地位，肉类加工及粮食加工与制造业在利润上的增幅均高于全国平均水平。

一、产业发展与效益

（一）样本企业基本情况

2016 年，江苏省参与本次调查的规模以上农产品加工企业中，粮食加工与制造企业共 401 家，占全部本次调查的规模以上加工企业的 15.7％；棉麻加工企业 389 家，占 15.4％；其他非食用类企业 358 家，占 14.1％；木竹藤棕草加工企业 250 家，占 9.9％；其他行业企业占 44.9％。分类型看，以有限责任公司、私营企业为主。其中，有限责任公司 1 492 家，占 58.9％；私营企业 639 家，占 25.2％；股份有限公司 126 家，占比 5.0％；外商投资企业、股份有限公司等共占比 13.5％（表 13-1）。

表 13-1　2016 年江苏省规模以上农产品加工业企业数分行业占比情况

行业名称	数量（个）	比例（%）	行业名称	数量（个）	比例（%）
粮食加工与制造业	401	15.7	水产品加工业	109	4.3
饲料加工业	121	4.8	制糖业	9	0.4
粮食原料酒制造业	58	2.3	中药制造业	24	1.0
植物油加工业	66	2.6	其他食物类农产品加工业	98	3.8
水果加工业	31	1.2	棉麻加工业	389	15.4
蔬菜加工业	180	7.1	皮毛羽丝加工	174	6.9
精制茶加工业	22	0.9	木竹藤棕草加工业	250	9.9
肉类加工业	139	5.4	橡胶制品制造业	65	2.6
蛋品加工业	18	0.7	花卉加工业	3	0.1
乳品加工业	20	0.8	其他非食用类加工业	358	14.1

（二）经营状况整体向好

2016 年，江苏省参与本次调查的规模以上农产品加工企业完成主营业务收入 5 905.7 亿元，同比增长 9.7%，高于全国增速 4.4 个百分点。食用类加工企业主营业务收入快速增长。食用类农产品加工企业 1 296 家，完成主营业务收入 3 359.4 亿元，同比增长 10.4%，增速高于非食用类农产品加工企业 1.6 个百分点。其中，水产品加工业、粮食原料酒制造业、中药制造业、蔬菜加工业和水果加工业主营业务收入增长较快，同比分别增长 20.0%、18.7%、14.6%、13.0% 和 12.8%[①]。小型企业的主营业务收入增长快于其他规模企业。本次调查中，小型企业完成主营业务收入 2 751.0 亿元，同比增长 11.7%；中型企业完成主营业务收入 1 534.5 亿元，同比增长为 9.0%；大型企业完成主营业务收入 1 473.5 亿元，同比增长 6.9%；微型企业完成主营业务收入 146.7 亿元，同比增长 9.7%。

（三）企业盈利状况较好

2016 年，江苏省参与本次调查的规模以上农产品加工企业实现利润总额 296.1 亿元，同比增长 16.1%，高于全国增速 12.0 个百分点。分行业看，食用类农产品加工业实现利润总额 174.8 亿元，同比增长 16.8%。其中，肉类加工业、粮食加工与制造业、中药制造业、蔬菜加工业、饲料加工业、水果加工业增速在 15% 以上，同比分别增长 28.3%、21.1%、19.0%、15.4%、15.1%、15.0%。大型企业的利润增速高于其他企业。大型企业实现利润总额 74.5 亿元，同比增长 25.2%；中型企业实现利润总额 86.7 亿元，同比增长 19.4%；小型企业的利润总额为 124.1 亿元，同比增长 10.7%；微型企业的利润总额为 10.8 亿元，基本与上年持平。

---

① 由于部分增速较快的企业样本数量太少，代表性不高，故未选取。

(四) 从业人员数量小幅上升，大型和小型企业工资水平较高

2016 年，江苏省参与本次调查的规模以上农产品加工企业员工总人数为 54.4 万人，同比增长 2.7%。其中，生产人员数量 39.6 万人，同比增长 1.5%；研发人员人数 2.5 万人，同比增长 9.1%。分规模看，中型企业生产和研发人员增长明显加快。中型企业从业人员总数 19.2 万人，同比增长 8.1%；小型企业总人数 20.6 万人，同比增长 3.4%；微型企业总人数 1 840 人，同比增长 2.6%；大型企业员工总人数 14.4 万人，同比下降 4.5%。其中，中型企业生产人员和研发人员同比分别增长 4.0% 和 17.2%，明显高于其他规模企业。大型和小型企业工资水平较高。2016 年，规模以上农产品加工调查企业工资总额为 257.1 亿元，同比增长 5.7%，人均工资 4.7 万元，较之 2015 年的人均工资 4.6 万元，同比增长 2.2%。分规模看，大型企业人均工资 4.8 万元，同比增长 2.1%；中型企业人均工资 3.7 万元，同比增长 2.8%；小型企业人均工资 4.8 万元，同比增长 4.3%[①]。

(五) 产能利用率提高，产能过剩情况小幅改善

2016 年，江苏省参与本次调查的规模以上农产品加工企业产能利用率的平均值为 49.6%，较上年上升 1.9 个百分点。分规模看，大、中、小型企业产能过剩情况均有所改善。2016 年大型企业的产能利用率为 57.5%，同比增长 1.6%，中型企业产能利用率为 51.7%，小型企业产能利用率为 49.9%，较上年均有所增长，产能过剩情况均有所改善；微型企业产能利用率为 38.0%，较上年有所降低，产能过剩情况有所加剧。分行业看，中药制造业、水果加工业、植物油加工业、粮食原料酒制造业的产能过剩情况均有所改善。中药制造业、水果加工业、植物油加工业、粮食原料酒制造业的产能利用率均较上年有所上升，且上升明显；精制茶加工业、乳品加工业的产能利用率较上年有所下降，产能过剩情况加重。

(六) 主营产品出口总额涨幅较大，出口贸易趋势向好

2016 年，江苏省参与本次调查的规模以上农产品加工调查企业中，共有 143 家企业出口额大于零，较上年增加 7 家，出口额为 24.8 亿元，同比增长 7.6%。其中，食用类加工企业主营产品出口额大幅增长。食用类加工企业主营产品出口额同比增长 10.6%，非食物类企业主营产品出口额同比增长 2.0%。

(七) 企业利用外资额下降，对外投资额增长

2016 年，江苏省参与本次调查的规模以上农产品加工企业实际利用外资额达 7.9 亿元，同比下降 1.2%；境外投资总额为 9.0 亿元，同比增长 28.9%。分行业看，蔬菜加工业、粮食加工与制造业实际利用外资额较上年有所上升，同比分别上升 14.6%、0.5%；蛋品加工业和其他食用类农产品加工业的实际利用外资额较上年下降，同比分别下降

---

① 由于样本的选取及样本量的影响，微型企业的人均工资可能有较大误差。

10.0%、1.2%，其余行业的实际利用外资额基本与上年持平。

二、农村一二三产业融合发展情况

（一）电子商务进一步发展，精制茶加工业积极"触网"

2016年，江苏省参与本次调查的规模以上农产品加工企业中有569家企业开展了电子商务交易，占22.4%。其中，在园区内的企业有316家企业开展了电子商务交易，企业数量占在园区内企业数的37.0%；非园区内企业开展了电子商务交易的253家，占比15.1%。食用类加工企业开展电商交易的较多。食用类农产品加工企业中开展了电商交易的占31.1%；非食用类农产品加工企业开展了电商交易的占13.4%。分行业看，精制茶加工业开展电子商务最积极有效。精制茶加工企业中开展电子商务交易的占比达59.1%，高于平均水平36.7个百分点。水果加工业、乳品加工业、肉类加工业开展电商交易的企业占比也较高，占比分别达45.2%、45.0%和41.0%。开展电子商务较少的行业有粮食加工与制造业（25.2%）、粮食原料酒制造业（24.1%）和饲料加工业（15.7%）。

（二）电商收入占比提高，小微企业受益最广

2016年，江苏省参与本次调查的规模以上农产品加工企业电子商务总收入为154.0亿元，占其主营业务总收入的8.6%，较上年上升1.3个百分点。平均每家企业电子商务实现的主营业务收入为2 720.6万元，较上年增加621.9万元。分规模看，小微型企业电商收入发展趋势较好。其中，大型企业电子商务交易实现的主营业务收入占其全部主营业务收入的比例为7.3%，基本与上年持平；中型企业电子商务交易实现的收入占主营业务收入的比例为6.7%，较上年占比有所提高；小型企业电子商务交易实现的收入占主营业务收入的比例为12.0%，较上年占比有所提高；微型企业电子商务交易实现的收入占主营业务收入的比例为9.4%，较上年占比亦有小幅提高（图13-1）。

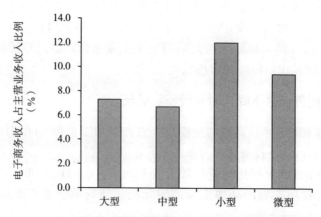

图13-1　2016年江苏省分规模企业电子商务收入占主营业务收入情况

（三）生产基地建设情况良好，果蔬茶加工企业多数建有基地

2016 年，江苏省参与本次调查的规模以上农产品加工企业中，有自建基地或订单基地的企业占比达 49%。其中，食用类农产品加工企业建有生产基地的比例达到 81.5%。建基地的企业占比前三位的行业分别为水果加工业（93.5%）、蔬菜加工业（83.3%）和精制茶加工业（81.8%）。分规模看，大型企业中建有自建生产基地或订单生产基地的企业占比达 62.3%，高于中小型企业。

三、质量安全与品牌建设

（一）质量管理体系建设情况较好

2016 年，江苏省参与本次调查的规模以上农产品加工企业中，建有产品质量管理制度的企业 1 498 家，占 59.1%。其中，通过 ISO 9000 系列认证的企业占 37.2%；通过 ISO 14000 系列认证的企业占 12.4%；通过 ISO 22000 系列认证的企业占 17.9%；通过 HACCP 质量体系认证的企业占 16.1%；通过 GMP 质量体系认证的占 9.1%（图 13-2）。建有专门质检机构的企业 1 220 家，占 48.1%；建有通过计量认证的质检机构的有 614 家，占 24.2%。食用类农产品加工企业中，有 74.1% 的企业建有产品质量管理制度。乳品加工业、精制茶加工业、植物油加工业占比居前三位，分别占 95.0%、90.9% 和 84.8%；有 62.7% 的企业建有专门的质检机构，乳品加工业、中药制造业、植物油加工业占比居前三位，分别占 85.0%、83.3%、72.7%；33.0% 的企业建有通过计量认证的质检机构。大中型企业的质量管理制度建设相对较好，建有产品质量管理制度的企业分别占 88.7% 和 68.4%。

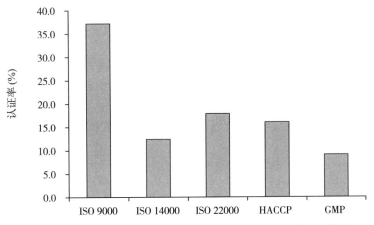

图 13-2　2016 年江苏省农产品加工企业的质量安全标准认证情况

（二）获得食品认证企业还较少

2016 年，江苏省参与本次调查的规模以上食用类农产品加工企业中，获得各类食品

认证的共 667 家，占食用类农产品加工企业的 51.5%。其中，获得有机食品认证的企业占 5.2%，绿色食品认证的占 19.4%，无公害农产品认证的占 26.9%，还有 139 家企业获得"中国地理标志产品认证"，占食用类农产品加工企业数量的 10.7%。

四、科技进步与创新

（一）研发机构的建立以大中型企业为主，呈稳步发展

2016 年，江苏省参与本次调查的规模以上农产品加工企业中建立有专门研发机构的企业 645 家，占 25.4%，建有省级以上研发中心的占 16.3%。分规模看，大型企业建有研发机构的比例较高。大型企业中有 54.2% 的企业建有研发机构，中型企业有 42.3% 的企业建有研发机构，小型企业占 23.1%。食用类农产品加工业中建有研发机构的企业较多的行业分别为乳品加工业、水果加工业和中药制造业，分别占 80.0%、51.6% 和 50.0%。

（二）企业研发人员增加

2016 年，江苏省参与本次调查的规模以上农产品加工企业研发人员人数的中位数是 2 人，平均数是 9.8 人，高于 2015 年的 8.9 人；企业研发人员占员工总数的 4.6%，较 2015 年上升 0.3 个百分点。大、中、小、微型企业研发人员占比分别为 5.2%、4.4%、4.3% 和 6.5%，较上年分别上升 0.3、0.4、0.3 和 0.4 个百分点。

（三）研发经费投入强度小幅提升

2016 年，江苏省参与本次调查的规模以上农产品加工企业中研发经费投入总额为 52.1 亿元，投入强度为 0.1%，较上年上升 0.01%。不同规模企业研发投入都有所上升，大型企业研发投入显著增强。大型企业的研发投入强度为 1.28%，平均投入 4 287.5 万元；中型企业研发投入强度为 0.08%，平均投入 443.4 万元；小型企业研发投入强度为 0.09%，平均投入 79.9 万元；微型企业研发投入强度为 0.001%，平均投入 6.5 万元。其中，大型企业研发投入强度较上年上升 0.09%，高于其他规模企业。

第14章 / 浙江省年度调查统计数据分析报告

本次调查，浙江省共有717家企业填报年度统计调查表，有效样本中，规模以上农产品加工业企业467家。2016年，浙江省参与本次调查的规模以上农产品加工企业主营业务收入同比增长3.5%，利润总额同比增长9.1%；就业人数同比增长1.2%，从业人员人均工资同比增长3.1%，小幅拉动社会就业；产能利用率同比增长1.9%，行业产能过剩情况实现了小幅改善；主营业务出口总额同比增长0.7%，增幅较小，出口贸易有待进一步发展；49.3%的企业开展了电子商务交易，其电子商务收入占主营业务收入的比例较上年同期值有所降低；生产基地的建设情况良好，至少建有一类生产基地的企业占比达77%；质量安全与品牌建设方面，企业质量安全体系建设基本健全，且近半数企业通过ISO系列或质量体系认证，42.2%的企业获省级以上名牌产品或驰名商标等品牌认证；科技进步与创新方面，有56.1%的企业建立研发机构，企业研发人员总量和占比均有小幅提升，整体研发经费的投入总额与投入强度均有小幅度的提高。浙江省农产品加工业以粮油、水产品、茶叶、畜禽、果蔬等为主要产业，其中植物油、精制茶、中药制造业在营收上居于前列，植物油、粮食加工与制造、精制茶、肉类加工业企业利润增速居于领跑地位。

一、产业发展与效益

（一）样本企业基本情况

2016年，浙江省参与本次调查的规模以上农产品加工企业中，水产品加工企业共74家，占参与本次调查的规模以上加工企业的15.9%；粮食加工与制造业企业56家，占12.0%；精制茶加工企业55家，占11.8%；蔬菜加工企业46家，占9.9%；肉类加工企业41家，占8.8%。分类型看，以有限责任公司、私营企业为主。其中，有限责任公司313家，占67.0%；私营企业66家，占14.4%；股份有限公司55家，占11.8%（表14-1）。

表 14-1　2016 年浙江省规模以上农产品加工业企业数分行业占比情况

行业名称	数量（家）	比例（%）	行业名称	数量（家）	比例（%）
粮食加工与制造业	56	12.0	乳品加工业	5	1.0
饲料加工业	32	6.9	水产品加工业	74	15.9
粮食原料酒制造业	3	0.6	中药制造业	4	0.9
植物油加工业	14	3.0	其他食用类农产品加工业	37	7.9
水果加工业	25	5.4	棉麻加工业	1	0.2
蔬菜加工业	46	9.8	皮毛羽丝加工	7	1.5
精制茶加工业	55	11.8	木竹藤棕草加工业	22	4.7
肉类加工业	41	8.8	花卉加工业	1	0.2
蛋品加工业	4	0.9	其他非食用类加工业	40	8.5

（二）经营状况总体保持平稳发展

2016 年，浙江省参与本次调查的规模以上农产品加工企业完成主营业务收入 704.6 亿元，同比增长 3.5%，低于全国规模以上农产品加工业主营业务收入增速 1.8 个百分点。食用类农产品加工企业增长较快。食用类农产品加工企业 396 家，完成主营业务收入 595.6 亿元，同比增长 3.9%；非食用类农产品加工企业主营业务收入同比下降 5.7%。其中，植物油加工业、中药制造业和精制茶加工业主营业务收入增长较快，同比分别增长 15.7%、10.6% 和 9.7%[①]。大型企业的主营业务收入增长快于其他规模企业。本次调查中，大型企业完成主营业务收入 158.0 亿元，同比增长 7.1%；中型企业完成主营业务收入 208.9 亿元，同比增长为 3.2%，小型企业完成主营业务收入 311.7 亿元，同比增长 2.4%；微型企业完成主营业务收入 6.1 亿元，同比下降 12.0%。

（三）企业经济效益向好

2016 年，浙江省参与本次调查的规模以上农产品加工企业实现利润总额 36.1 亿元，同比增长 9.1%，高于全国规模以上农产品加工业利润增速 5 个百分点。分行业看，食用类农产品加工企业实现利润总额 28.6 亿元，同比增长 9.6%。其中，植物油加工业、粮食加工与制造业、精制茶加工业、肉类加工业同比分别增长 29.1%、23.2%、22.0% 和 17.8%。大型和小型企业的利润增速高于其他规模企业。大型企业实现利润总额 9.3 亿元，同比增长 23.1%；小型企业实现利润总额 14.4 亿元，同比增长 9.3%；中型企业的利润总额为 12.2 亿元，同比增长 0.5%；微型企业的利润总额为 0.2 亿元，同比下降 7.4%。

---

① 由于部分增速较快的企业样本数量太少，代表性不高，故未选取。

（四）从业人员数量小幅上升

2016年，浙江省参与本次调查的规模以上农产品加工企业从业人员数量稳步上升，生产人员人数小幅降低。企业员工总人数为15.4万人，同比增长1.2%。其中，生产人员数量为8.8万人，同比下降0.1%；研发人员人数为6 614人，同比增长4.5%。分规模看，大型企业生产和研发人员增长明显加快。大型企业员工总数4.4万人，同比增长3.1%；中型企业总人数7.3万人，同比增长1.1%；小型企业总人数3.7万人，同比下降0.8%，微型企业员工总人数277人，同比下降11.2%。其中，大型企业生产人员和研发人员同比分别增长3.4%和6.8%，高于其他规模企业。中型和小型企业工资水平较高。企业工资总额为40.4亿元，同比增长2.7%，人均工资3.3万元，同比增长3.1%。分规模看，大型企业人均工资2.3万元，同比增长2.8%；中型企业人均工资3.3万元，同比增长1.4%；小型企业人均工资4.2万元，同比增长1.3%。

（五）产能利用率小幅上升

2016年，浙江省参与本次调查的规模以上农产品加工企业产能利用率的平均值为40.3%，较上年上升0.8个百分点。分规模看，企业产能过剩情况均有所改善。大型企业的产能利用率为33.7%，同比增长4.7%；中型企业产能利用率为47.3%，小型企业产能利用率为35.9%，微型企业产能利用率为32.9%，较上年均有所好转。分行业看，植物油加工业、饲料加工业、水产品加工业的产能过剩情况改善较为明显。植物油加工业的产能利用率为32.1%，较上年上升3.6个百分点；饲料加工业的产能利用率为41.5%，较上年上升3.3个百分点；水产品加工业的产能利用率为33.0%，较上年上升2.4个百分点。粮食加工与制造业、粮食原料酒制造业的产能利用率产能过剩情况加重。

（六）主营产品出口总额小幅上涨，出口贸易呈稳步发展态势

2016年，浙江省参与本次调查的规模以上农产品加工企业中，共有107家企业出口额大于0，较上年增加4家，出口额为23.0亿元，同比增长0.7%。其中，食用类加工企业主营产品出口额同比增长0.7%，非食品类加工企业主营产品出口额基本与上年持平。

（七）企业利用外资额下降，对外投资额小幅上涨

2016年，浙江省参与本次调查的规模以上农产品加工企业实际利用外资额达3.1亿元，同比下降3.1%；境外投资总额为2.3亿元，同比增长0.1%。分行业来看，各行业实际利用外资额均下降。其中，蔬菜加工业、水产品加工业实际利用外资额降幅最大，同比分别下降26.7%，0.7%。

二、农村一二三产业融合发展情况

（一）电子商务稳步发展，植物油加工业积极开发电商渠道

2016年，浙江省参与本次调查的规模以上农产品加工企中有230家企业开展了电子

商务交易，占 49.3％。其中，在园区内的企业有 97 家企业开展了电子商务交易，企业数量占在园区内企业数的 47.5％；非园区内企业开展了电子商务交易的 133 家，占 50.6％。食用类加工企业开展电商交易的较多。食用类农产品加工企业中开展了电商交易的占 50.3％，非食用类农产品加工企业开展了电商交易的占 43.7％。分行业看，植物油加工业开展电子商务最积极有效。植物油加工业中开展电子商务交易的企业占比达 64.3％，高于平均水平 15.0 个百分点。肉类加工业、精制茶加工业、蔬菜加工业开展电商交易的企业占比也较高，占比分别为 61.0％、58.2％和 54.3％。开展电子商务较少的行业有中药制造业（23.5％）和粮食原料酒制造业（33.3％）。

（二）电商收入占比小幅下降

2016 年，浙江省参与本次调查的规模以上农产品加工企业电子商务总收入为 18.4 亿元，占其主营业务总收入的 4.3％，较上年下降 0.8 个百分点。平均每家企业电子商务实现的主营业务收入为 804.8 万元，较上年降低 95.1 万元。分规模看，大型企业电子商务交易实现的主营业务收入占其全部主营业务收入的比例为 3.0％，较上年降低 3.5 个百分点；中型企业占 2.9％，较上年降低 1.1 个百分点；小型企业占 2.6％，较上年降低 2.3 个百分点；微型企业占 1.2％，较上年下降 1.9 个百分点（图 14-1）。

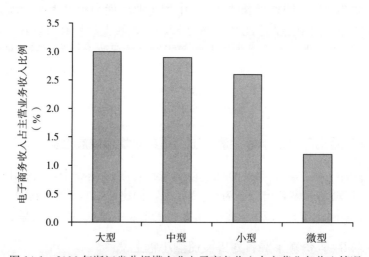

图 14-1　2016 年浙江省分规模企业电子商务收入占主营业务收入情况

（三）生产基地建设情况良好，植物油、水果、精制茶加工企业重视基地建设

2016 年，浙江省参与本次调查的规模以上农产品加工企业中，有自建基地或订单基地的企业占比达 77.0％。其中，食用类农产品加工企业建有生产基地的比例达到 77.8％。建有基地的企业占比前三位的行业分别为植物油加工业（100.0％）、水果加工业（96.0％）和精制茶加工业（92.7％）。分规模看，大型企业中建有自建生产基地或订单生产基地的企业比例达 88.2％，高于中小型企业。

三、质量安全与品牌建设

(一)质量管理体系建设情况较好

2016 年，浙江省参与本次调查的规模以上农产品加工企业中，建有产品质量管理制度的企业 418 家，占 89.5%。其中，通过 ISO 9000 系列认证的企业占 52.3%；通过 ISO 14000 系列认证的企业占 17.1%；通过 ISO 22000 系列认证的企业占 38.3%；通过 HACCP 质量体系认证的企业占 37.5%；通过 GMP 质量体系认证的占 12.2%（图 14-2）。建有专门质检机构的企业 339 家，占 72.6%；建有通过计量认证的质检机构的企业有 118 家，占 25.3%。食用类农产品加工企业中，有 90.4% 的企业建有产品质量管理制度，水果加工业、粮食加工与制造业、肉类加工业占比居前三位，分别占 96.0%、92.9% 和 92.7%；有 74.2% 的食用类加工企业建有专门的质检机构，植物油加工业、饲料加工业、水果加工业占比居前三位，分别占 92.9%、81.2%、80.0%；24.2% 的食用类加工企业建有通过计量认证的质检机构。中小型企业的质量管理制度建设相对较好，建有企业产品质量管理制度的企业分别占 93.4% 和 89.8%。

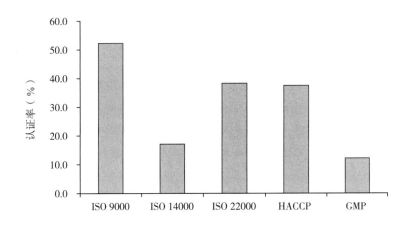

图 14-2　2016 年浙江省农产品加工企业的质量安全标准认证情况

(二)企业食品认证有待加强

2016 年，浙江省参与本次调查的规模以上食用类农产品加工企业中，获得各类食品认证的共 210 家，占食用类企业的 53.0%。其中，获得有机食品认证的企业占 13.4%，绿色食品认证的占 19.7%，无公害农产品认证的占 20.0%，还有 67 家企业获得"中国地理标志产品认证"，占食用类农产品加工企业数量的 16.9%。

四、科技进步与创新

（一）研发机构的建立以大中型企业为主

2016年，浙江省参与本次调查的规模以上农产品加工企业中建立有专门研发机构的企业292家，占56.1％，建有省级以上研发中心的占33.2％。分规模看，大型企业均建有研发机构，中型企业中80.3％的企业建有研发机构，小型企业中占50.3％。食用类农产品加工企业中建有研发机构的企业较多的行业分别为乳品加工业、蛋品加工业和中药制造业，分别占100.0％、75.0％和75.0％。

（二）企业研发人员小幅增加

2016年，浙江省参与本次调查的企业研发人员人数的中位数5人，平均数是14.2人，高于2015年的13.6人；企业研发人员占员工总数的4.3％，高于2015年0.1个百分点。大、中、小、微型企业研发人员占比分别为5.2％、2.8％、6.3％和6.1％，较上年分别上升0.2、0.1、0.3和0.7个百分点。

（三）研发经费投入强度基本与上年持平

2016年，浙江省参与本次调查的规模以上农产品加工企业研发经费投入总额为12.3亿元，投入强度为1.5％，基本与上年持平。小型企业研发投入有所上升，大、中型企业研发投入小幅降低。大型企业的研发投入强度为2.1％，平均投入3 335.4万元；中型企业研发投入强度为1.6％，平均投入437.3万元；小型企业研发投入强度为1.0％，平均投入90.7万元；微型企业研发投入强度为0.9％，平均投入27.4万元。其中，小型企业研发投入强度较上年上升0.04％，高于其他规模企业。

第15章 / 江西省年度调查统计数据分析报告

本次调查，江西省共有906家企业填报年度统计调查表，有效样本中，规模以上农产品加工业企业704家，占江西省规模以上农产品加工企业的34.5%。2016年，江西省参与调查的规模以上农产品加工企业主营业务收入同比增长5.9%，利润总额同比增长5.4%；就业人数同比增长4.2%，从业人员人均工资同比增长4.5%；行业集中程度与上年基本持平，产能利用率提高，产能过剩情况总体上有小幅改善；主营业务出口总额同比降低1.6%，出口贸易回落；45.6%的企业开展了电子商务交易，其电子商务收入占主营业务收入的比例同比有所提高；生产基地的建设情况良好，至少建有一类生产基地的企业占比达81.0%；质量安全与品牌建设方面，企业质量安全体系建设基本健全，且一半以上企业通过ISO系列或质量体系认证，近半数企业获省级以上名牌产品或驰名商标等品牌认证；科技进步与创新方面，42.2%的企业建立研发机构，企业研发人员总量和占比有小幅提高，整体研发经费的投入总额与投入强度均有小幅度提高。粮食、果蔬、水产品、茶叶及油料行业，创收及盈利方面的增长均位于前列，且在农村一二三产业融合生产基地建设、质量安全建设、研发投入等方面均表现良好。

一、产业发展与效益

（一）样本企业基本情况

2016年，江西省参与本次调查的规模以上农产品加工企业中，粮食加工企业居多。本次调查的规模以上加工企业中粮食加工与制造企业232家，占全部本次调查的规模以上加工企业的33.0%；精制茶加工企业60家，占8.5%；植物油加工企业57家，占8.1%；其他食物类农产品加工企业44家，占6.3%；饲料加工企业42家，占6.0%；其他行业企业占38.2%（表15-1）。分类型看，以有限责任公司、私营企业为主。其中，有限责任公司497家，占70.6%；私营企业114家，占16.2%；港澳台商投资企业、股份有限公司等共占比13.2%。

表 15-1　2016 年江西省规模以上农产品加工企业分行业占比情况

行业名称	数量（个）	占比（%）	行业名称	数量（个）	占比（%）
粮食加工与制造业	232	33.0	水产品加工业	21	3.0
饲料加工业	42	6.0	制糖业	4	0.6
粮食原料酒制造业	9	1.3	中药制造业	17	2.4
植物油加工业	57	8.1	其他食物类农产品加工业	44	6.2
水果加工业	35	5.0	棉麻加工业	23	3.3
蔬菜加工业	26	3.7	皮毛羽丝加工	14	2.0
精制茶加工业	60	8.5	木竹藤棕草加工业	35	5.0
肉类加工业	34	4.8	橡胶制品制造业	1	0.1
蛋品加工业	11	1.5	其他非食用类	35	5.0
乳品加工业	4	0.5			

（二）经营状况稳步提升，食用类加工企业总体增长较快

2016 年，江西省参与本次调查的规模以上农产品加工企业完成主营业务收入 1 175.4 亿元，同比增长 5.9%，高于全国规模以上农产品加工业主营业务收入增速 0.6 个百分点。食用类加工企业总体增长较快。食用类农产品加工企业 596 家，完成主营业务收入 946.9 亿元，同比增长 8.2%，增速高于非食用类农产品加工企业 5.8 个百分点。其中，植物油加工业、水产品加工业、中药制造业、水果加工业和蔬菜加工业主营业务收入增长较快，同比分别增长 28.3%、15.9%、13.5%、8.7% 和 7.7%[①]。分规模看，中型企业的主营业务收入增长快于其他规模企业。大型企业完成主营业务收入 249.0 亿元，同比增长为 1.4%；中型企业完成主营业务收入 238.3 亿元，同比增长 9.3%；小型企业完成主营业务收入 681.0 亿元，同比增长 6.6%；微型企业完成主营业务收入 7.1 亿元，同比增长 1.2%。

（三）企业盈利状况良好，增速略高于全国平均水平

2016 年，江西省参与本次调查的规模以上农产品加工企业实现利润总额 91.0 亿元，同比增长 5.4%，高于全国规模以上农产品加工业利润增速 1.3 个百分点。分行业看，食用类农产品加工业实现利润总额 64.9 亿元，同比增长 6.6%，其中，植物油加工业、粮食原料酒制造业、水产品加工业、精制茶加工业、蔬菜加工业增长较快，同比分别增长 32.3%、13.5%、9.4%、8.7% 和 8.7%。分规模看，中、小型企业利润增速高于其他规模企业。中型、小型企业分别实现利润总额 21.3 亿元和 42.5 亿元，同比增长均为 7.9%，增速高于大型企业 8.1 个百分点。

---

① 由于部分增速较快的企业样本数量太少，代表性不高，故未选取。

（四）从业人员数量稳步上升，小型企业工资水平较高

2016 年，江西省参与调查的规模以上农产品加工企业员工总人数为 19.1 万人，同比增长 4.2%。其中，生产人员数量为 10.9 万人，同比增长 3.1%；研发人员人数为 8 175人，同比增长 13.2%，增速高于员工人数 9.0 个百分点。分规模看，大型企业生产和研发人员数量增长幅度较大。大型企业员工总数 7.4 万人，同比增长 10.2%；中型企业总人数 5.6 万人，同比增长 0.8%；小型企业总人数 6.0 万人，同比增长 0.7%；微型企业员工总数 280 人，同比增长 0.4%。其中，大型企业生产人员和研发人员数量同比分别增长 8.1%和 27.7%，明显高于其他规模企业。大型和小型企业工资水平较高。2016 年，参与调查的规模以上农产品加工企业工资总额为 42.4 亿元，同比增长 5.2%，人均工资 2.3 万元，同比增长 4.5%。分规模看，大型企业人均工资 2.9 万元，同比增长 9.6%；中型企业人均工资 2.1 万元，同比增长 6.5%；小型企业人均工资 3.6 万元，同比增长 5.4%。[①]

（五）产能利用率提高，产能过剩情况小幅改善

2016 年，江西省参与调查的规模以上农产品加工企业产能利用率的平均值为 39.9%，高于 2015 年 1.8 个百分点。分规模看，大型和小型企业产能过剩情况有所改善。2016 年大型企业的产能利用率为 38.8%，小型企业产能利用率为 40.1%，较上年均有所上升，产能过剩情况均有所改善；中型企业产能利用率为 33.1%，微型企业产能利用率为 38.0%，较上年有所降低。分行业来看，蔬菜加工业、植物油加工业、饲料加工业的产能过剩情况明显改善。蔬菜加工业、植物油加工业、饲料加工业的产能利用率均较上年有所上升，且上升较快，分别较上年增加 5.9、4.1、3.8 个百分点；而水果加工业、肉类加工业的产能利用率较上年下降。

（六）主营产品出口总额小幅下降

2016 年，江西省参与调查的规模以上农产品加工企业中，共有 57 家企业出口额大于0，较上年增加 2 家，出口额为 12.2 亿元，同比下降 1.6%。其中，食用类加工企业主营产品出口额同比下降 5.0%，非食用类加工企业主营产品出口额同比增长 6.3%。

（七）企业利用外资额下降，对外投资额增长

2016 年，江西省参与调查的规模以上农产品加工企业实际利用外资额达 6.5 亿元，同比下降 3.1%；境外投资总额为 6.5 亿元，同比增长 0.6%。分行业来看，精制茶加工业、植物油加工业、粮食加工与制造业和肉类加工业实际利用外资额较上年有所增加，同比分别上升 11.1%、7.4%、4.5%、1.8%；木竹藤棕草加工业的实际利用外资额较上年下降最多，同比下降 28.7%；其余行业的实际利用外资额基本与上年持平。

---

① 由于样本的选取及样本量的影响，微型企业人均工资可能有较大误差，故未报告。

二、农村一二三产业融合发展情况

（一）电商成为精制茶加工业发展新亮点

2016 年，江西省参与调查的规模以上农产品加工企业，有 321 家企业开展了电子商务交易，占 45.6%。其中，在园区内的企业有 106 家企业开展了电子商务交易，企业数量占在园区内企业数的 39.7%；非园区内企业开展了电子商务交易的 215 家，占比 49.2%。食用类农产品加工企业开展电商交易情况较好。食用类农产品加工企业中开展了电商交易的占 46.1%，高于非食用类农产品加工企业的 42.6%。分行业看，精制茶加工业开展电子商务比例最高。精制茶加工业中开展电子商务交易的企业占比达 73.3%，高于平均水平 27.7 个百分点。肉类加工业、蔬菜加工业、水果加工业开展电商交易的企业占比也较高，其占比分别达 67.6%、65.4%和 62.9%。开展电子商务较少的行业有中药制造业（23.5%）、饲料加工业（23.8%）和粮食加工与制造业（30.6%）。

（二）电商收入占比提高，中小型企业受益最广

2016 年，江西省参与调查的规模以上农产品加工企业电子商务总收入为 46.6 亿元，占其主营业务总收入的 8.4%，较上年上升 2.0 个百分点。平均每家企业电子商务实现的主营业务收入为 1 460.8 万元，较上年增加 479.8 万元。分规模看，中小型企业电商收入规模较大。大型企业电子商务交易实现的主营业务收入占其全部主营业务收入的 4.9%，中型企业占 10.7%，小型企业占 9.7%，微型企业占 3.8%，占比较上年均有提高（图 15-1）。

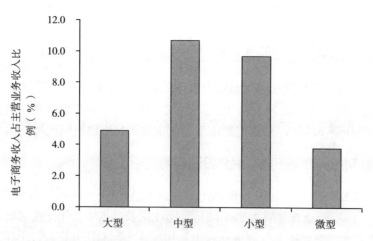

图 15-1　2016 年江西省分规模企业电子商务收入占主营业务收入情况

（三）生产基地建设情况良好，果蔬及精制茶加工业的基地建设较为完善

2016 年，江西省参与调查的规模以上农产品加工企业中，有自建基地或订单基地的

企业占比达 81.0%。食用类农产品加工企业建有生产基地的比例达到 81.5%。其中，蔬菜加工业（96.2%）、精制茶加工业（93.3%）和水果加工业（85.7%）建有基地的企业比例较高。分规模看，中型企业中建有自建生产基地或订单生产基地的企业占比达 84.5%，高于大型和小型企业。

三、质量安全与品牌建设

（一）质量管理体系建立较普遍

2016 年，江西省参与调查的规模以上农产品加工企业中，建有产品质量管理制度的企业 579 家，占 82.2%。其中，通过 ISO 9000 系列认证的企业占 47.9%；通过 ISO 14000 系列认证的企业占 11.7%；通过 ISO 22000 系列认证的企业占 15.3%；通过 HACCP 质量体系认证的企业占 17.6%；通过 GMP 质量体系认证的占 12.8%（图 15-2）。建有专门质检机构的企业 464 家，占 65.9%；建有通过计量认证的质检机构的企业有 223 家，占 31.7%。食用类农产品加工企业中，有 83.4% 的企业建有产品质量管理制度，蔬菜加工业、粮食原料酒制造业、水产品加工业企业产品质量管理制度情况好于其他行业企业，分别占 92.3%、88.9% 和 85.7%；65.6% 的企业建有专门的质检机构，中药制造业、饲料加工业、植物油加工业占比分别为 82.4%、76.2%、75.4%，居于前列。大中型企业的质量管理制度建设相对较好，建有企业产品质量管理制度的企业占比分别为 100.0% 和 89.3%。

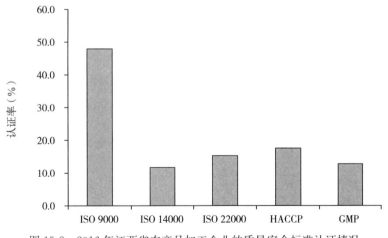

图 15-2　2016 年江西省农产品加工企业的质量安全标准认证情况

（二）获得食品认证的企业数量过半，企业认证意识有待加强

2016 年，江西省参与调查的规模以上食用类农产品加工企业中，获得各类食品认证的共 401 家，占食用类企业的 67.3%。其中，获得有机食品认证的企业占 21.8%，绿色食品认证的占 25.2%，无公害农产品认证的占 20.3%，还有 78 家企业获得"中国地理标

志产品认证"，占食用类农产品加工企业数量的 13.1％。

四、科技进步与创新

（一）研发机构的建立以大中型企业为主

2016 年，江西省参与调查的规模以上农产品加工企业中，建立有专门研发机构的企业 297 家，占 42.2％，建有省级以上研发中心的占 16.2％。分规模看，大型企业建有研发机构的比例较高。大型企业中有 85.7％的企业建有研发机构，中型企业和小型企业分别有 64.1％和 37.4％的企业建有研发机构。食用类农产品加工企业中建有研发机构的企业较多的行业分别为中药制造业、水产品加工业和饲料加工业，分别占 64.7％、61.9％和 61.9％。

（二）企业研发人员略有增加

2016 年，江西省参与调查的规模以上农产品加工企业中研发人员人数的中位数是 3 人，平均数是 11.6 人，高于 2015 年的 8.9 人；企业研发人员占员工总数的 4.3％，较上年上升 0.3 个百分点。大、中、小、微型企业研发人员占比分别为 4.4％、3.5％、5.0％和 5.4％，较上年分别上升 0.6、0.1、0.4 和 0.8 个百分点。

（三）研发投入强度偏低，大型企业投入强度更高

2016 年，江西省参与调查的规模以上农产品加工企业研发经费投入总额为 28.9 亿元，投入强度为 0.5％，较上年上升 0.1％。大型企业研发投入显著增加。大型企业的研发投入强度为 1.8％，平均投入 1.6 亿元；中型企业研发投入强度为 1.0％，平均投入 232.3 万元；小型企业研发投入强度为 0.1％，平均投入 74.5 万元；微型企业研发投入强度为 0.1％，平均投入 4.4 万元。其中，大型企业研发投入强度较上年上升 0.4％，高于其他规模企业。

第**16**章 / 山东省年度调查统计数据分析报告

　　本次调查，山东省共有 2 840 家企业填报年度统计调查表，有效样本中，规模以上农产品加工业企业 1 627 家。2016 年，企业主营业务收入同比增长 4.8%，利润总额同比增长 5.1%，产能利用率进一步增强，产能利用率同比增长 2.0%；主营业务出口总额同比增长 5.5%、外资利用额同比增长 1.8%、对外投资额同比增长 12.5%；50.3% 的企业开展了电子商务交易；生产基地的建设情况良好，至少建有一类生产基地的企业占比达 77%；质量安全与品牌建设方面，企业质量安全体系建设基本健全，且超半数企业通过 ISO 系列或质量体系认证，92.5% 的企业获省级以上名牌产品或驰名商标等品牌认证；科技进步与创新方面，62.9% 的企业建有研发机构，企业研发人员总量和占比有小幅提高，整体研发经费的投入总额与投入强度均有小幅度的提高。分行业看，营收增长较快的三个行业是中药制造业、植物油加工业和其他食用类农产品加工业。综上所述，山东省规模以上的农产品加工企业对外贸易、电子商务等发展迅速，基础设施较为完善，注重产品品质的同时又关注产品研发创新。

一、产业发展与效益

（一）样本企业基本情况

　　2016 年，山东省参与调查的规模以上农产品加工企业中，粮食加工与制造企业共 308 家，占全部本次调查的规模以上加工企业的 18.9%；肉类加工企业 249 家，占 15.3%；蔬菜加工企业 240 家，占 15.0%（表 16-1）。分类型看，85.8% 的企业为有限责任公司、私营企业。其中，有限责任公司 1 123 家，占 69%；私营企业 273 家，占 16.8%；股份有限公司 119 家，占 7.3%；港澳台商投资企业 73 家，占 4.5%。

表 16-1   2016 年山东省规模以上农产品加工企业分行业占比情况

行业名称	数量（家）	比例（%）	行业名称	数量（家）	比例（%）
粮食加工与制造业	308	18.9	水产品加工业	85	5.2
饲料加工业	112	6.9	制糖业	1	0.1
粮食原料酒制造业	23	1.4	中药制造业	20	1.2
植物油加工业	64	3.9	其他食用类农产品加工业	76	4.7
水果加工业	150	9.2	棉麻加工业	71	4.4
蔬菜加工业	249	15.3	皮毛羽丝加工	20	1.3
精制茶加工业	15	0.9	木竹滕棕草加工业	54	3.3
肉类加工业	249	15.3	花卉加工业	4	0.3
蛋品加工业	10	0.6	其他非食用类加工业	95	5.8
乳品加工业	21	1.3	——	—	—

（二）总体呈稳步发展态势

2016 年，山东省参与本次调查的规模以上农产品加工企业完成主营业务收入 7 907.4 亿元，同比增长 4.8%，低于全国规模以上农产品加工业主营业务收入增速 0.5 个百分点。食用类加工企业增长较快。其中，食用类农产品加工企业 1 383 家，完成主营业务收入 6 790.0 亿元，同比增长 4.0%，增速高于非食用类农产品加工企业 6.0 个百分点。其中，中药制造业、植物油加工业和其他食用类农产品加工业，主营业务收入增长较快，同比分别增长 10.0%、6.9%、6.4%。分规模看，大型企业的主营业务收入增速快于其他规模企业。大型企业完成主营业务收入 4 236.9 亿元，同比增长 5.6%；中型企业完成主营业务收入 1 928.8 亿元，同比增长 3.0%；小型企业完成主营业务收入 1 729.6 亿元，同比增长 4.9%。微型企业完成主营业务收入 12.2 亿元，同比增长 2.6%。

（三）企业盈利状况较好，大型企业利润总额增长快

2016 年，山东省参与本次调查的规模以上农产品加工企业实现利润总额 516.5 亿元，同比增长 5.1%，高于全国规模以上农产品加工业利润增速 1.0 个百分点。分行业看，食用类农产品加工业实现利润总额 418.9 亿元，同比增长 3.8%。其中，乳品加工业、制糖业、精制茶加工业、蔬菜加工业、肉类加工业、蛋品加工业利润总额增长较快，同比分别增长 13.1%、11.6%、7.3%、6.7%、6.6% 和 6.5%；而水果加工业利润总额同比下降 4.1%，降幅最大。分规模看，小型企业的利润增速显著高于其他企业。大型企业实现利润总额 222.2 亿元，同比增长 4.8%；中型企业实现利润总额 141.8 亿元，同比增长 4.9%；小型企业实现利润总额 150.9 亿元，同比增长 5.7%。微型企业实现利润总额 1.6 亿元，同比增长 2.7%。

（四）从业人员数量小幅下降，小微企业工资水平较高

2016 年，山东省参与本次调查的规模以上的农产品加工企业从业人员总数 87.1 万人，同比下降 0.6%。其中，生产人员 63.0 万人，同比下降 0.9%；研发人员 3.1 万人，

同比增长 2.0%。分规模看，小型企业生产和研发人员有所增长。小型企业从业人员数量 14.6 万人，同比上升 2.0%；大型企业从业人员数量 45.8 万人，同比下降 1.3%；中型企业从业人员总数 28.4 万人，同比下降 0.8%；微型企业从业人员总数 512 人，同比下降 2.8%。其中，小型企业生产人员 11.2 万人，同比增长 0.9%，研发人员 1.4 万人，同比增长 1.8%。小型和微型企业工资水平高。2016 年，山东省参与本次调查的规模以上农产品加工企业工资总额为 1 816.7 亿元，同比增长 7.2%；人均工资 3.5 万元，同比增长 5.0%。其中，大型企业人均工资 3.1 万元，同比增长 6.0%；中型企业人均工资 3.2 万元，同比增长 3.2%；小型企业人均工资 3.9 万元，同比增长 3.3%；微型企业人均工资 3.7 万元，同比增长 9.0%。

（五）产能利用率提高，产能过剩情况有所缓解

2016 年，山东省参与调查的规模以上农产品加工企业产能利用率的平均值为 36.4%，较上年上升 2 个百分点。分行业来看，粮食加工与制造业、精制茶加工业、肉类加工业的产能利用过剩情况有所改善。粮食加工与制造业、精制茶加工业、肉类加工业的产能利用率分别为 44.8%、25.5%、40.8%，较上年分别增长 4.6、2.3 和 2.3 个百分点。蔬菜加工业、水产品加工业的产能利用率小幅度减少，其利用率分别为 35.3%、68.5%，较上年分别减少 0.1 和 2.1 个百分点。

（六）企业利用外资额及对外投资额均有所增长

2016 年，山东省参与调查的规模以上农产品加工企业实际利用外资额达 21.9 亿元，同比增长 1.8%；境外投资总额为 4.3 亿元，同比增长 12.5%。分行业看，蔬菜加工业和粮食加工与制造业利用外资有所增长，同比分别增长 5.8 和 0.3 个百分点。植物油加工业、肉类加工业、乳品加工业及水产品加工业利用外资水平基本与上年持平。

二、农村一二三产业融合发展情况

（一）精制茶加工企业积极开辟电商渠道[①]

2016 年，山东省参与调查的规模以上的农产品加工企业中，有 818 家开展了电子商务交易，占 50.3%。其中，在园区内的企业有 457 家开展了电子商务交易，企业数量占园区内企业数的 44.7%；非园区内企业开展了电子商务交易的 361 家，占 55.7%。食用类加工企业开展电商交易较多。食用类农产品加工企业中，开展电商交易占 51.7%，非食用类农产品加工企业开展了电商交易的占 42.2%。分行业看，精制茶加工业中开展电子商务交易的企业占比达 86.7%；蛋品加工业、蔬菜加工业、乳品加工业开展电商交易的企业占比也较高，其占比分别达 80.0%、64.7%、71.4%。开展电子商务较少的行业有棉麻加工业（33.8%）、饲料加工业（31.2%）。

---

① 由于山东省开展电子商务企业主营业务收入数据缺失，此处略掉有关电子商务主营业务收入内容。

（二）生产基地建设较为完善，精制茶加工企业多数建有基地

2016 年，山东省参与调查的规模以上农产品加工企业中，有自建基地或订单基地的企业占比达 77%。其中，食品类农产品加工企业建有生产基地的比例达到 79.2%。建基地的企业占比前三位的行业分别为精制茶工业（99.0%）、蔬菜加工业（91.6%）及乳品加工业（90.5%）。分规模看，大型企业中建有生产基地或订单基地的企业占比达 86.2%，高于其他规模企业。

三、质量安全与品牌建设

（一）质量管理体系建设成绩突出

2016 年，山东省参与调查的规模以上农产品加工企业中，建有产品质量管理制度的企业 1 493 家，占 91.8%；建有专门质检机构的企业 1 308 家，占 80.4 %；建有通过计量认证的质检机构的企业 712 家，占 43.8%。其中，通过 ISO 9000 系列认证的企业占 54.0%；通过 ISO 14000 系列认证的企业占 22.6%；通过 ISO 22000 系列认证的企业占 32.0%；通过 HACCP 质量体系认证的企业占 42.3%；通过 GMP 质量体系认证的占 9.4%（图 16-1）。食用类农产品加工企业中，有 93.7% 的企业建有产品质量管理制度，蛋品加工业、乳品加工业和粮食原料酒制造业企业均建有产品质量管理制度，水产品加工业（95.7%）、其他食用类农产品加工业（94.4%）和粮食加工与制造业（93.8%）排名也较靠前。82.1% 的企业建有专门质检机构，粮食原料酒制造业和乳品加工业企业均建有专门质检机构，中药制造业和植物油加工业的排名也较靠前，分别占 95.7% 和 88.5%。43.9% 的企业建有通过计量认证的质检机构，乳品加工业（57.1%）、粮食原料酒制造业（56.5%）和植物油加工业（55.1%）占比居前三位。分规模看，大中型企业的质量管理制度建设相对较好，建有企业产品质量管理制度的企业分别占 98.6% 和 95.7%。

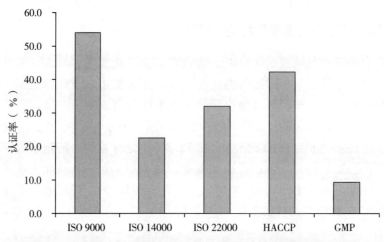

图 16-1　2016 年山东省农产品加工企业的质量安全标准认证情况

（二）获得各类食品认证企业比例还需提高

2016年，山东省参与调查的规模以上食用类农产品加工企业中，获得各类食品认证的企业共624家，占食用类加工企业数量的45.1%。其中，获得有机食品认证的企业占7.7%，获得绿色食品认证的企业占22.0%，获得无公害农产品认证的企业占14.0%，还有180家企业获得"中国地理标志产品认证"，占食用类农产品加工企业数量的13.0%。

四、科技进步与创新

（一）大中型企业更加注重科研机构建设

2016年，山东省参与调查的规模以上农产品加工企业中，建立有专门研发机构的企业1 024家，占62.9%，建有省级以上研发中心的占19.3%。分规模看，大型企业中有85.5%的企业建有研发机构，高于中型企业（72.2%）和小型企业（55.2%）的比例。

（二）企业研发人员增加

2016年，山东省参与调查的规模以上农产品加工企业中研发人员人数的中位数是7人，平均数是25.7人，较上年增加0.6个人。企业研发人员占员工总数的4.2%，较上年增加0.2个百分点。大、中、小、微型企业研发人员占比分别为3.9%、4.0%、5.8%和16.7%，较上年分别上升0.1、0.2、0.2和1.5个百分点。

（三）研发经费投入强度小幅提升，大型企业研发投入更多

2016年，山东省参与调查的规模以上农产品加工企业研发经费投入总额为102.9亿元，投入强度为1.7%，较上年上升0.1%。不同规模企业研发投入都有所上升，大型企业研发投入强度大。大型企业的研发投入强度为2.0%，平均投入6 209.7万元；中型企业研发投入强度为1.2%，平均投入519.8万元；小型企业研发投入强度为1.0%，平均投入158.9万元；微型企业研发投入强度为0.6%，平均投入37.0万元。其中，微型企业研发投入强度较上年上升0.2%，涨幅高于其他规模企业。

第17章／陕西省年度调查统计数据分析报告

　　本次调查，陕西省共有 702 家企业填报年度统计调查表，有效样本中，规模以上农产品加工业企业有 476 家。2016 年，企业主营业务收入同比增长 5.5％，利润总额同比增长 9.5％，企业经济效益实现较快发展。员工结构有所调整，科研人员人数同比增长 9.4％。主营业务出口总额同比增长 5.5％，出口贸易势态利好；半数以上企业开展了电子商务交易，生产基地的建设情况良好，至少建有一类生产基地的企业占比达 78.0％；质量安全与品牌建设方面，企业质量安全体系建设基本健全，且超半数企业通过 ISO 系列或质量体系认证，40.3％的企业获省级以上名牌产品或驰名商标等品牌认证；科技进步与创新方面，有 44.5％的企业建立研发机构，企业研发人员总量和占比有小幅提高，整体研发经费的投入总额与投入强度均有提高。陕西省农产品加工业以粮食、精制茶和水果加工业为主，企业总数占全省企业总数的 40.7％。粮食原料酒制造业和肉类加工业的主营业务收入和利润增速均在前列。

一、产业发展与效益

（一）样本企业基本情况

　　2016 年，陕西省参与本次调查的规模以上农产品加工企业中，粮食加工与制造企业共 92 家，占全部本次调查的规模以上农产品加工企业的 19.3％；其他非食用类企业 59 家，占 12.4％；水果加工业企业 52 家，占 10.9％（表 17-1）。分类型看，以有限责任公司、私营企业为主。其中，有限责任公司有 333 家，占 70％；私营企业 75 家，占 15.8％；股份有限公司有 34 家，占 7.1％；港澳台商投资企业 83 家，占 3.3％。

表 17-1　2016 年陕西省规模以上农产品加工企业分行业占比情况①

行业名称	数量（家）	比例（%）	行业名称	数量（家）	比例（%）
粮食加工与制造业	92	19.3	水产品加工业	1	0.2
饲料加工业	22	4.6	乳品加工业	21	4.4
粮食原料酒制造业	10	2.1	中药制造业	23	4.8
植物油加工业	28	5.9	其他食物类农产品加工业	47	9.8
水果加工业	52	10.9	棉麻加工业	6	1.3
蔬菜加工业	17	3.6	皮毛羽丝加工	7	1.5
精制茶加工业	50	10.5	木竹藤棕草加工业	5	1.1
肉类加工业	34	7.1	其他非食用类加工业	59	12.4

（二）主营业务收入平稳增长

2016 年，陕西省参与本次调查的规模以上农产品加工企业完成主营业务收入 732.1 亿元，同比增长 5.5%，高于全国规模以上农产品加工业主营业务收入增速 0.2 个百分点。食用类农产品加工企业 399 家，完成主营业务收入 607.3 亿元，同比增长 4.6%；非食用类农产品加工企业 77 家，完成主营业务收入 124.9 亿元，同比增长 9.7%，增速高于食用类农产品加工企业 5.1 个百分点。其中，中药制造业、粮食原料酒制造业及肉类加工业主营业务收入增长较快，同比分别增长 22.2%、12.8% 和 12.1%，而乳品加工业同比下降 10.4%，降幅较大。分规模看，中型企业的主营业务增长快于其他规模企业。微型企业完成主营业务收入 14.4 亿元，基本与上年持平；大型企业完成主营业务收入 164.2 亿元，同比增长 2.8%；中型企业完成主营业务收入 208.8 亿元，同比增长为 9.4%；小型企业完成主营业务收入 344.8 亿元，同比增长 4.8%。

（三）企业利润增速加快

2016 年，陕西省参与本次调查的规模以上农产品加工企业实现利润总额 44.6 亿元，同比增长 9.5%，高于全国规模以上农产品加工业利润增速 5.4 个百分点。分行业看，食用类农产品加工业实现利润总额 36.4 亿元，同比增长 6.7%。其中，植物油加工业、粮食原料酒制造业、肉类加工业增速较快，同比分别增长 28.5%、13.4% 和 11.6%②。各规模企业利润增幅均较大。大型企业实现利润总额 4.4 亿元，同比增长 9.4%；中型企业实现利润总额 11.6 亿元，同比增长 8.4%；小型企业实现利润总额 28.2 亿元，同比增长 9.8%；微型企业的利润总额为 0.4 亿元，同比增长 14.5%。

（四）从业人员数量小幅下降，大型企业工资水平较高

2016 年，陕西省参与本次调查的规模以上农产品加工企业从业人员，总数为 10.6 万

① 由于蛋品加工业企业数量仅为 2 家，且数据存在异常，故未报告该行业数据。
② 由于部分增速较快的企业样本数量太少，代表性不高，故未选取。

人，同比下降 1.5％。其中，生产人员 6.3 万人，同比下降 2.7％；研发人员 0.5 万人，同比增长 9.4％。分规模看，小型企业生产和研发人员数量增长明显加快。小型企业员工总数 4.2 万人，同比增长 1.3％；中型企业员工总数 4.2 万人，同比下降 5.2％；大型企业员工总人数 2.2 万人，同比下降 0.6％。其中，小型企业生产人员和研发人员数量同比分别增长 2.2％和 8.8％，高于其他规模企业。大型企业工资水平较高。调查企业工资总额为 109.7 亿元，同比下降 4.8％；人均工资 2.8 万元，同比增长 2.4％。分规模看，大型企业人均工资 3.7 万元，同比下降 1.7％；中型企业人均工资 1.9 万元，同比增长 11.3％；小型企业人均工资 2.7 万元，同比增长 5.6％；微型企业人均工资 2.8 万元，同比增长 10.2％[1]。

（五）产能利用率提高，产能过剩情况好转

2016 年，陕西省参与本次调查的规模以上农产品加工企业产能利用率的平均值为 34％。分规模看，大、中、小型企业产能过剩情况均有所改善。大型企业的产能利用率为 28.6％，中型企业产能利用率为 30.5％，小型企业产能利用率为 33.4％，较上年均有所上升，产能过剩情况有所改善；微型企业产能利用率为 40.6％，较上年下降 8.7 个百分点。分行业看，粮食原料酒制造业、植物油加工业、中药制造业、水产品加工业产能过剩情况有所改善。粮食原料酒制造业、植物油加工业、中药制造业和水产品加工业的产能利用率分别为 42.1％、27.0％、24.3％和 27.4％，较上年分别上升 0.2、0.05、0.3 和 0.4 个百分点。饲料加工业产能利用率有所下降，其产能利用率为 38.8％，较上年下降 0.05 个百分点。

（六）食用类加工企业出口贸易快速发展

2016 年，陕西省参与本次调查的规模以上农产品加工企业中，共有 27 家企业出口额大于 0，较上年增加 5 家，出口额为 730.6 亿元，同比增长 5.5％。其中食用类企业主营产品出口额同比大幅增长达 29.4％。

（七）企业对外投资额增长[2]

2016 年，陕西省参与本次调查的规模以上农产品加工企业实际利用外资额达 1.3 亿元，与上年相较持平；境外投资总额为 10.7 亿元，同比增长 2.6％。

二、农村一二三产业融合发展情况

（一）电子商务开展比例较高，粮食原料酒制造企业积极"试水"电商

2016 年，陕西省参与本次调查的规模以上农产品加工企业，有 249 家企业开展了电子商务交易，占 52.3％。其中，在园区内的企业有 92 家企业开展了电子商务交易，企业

---

[1] 由于样本的选取及样本量的影响，微型企业的人均工资可能有较大误差。
[2] 因陕西省利用外资分行业数据缺失，此处省略。

数量占在园区内企业数的 52.5%；非园区内企业开展了电子商务交易的 157 家，占 52.2%。食用类加工企业开展电商交易的较多，占 53.6%；非食用类农产品加工企业开展了电商交易的占 45.5%。分行业看，粮食原料酒制造业开展电子商务最积极有效。粮食原料酒制造企业中开展电子商务交易的企业占比达 90.0%，高于平均水平 37.7 个百分点。精制茶加工业、乳品加工业开展电商交易的企业占比也较高，分别达 78.0%、66.7%。开展电子商务较少的行业有肉类加工业（38.2%）、棉麻加工业（33.3%）和饲料加工业（31.8%）。

（二）电商收入占比提高，中小型企业电商交易取得积极进展

2016 年，陕西省参与本次调查的规模以上农产品加工企业电子商务总收入为 13.3 亿元，占其主营业务总收入的 5.1%，平均每家企业电子商务实现主营业务收入 537.0 万元。分规模看，中小型企业电商收入占比增长。大型企业电子商务交易实现的主营业务收入占其全部主营业务收入的 0.1%，基本与上年持平；中型企业占 6.0%，小型企业占 6.6%，微型企业电子商务交易实现的收入占主营业务收入的比例为 8.6%，均较上年小幅上涨（图 17-1）。

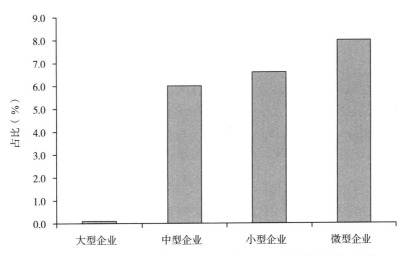

图 17-1　2016 年陕西省分规模企业电子商务收入占主营业务收入情况

（三）生产基地建设良好，中药制造、精制茶、蔬菜加工企业多数建有基地

2016 年，陕西省参与本次调查的规模以上农产品加工企业中，有自建基地或订单基地的企业占比达 78.0%。其中，食用类农产品加工企业建有生产基地的比例达到 80.5%。建有基地的企业占比前三位的行业分别为中药制造业（95.7%）、精制茶加工业（90.8%）和蔬菜加工业（90.5%）。分规模看，大型企业中建有自建生产基地或订单生产基地的企业占比达 90%，高于中小型企业。

三、质量安全与品牌建设

（一）企业重视质量管理体系建设

2016 年，陕西省参与本次调查的规模以上农产品加工企业中，建有产品质量管理制度的企业 399 家，占 83.8%。其中，通过 ISO 9000 系列认证的企业占 58.4%；通过 ISO 14000 系列认证的企业占 7.0%；通过 ISO 22000 系列认证的企业占 11.0%；通过 HACCP 质量体系认证的企业占 20.6%；通过 GMP 质量体系认证的占 16.0%。建有专门质检机构的企业 339 家，占 71.2%；建有通过计量认证的质检机构的企业有 135 家，占 28.4%。食用类农产品加工企业中，有 85.5% 的企业建有产品质量管理制度，乳品加工业、精制茶加工业、水果加工业占比居前三位，分别占 95.2%、89.4% 和 84.6%；73.9% 的企业建有专门的质检机构，粮食原料酒制造业、中药制造业、饲料加工业占比居前三位，分别占 80.0%、78.3%、74.1%；29.3% 的企业建有通过计量认证的质检机构，乳品加工业、棉麻加工业和水产品加工业占比居前三位，分别为 59.1%、57.1% 和 50.0%。

（二）获得食品认证企业占比较低

2016 年，陕西省参与本次调查的规模以上食用类农产品加工企业中，获得各类食品认证的企业，占食用类农产品加工企业的 56.6%。其中，获得有机食品认证的企业占 18.3%，绿色食品认证的占 14.8%，无公害农产品认证的占 23.6%，还有 81 家企业获得"中国地理标志产品认证"，占食用类农产品加工企业数量的 20.3%。

四、科技进步与创新

（一）大型企业普遍建有研发机构

2016 年，陕西省参与本次调查的规模以上农产品加工企业中，建立有专门研发机构的企业 212 家，占 44.5%，建有省级以上研发中心的占 20.3%。分规模看，大型企业建有研发机构的比例较高。大型企业中建有研发机构的占 70.0%，中型企业占 56.9%，小型企业占 43.0%。食用类农产品加工企业中，中药制造业、乳品加工业、粮食原料酒制造业和饲料加工业企业建有研发机构的占比较高，分别占 78.3%、71.4%、60.0% 和 59.1%。

（二）企业研发人员占比略有增长

2016 年，陕西省参与本次调查的规模以上农产品加工企业研发人员人数的中位数是 4 人，平均数是 10 人，高于 2015 年 0.8 个人。企业研发人员占员工总数的 4.5%，较上年上升 0.3 个百分点。大、中、小、微型企业研发人员占比分别为 6.6%、2.8%、5.2% 和 7.3%，较上年分别上升 0.7、0.4、0.4 和 0.8 个百分点。

（三）研发经费投入强度有所提升，大型企业研发投入强度较大

2016 年，陕西省参与本次调查的规模以上农产品加工企业研发经费投入总额为 12.6 亿元，投入强度为 0.24%，较上年上升 0.2%。不同规模企业研发投入都有所上升，大型企业研发投入显著增强。大型企业的研发投入强度为 1.5%，平均投入 2 469.8 万元；中型企业研发投入强度为 1.0%，平均投入 377.2 万元；小型企业研发投入强度为 0.2%，平均投入 198.4 万元。其中，大型企业研发投入强度较上年上升 0.3%，高于其他规模企业。